教育部新世纪优秀人才项目资助（NCET－05－0234）
教育部人文社会科学重点研究基地项目资助（08JJD790131）

中国经济的第二次转型：从制造经济到创新经济

刘刚　等著

中国财政经济出版社

图书在版编目（CIP）数据

中国经济的第二次转型：从制造经济到创新经济/刘刚等著．—北京：中国财政经济出版社，2010.7

ISBN 978－7－5095－2325－4

Ⅰ.①中…　Ⅱ.①刘…　Ⅲ.①经济发展－研究－中国　Ⅳ.①F124

中国版本图书馆CIP数据核字（2010）第121559号

责任编辑：周桂元　　责任校对：张　凡

封面设计：嘉泰利德　　版式设计：兰　波

中国财政经济出版社 出版

URL：http：//www.cfeph.cn

E－mail：cfeph @ cfeph.cn

社址：北京市海淀区阜成路甲28号　邮政编码：100142

发行处电话：88190406　财经书店电话：64033436

北京财经印刷厂印刷　　各地新华书店经销

787×960毫米　16开　21.5印张　324 000字

2010年9月第1版　2010年9月北京第1次印刷

定价：39.00元

ISBN 978－7－5095－2325－4/F·1868

（图书出现印装问题，本社负责调换）

本社质量投诉电话：010－88190744

目录

前　言 /1

第一章　“中国奇迹”的真实图景及其经济发展模式的形成和演化 /10
　　第一节　“中国奇迹”：中国经济发展过程中的涌现现象 /11
　　第二节　中国经济发展模式的形成和演化 /20

第二章　从制造经济到创新经济的转型机制和路径 /35
　　第一节　创新（创业）经济 /36
　　第二节　从制造经济到创新经济 /47

第三章　动态能力和创新的惯例化 /72
　　第一节　对企业竞争优势来源的理论探讨 /73
　　第二节　集群生产：从生产网络到创新网络 /82
　　第三节　模块化与持续创新 /88

第四章　产业发展的阶段性和企业创新方式的演化 /100
　　第一节　产业发展的阶段性和企业创新行为的差异 /101
　　第二节　从熊彼特假设到对创新主体的重新认识 /103
　　第三节　创新活动类型与创新主体的对应 /110
　　第四节　总结和政策建议 /130

第五章　破坏性技术创新：技术变革的新模式 /133
第一节　破坏性技术创新理论 /134
第二节　破坏性技术创新模型 /143
第三节　破坏性技术创新的独特价值和面临的困难 /150
第四节　打造破坏者 /162
第五节　总结及政策建议 /175

第六章　技术追赶战略中的路径选择 /178
第一节　新旧汽车产业政策中的两种技术追赶路径 /179
第二节　初次国际化的失利和对自主创新路径的探索 /186
第三节　创新引致的后发优势——以比亚迪为例 /194

第七章　跨国公司主导下的当地生产网络及其演化 /210
第一节　生产网络和创新网络 /211
第二节　跨国公司主导下的当地生产网络 /218
第三节　跨国公司主导下的当地生产网络向创新网络的演化 /229
第四节　结论和需要进一步研究的问题 /239

第八章　创业型大学及其在知识创造和产业化中的作用 /242
第一节　创新经济条件下大学的职能 /244
第二节　创业型大学的出现及其基本特征 /260
第三节　实现从传统大学向创业型大学过渡的模式 /264
第四节　有效促进大学转型的外部环境 /278
第五节　中国大学的转型和创业型大学的建设 /286

第九章　企业创业过程中政府的相机性行为 /291
第一节　对创业活动中政府行为的理论探讨 /293
第二节　创业活动中的政府行为：一个简单的理论分析框架 /297
第三节　新企业创业过程中政府行为的相机性 /304

第四节　政府在构建创业环境中的探索与实践
——以天津滨海高新区的发展为例 /309

参考文献 /312

后　　记 /337

前言

在中国经济发展的历史进程中，2008 年注定是不平凡的一年。在全球金融危机的冲击下，中国经济开始步入到一个新的发展阶段。为了纪念改革开放 30 周年，当理论界试图对中国经济 30 年高速增长的经验进行理论概括和总结时，却发现对新的发展阶段本质的认识和对新的经济发展模式的探索更为迫切。因为，在新的发展阶段，经济发展需要新的动力、新的机制、新的发展路径和制度框架，而照搬过去的经验，可能搬起自己的石头砸自己的脚。

经济发展模式，是对一个国家或地区特定阶段经济发展的驱动因素、发展机制和路径的理论概括。在中国 30 年经济改革和发展进程中，始终存在着两种不同的经济发展思维或战略。一是立足于主流经济理论所强调的比较优势，试图依靠廉价的土地、劳动力和环境资源的配置和利用所带来的“要素租金”推动经济的快速增长；二是立足于竞争优势，强调通过专业化分工、知识的创新和积累所创造的“创新租金”实现经济的跨越发展。因为两种发展思维或战略对经济增长和发展驱动因素的理解不同，前者被称为“要素租金”驱动的经济发展模式，后者被称为“创新租金”驱动的经济发展模式。由于两种经济发展模式实现经济增长和发展所依赖的驱动因素不同，需要不同的发展机制和路径。例如，在价值创造的源泉上，前者强调资源要素和知识利用，后者强调知识的创造及其产业化；在微观基础上，前者依赖的是生产型企业及其生产网络，而后者依赖的则是创新型企业及其创新网络；而在体制和制度变革上，前者强调的是简单的管制放松和投资环境的优化，后者强调的则是创业环境的构建。

现实中，究竟哪种经济发展模式能够真正实现经济的快速增长，使经济发展呈现出路径依赖特征，不是由人们的主观意志决定的，而是取决于特定约束条件下可获得或利用的驱动因素是什么，及其与之相适应的机制和制度框架的有效性。随着外部环境的改变，尤其是可获得的驱动因素及其租金的耗散，发现和创造新的驱动因素，转变经济发展模式，是实现新的经济增长和发展的前提。两种经济发展模式的转换，绝不仅仅是简单的技术变革问题，而是复杂的社会经济变革或经济转型过程。

改革开放以来，与特定的经济发展环境相适应，依赖“要素租金”驱动的经济发展模式，中国经济实现了30年的高速增长，被誉为“中国奇迹”。2007年，中国的GDP总量是1978年的67.7倍，进出口贸易总额是1978年的105.3倍，财政收入是1978年的45.3倍。① 随着经济的快速增长，中国的经济结构、社会结构、制度结构和国际经济关系都发生了深刻变化。

在中国经济30年的高速增长过程中，起引擎作用的是制造业的快速发展。2000年以来，出口加工型制造业的快速发展、产品出口的迅猛增长和FDI的大规模进入，使中国制造业迅速成长为世界重要的生产基地，被称为“世界工厂”。统计资料显示，2000—2005年，中国的外贸总额由4743亿美元增长到14221亿美元，增长了近2倍，2007年则达到21738亿美元。外贸顺差更是出现了爆炸式的增长，2004年为320亿美元，2005年为1019亿美元，2006年为1715亿美元，2007年则达到2622亿美元。目前，中国共有包括家电、电子和医药等10多个制造业行业的80多种产品的产量排名世界第一位。

中国在享有制造业发展所带来的经济繁荣的同时，同样感受到了“世界工厂”之痛。因为当我们透过繁荣的表象，深入考察中国制造的内部结构和增长机制时，会发现它在带来中国经济高速增长的同时也埋下了诸多影响可持续发展的隐患。这一隐患的核心是，中国经济

① 国家统计局：《中国统计年鉴2008》，中国统计出版社2008年版。

快速发展的驱动力是“要素租金”而不是“创新租金”。“要素租金”驱动的经济发展模式及其所内涵的思维惯性，在带来30年高速增长的同时，可能使中国经济步入发展“陷阱”。随着全球金融危机冲击的不断加深，“要素租金”驱动的经济发展模式的弊端开始暴露和显现，转变经济发展模式，启动新一轮经济转型，是后金融危机时期中国经济发展的必然选择。

“要素租金”驱动的经济发展模式立足于比较优势，并把比较优势理解为中国所拥有的资源禀赋，尤其是廉价的劳动力、土地和环境资源，试图通过简单的放松管制和优化投资环境，启动民间投资和吸引FDI获取廉价要素资源带来的“要素租金”驱动经济发展。“要素租金”驱动的经济发展模式，一方面通过FDI的引进和加工贸易的发展，使中国快速融入世界经济，加入国际经济循环和国际产业供应链体系；另一方面通过政府经济管理体制和国有企业改革，发展和壮大民营经济。无论是民营还是外资，在“要素租金”的驱动下，企业追求的都是生产导向的规模扩张，强调对国际已经成熟的标准化生产技术的引进、消化、吸收和应用。对要素资源和投入高度依赖的经济发展模式，在取得巨大经济发展成就的同时，也付出了发达国家在发展初期曾经付出过的资源过度开发、区域产业和企业之间恶性竞争、收入分配差距拉大和环境污染等方面的高昂代价。在经济增长方式上，目前中国存在着高投入、高消耗、高排放、不协调、难循环和低效率等突出问题，存在着严重的发展隐患。[①]

中国制造的生产导向，使中国企业形成了对国外技术的依赖和自主创新的忽视。据统计，从1985—2005年，国家知识产权局共受理专利申请2761196件，年均增长率为18.9%，其中外国公司的申请占81.8%，只有18.2%的申请属于国内公司。更为重要的是，国内公司的专利申请不仅数量少，而且技术水平低。2005年，仅有万分之三的中国企业掌握的核心技术是拥有自主知识产权的，99%的企业没有申请过专利。自主创新的严重不足、对国外标准化生产技术的依赖和在华跨国公司严格的技术控制，

① 马凯：“马凯谈科学发展”，《观察与思考》，2004年第15期。

使中国制造在“要素租金”逐步耗散的条件下难以顺利实现向产业链高端的转移和产业结构的转变。

中国制造的生产导向，不仅表现在企业追求以比较优势为基础的生产规模的扩张上，而且表现在与之相适应的经济组织和制度形态的演变上。从组织形态上看，无论是以民营中小企业为主体的集群生产还是以外资为主导的加工制造，企业和产业的组织形态都是以生产为导向的生产网络，而不是以产品或技术创新为导向的创新网络。经过30年的发展，中国制造业已经嵌入国际供应链体系，但是仅仅处于产业链的最低端。例如，汽车和电子信息等中国目前的主导产业，跨国公司通过建立多家合资企业、独资化和严格的技术控制，使中国企业长期处于加工生产环节，产业的发展严重依赖国外技术。而以中小企业为主体的民营经济，虽然充满活力，由于知识积累和自主创新的不足，主要处于劳动密集型的传统制造业领域。因为缺乏自主品牌和产品创新，在设计开发和营销等高端环节同样严重依赖外国公司。

从制度形态上看，中国政府尤其是地方政府的制度供给主要是生产导向的，通过简单放松管制和优化投资环境，为企业追求“要素租金”和规模扩张提供了优越的条件。例如，为了适应外资和本地企业的规模扩张冲动，地方政府通过一系列的税收优惠、低环保和廉价土地供应政策，吸引国外直接投资（FDI）和启动民间投资。2000年以来，对生产导向型企业的过度制度供给，在实现了经济粗放式规模扩张的同时，造成了中国企业竞争的加剧、产能过剩和“要素租金”的耗散。① 新《劳动合同法》的实施和国家出口退税政策的变化，引发了2007年底珠三角地区中小企业的倒闭和外迁潮流。② 在全球金融危机的冲击下，“要素租金”耗散的

① 截至2008年年底，中国的粗钢产能达到6.6亿吨，而国内需求不到5亿吨；水泥产能18.7亿吨，国内需求只有14亿—15亿吨；纺纱产能超过1亿锭，达到国内领先水平的仅占68%，占印染产能30%的高耗能、高耗水印染设备仍在运行；电解铝、煤化工、平板玻璃、烧碱等产能也严重过剩。参见张平：“国务院关于转变发展模式调整经济结构情况的报告”，《理论参考》，2009年第12期。

② 参见中央电视台《经济半小时》（2007年12月10日）所做的“珠三角上千企业倒闭调查：成本上升致企业外迁”的报道。《南方都市报》2008年1月22日报道：“新年元月，入冬的珠三角正在经历一场前所未有的转移之痛：上千家鞋厂倒闭，万余港企面临关闭”。

趋势越来越明显，例如，2010年2月以来，“用工荒”已经由过去的珠三角蔓延到全国的主要城市，仅珠江三角洲地区，春节后的劳工缺口约为200万—300万人，其中东莞缺工100万人，深圳的用工缺口为90万人。①

在从计划经济向市场经济的转型过程中，中国经济充分利用了经济全球化和国内要素资源禀赋条件，围绕着“要素租金”的获取，通过FDI和国外标准化生产技术的引进、国有企业的改革和发展、民间资本的启动，形成了以生产型企业的涌现和规模扩张为特征的“要素租金”驱动的经济发展模式，实现了30年的高速经济增长。“要素租金”驱动的经济发展模式，不仅指企业和产业的生产导向，而且包括与之相适应的组织和制度形态。在“要素租金”驱动的经济发展模式支配下，现实经济中占主导的经济活动是生产和制造，因而，本书把“要素租金”驱动的现实中国经济形态界定为制造经济。

“要素租金”驱动的制造经济是对中国现实经济形态的理论抽象和概括。中国制造经济的基本特征为：（1）现实经济活动的主导是生产或制造活动，围绕着生产或制造活动的企业和产业行为，组织和制度变革的重心是如何利用比较优势获取“要素租金”推动中国经济的快速增长，其中的比较优势主要指廉价的劳动力、土地和其他资源；（2）注重国内外标准化生产技术的引进和应用，忽视自主创新和研发，追求经济规模的外延扩张，忽视经济的内生增长；（3）企业和产业的组织形态是生产导向的生产网络；（4）政府制度供给的重心是简单的放松管制和投资环境的优化。

全球金融危机爆发以来，在新的环境条件下中国经济进入到一个新的发展阶段，“要素租金”驱动的经济发展模式已经难以支撑中国经济的持续发展和科学发展。从“要素租金”驱动转变为“创新租金”驱动，实现经济发展模式的转变和经济结构的调整，是新的发展阶段中国经济面临的首要问题。从当前中国的实际出发，“创新租金”驱动的经济发展模式

① 参见“‘用工荒’已蔓延全国成中国经济必过之关”，《羊城晚报》，金羊网，2010年2月24日。

的基本内涵是立足竞争优势，依赖自主创新，通过新知识的创造及其商业化，在掌握传统支柱产业核心竞争力的同时，启动和发展战略性新兴产业，把握后金融危机时期新一轮经济增长和国际竞争前沿的主导权。与传统经济发展模式不同，新的经济发展模式需要新的动力机制、发展路径和制度框架，因而，经济发展模式的转变，在本质上是中国经济的新一轮转型。

在全球金融危机的冲击下，“要素租金”驱动经济发展的国际和国内条件已经不复存在。中国经济过去30年的高速增长是充分利用金融危机前世界贸易条件的结果，其中最为重要的是以美国国库券本位制和“赤字经济”为基础的国际货币和贸易体系。①

2009年之后，这一国际贸易条件恐怕很难持续存在和再次复制。在新的国际贸易条件下，现有产业的全球产能过剩将是中国经济未来发展要面临的一般性约束条件。据统计，2009年1—11月份，共有19个国家和地区对中国发起“两反两保”贸易救济调查103起，其中反倾销67起，反补贴13起，保障措施16起，特保7起。除此之外，中国还遭遇到美国337调查6起，涉案金额120亿美元。② 进入2010年刚刚6天，美国商务部就宣布，对从中国进口的价值超过3亿美元的钢丝层板初步征收43%—289%的反倾销关税。

全球金融危机爆发后，美国政府出台的经济振兴政策主要包括三个方面的内容：一是改变美国居民负债消费和过度消费的消费模式，降低消费，增加储蓄，提高制造业产品的出口能力，减少贸易逆差；二是在国际贸易上，通过非关税壁垒的设置，限制以中国和日本为代表的出口大国的产品出口能力。在未来的经济发展中，则要通过碳关税、高油价和高汇率限制中国的产品出口，使中国等发展中国家始终处于国际产业分工体系的低端；三是启动和发展包括清洁能源和低碳经济在内的战略性新兴产业，

---

① 2009年中国已经超过德国成为全球商品出口第一大国，2010年中国的GDP可能超过日本，成为世界第二大经济体。参见皇甫平丽：“冷观中美贸易摩擦：中美关系不会轻易倒退”，《瞭望》新闻周刊，2010年1月18日。

② 参见，“今年发生的贸易摩擦案件及金额创新高，明年或更严峻”，《上海证券报》，2009年12月22日。

试图使美国成为战略性新兴产业高科技产品的研发、设计和主要生产者，中国等发展中国家成为消费者和加工制造者。[①]

在党的第十七次全国代表大会报告中，胡锦涛总书记把“提高自主创新能力，建设创新国家”视为国家发展战略的核心，强调通过走中国特色的自主创新道路以提高国家的综合国力和国际竞争力。如何从中国的实际出发，走中国特色的自主创新道路，从根本上看就是要破解现实经济发展中存在的“要素租金”驱动的制造经济的发展惯性，顺利实现向“创新租金”驱动的创新经济的转型。从“要素租金”向“创新租金”驱动经济发展模式的转变，本质上是中国经济的第二次转型，即从制造经济向创新经济的转变。

与从计划经济向市场经济的转型一样，从制造经济向创新经济的转型是一个复杂系统的长期演化过程。无论是从外部环境还是经济活动主体的行为特征和组织及制度形态上看，两种经济形态都存在着根本性差异。与制造经济的“要素租金”驱动的发展模式不同，创新经济的发展模式是“创新租金”驱动的。为了应对更加复杂和高度不确定的市场环境，经济活动的微观主体不再是生产型企业，而是创新型企业。企业市场竞争的基础不再是规模和范围经济，而是产品的持续创新和生产的柔性化。为了获取“创新租金”，围绕着新知识的创造及其产业化，动态能力成为企业竞争优势的基本来源。为了获得动态能力，企业和产业由生产主导转变为创新主导，与之相适应的组织形态将从生产网络转变为创新网络，而政府制度供给的重心不再是简单的放松管制和优化投资环境，而是构建创业或创新环境。

在全球金融危机的冲击面前，中国的经济发展又一次站在了新的十字路口。中国经济发展未来的立足之地不再是生产型企业和生产规模的扩张，而是新知识创造和产业化过程中的创新型创业企业的涌现和快速成长。对正处于新一轮经济转型初始阶段的中国经济而言，全球金融危机对中国经济的冲击仅仅是外部条件的改变，而对外部条件

---

① 裴才洪：“对未来世界经济发展趋势的若干认识”，《中国金融》，2009 年第 4 期，第 53—54 页。

改变的积极反应则孕育着新一轮经济转型和发展的“种子”。2005年以来，尤其是全球金融危机爆发之后，本书的作者先后在北京、天津、河北、山东和辽宁等地展开了一系列实际调研，试图通过对企业、产业和区域经济对新的发展条件变化的适应性反应的考察，对中国新一轮经济发展的趋势进行预测和判断。在对中国经济的实际调研中，作者体察到了中国经济新一轮经济转型和发展的种种迹象。例如，许多近年来发展起来的创新型中小企业，不仅没有受到全球金融危机的影响，反而加快了成长和发展的步伐。尽管中国的创新型中小企业所占的比重仍然非常小，但是星星之火，可以燎原。只要我们从中国的实际出发，找到一条中国创新经济的形成和发展道路，就会实现中国经济的持续发展和国际竞争力的根本性提升。

本书的研究表明，从制造经济向创新经济的转型，是一个复杂经济系统的演化过程。其中经济活动主体对外部环境变化所做出的积极适应中的创造性试错行为，是经济转型的发端。经济行为主体的创造性试错行为，不仅表现为产品和工艺创新，而且表现为组织创新和制度创新。从创新经济形成的过程看，对新的外部环境变化的适应性试错中的创新行为通过一系列的正反馈，最终表现为创新型创业活动的涌现，并发展为整个经济活动的主导。这不仅取决于企业与企业之间相互作用中创新性竞争行为的涌现，而且取决于政府与其他经济行为主体相互作用中的创新性制度供给。

本书的结论是，从“要素租金”驱动向“创新租金”驱动、从生产型创业向创新型创业，从生产网络向创新网络、从简单的放松管制和优化投资环境向构建创业环境的转变，是中国第二次经济转型的逻辑主线。围绕着这一逻辑主线，本书借鉴西方发达国家20世纪70年代以来创新经济发展的经验和教训，对中国经济即将进行的第二次转型展开深入的理论研究和探索。

本书的内容包括三个部分：第一部分包括第一章和第二章，主要讨论在中国经济的第二次转型中，如何实现从“要素租金”驱动向“创新租金”驱动的转变；第二部分包括第三章、第四章、第五章、第六章和第七章，分别从企业和产业的视角考察伴随着从“要素租金”向“创新租金”驱动的转变，现实经济的微观基础如何从生产型创业向创新型创业、从生产网络向创新网络的演化；第三部分包括第八章和第九章，主要研究如何构建与创新经济相适应的创业环境，其中，创业型大学和政府对创新型企业创业和成长过程的相机性干预是构建创业环境的重要内容。

本书对中国创新经济的研究仅仅是一个开端，因为中国经济第二次转型的实践才刚刚开始，对它的理论研究将是一个长期而艰巨的任务。

第一章

“中国奇迹”的真实图景及其经济发展模式的形成和演化

针对国内外学者对“中国奇迹”认识的分歧，作者引入复杂科学的方法考察中国改革开放30年经济高速增长与经济发展模式的形成和演化之间的内在关系。本章的分析表明，“中国奇迹”是改革开放以来包括中国政府在内的经济行为主体适应环境变化创造出独特的经济发展模式的结果。尽管国外先进而成熟的生产技术体系为中国经济发展提供了技术支持，但仅仅属于外部环境因素，对外部环境的适应和新的经济发展模式的创造，是中国主动实施制度变革和创新的结果。因而，改革开放绝不是一件轻而易举的事情。而随着外部环境的变化，尤其是2008年下半年全球性金融危机的爆发，充分暴露了传统“要素租金”驱动的经济发展模式的局限性。经济发展模式的再创新使中国经济面临第二次转型，即从制造经济向创新经济的转变。目前，中国经济的第二次转型正处于萌芽状态，在科学发展观的指导下，政府政策从简单放松管制和优化投资环境向构建创业和创新环境的转变，为探索新的经济发展模式提供了广阔的空间。

第一节

“中国奇迹”：中国经济发展过程中的涌现现象

1978年改革开放以来，中国经济经历了长达30年的高速增长，被称为“中国奇迹”。“中国奇迹”不仅表现为经济的高速增长、国际贸易及国外直接投资（FDI）大幅度增加和居民收入水平的提高①，而且表现为经济结构、社会结构、制度结构和国际关系的深刻变化。近年来，围绕着“中国奇迹”的真实图景及其成因，国内外学者从不同的角度提出了自己的观点和理论解释。

在国际上，尽管存在着对“中国奇迹”的质疑，但大都不否认中国经济经历了持续30年的高速增长，并试图探讨产生的原因究竟是初始条

① 胡锦涛在“纪念改革开放30周年大会的讲话”中，对中国经济30年发展的成就进行了三个方面的概括：第一，在1978—2007年，中国的国内生产总值由3645亿元增加到24.95万亿元，年均实际增长9.8%，是世界同期年均增长率的3倍多。持续的高增长，使中国的经济总量排名世界第四；第二，中国经济逐步融入世界经济，成为世界经济的重要成员。在1978—2007年，中国的进出口总额由206亿美元提高到21737亿美元，跃居世界第三，外汇储备量世界第一，实际利用外资累计达到近10000亿美元，实际利用外资连续多年排名世界第一；第三，中国居民收入和生活水平大幅提高。在1978—2007年，全国城镇居民人均可支配收入从343元增加到13786元，实际增长6.5倍。农民人均纯收入从134元增加到4140元，实际增长6.3倍，农村贫困人口从2.5亿减少到1400多万。

件的有利还是经济改革及政策的有效性。[①②] 在中国学者对“中国奇迹”的解释中，最有代表性的是林毅夫的“后发优势论”和杨小凯的“后发劣势论”。林毅夫指出，“中国奇迹”根源于中国遵循和实施了充分利用“后发优势”的经济发展战略。[③] 其中，“后发优势”是指，由于与发达国家之间存在着明显的技术差距，发展中国家可以通过技术引进、消化和吸收，加快发展中国家的技术变迁和经济发展的步伐。因而，中国经济30年的高速增长，是制定和实施“后发优势”发展战略的结果。针对林毅夫的观点，杨小凯指出，正因为后发国家可以轻易地通过技术引进和模仿实现经济的快速增长，反而缺乏改革自身制度的动力，可能丧失经济长期发展和繁荣的机会，“后发优势”可能演化为“后发劣势”。[④]

从林毅夫和杨小凯关于“后发优势”和“后发劣势”的争论出发，陈志武指出，中国过去30年的经济成功是中国通过“改革”和“开放”充分利用“后发优势”的结果，但是仅仅有“改革”和“开放”是难以取得这些成就的，“中国奇迹”来源于已经成熟的工业技术的引进和有利于自由贸易的世界秩序。[⑤] 在陈志武看来，“改革”和“开放”是一件简

---

① 在国际上，有些学者不断质疑“中国奇迹”的存在。例如，2006年美国学者安德森(Jonathan Anderson) 指出，中国经济的高速增长既不是神话也不是奇迹，只是亚洲高增长模式中的又一个相似的案例。根据他的解释，亚洲高增长模式主要是由投资推动的，而投资来源于高国民储蓄率，因而中国既没有发现什么神奇的推动经济增长的新“秘诀”，也没有找到什么组织经济活动的新方式，中国经济比其他亚洲国家增幅更猛的唯一原因是中国的储蓄率和投资率比它的邻国都要高。从Anderson的表述看，他质疑的只是与其他东亚国家相比，中国的高速增长没有什么特殊之处，但并不否认中国长期高速增长的事实。

② 例如，A·伊拉里奥诺夫认为，中国所取得的经济成就，始于20世纪70年代末的经济改革和各项经济政策的有效性（参见·A伊拉里奥诺夫：“中国‘奇迹’”的奥秘”，《国外社会科学》，1999年第5期，第13~19页）；安·克鲁格强调中国经济成就之所以显得非凡，是因为中国经济发展的起步非常低（参见安·克鲁格：“中国继续经济奇迹符合世界利益”，《南方周末》，2005年3月4日，第8版）；萨克斯和胡永泰则认为，中国的经济增长奇迹得益于一系列诸如就业结构和金融部门相对稳定并没有严重外债等初始条件和内部条件（参见萨克斯，胡永泰：“中国、东欧、前苏联经济改革中的结构因素”，《经济政策》，1994年第4期，第13~16页）。

③ 林毅夫：“‘后发优势’与‘后发劣势’——与杨小凯先生商榷”，《新闻周刊》，2002年第18期。

④ 林毅夫：“‘后发优势’与‘后发劣势’——与杨小凯先生商榷”，《新闻周刊》，2002年第18期。

⑤ 陈志武：“重新思考中国奇迹”，《中国品牌》，2008年第3期，第64—71页。

单的事情，“改革开放”的贡献在于让中国加入了起源于中国之外的世界经济发展潮流，让中国搭上了全球化的便车。

从现有的研究成果看，尽管国际和国内学者都承认中国改革开放以来经济高速增长的事实，但是对产生原因的解释却存在着严重的分歧。根据“中国奇迹”究竟是外因主导还是内因主导，我们大致可以把对“中国奇迹”的理论解释划分为“外因主导论”和“内因主导论”。“外因主导论”强调的是，中国经济如果仅仅通过简单的技术引进和模仿实现经济的快速增长或搭全球化的便车，则会因为缺乏制度和技术创新的动力而牺牲经济的长期繁荣，最终使“后发优势”演变为“后发劣势”。“外因主导论”对中国经济的长期发展必须依赖制度和技术创新的强调，看到了中国现实经济发展中存在的问题和缺陷，但却不能因此而否认中国经济30年发展过程中对制度和技术创新所进行的艰辛探索和取得的伟大成就。如果没有主动的改革开放和制定并实施与中国国情相符合的经济发展战略，30年的高速经济增长是不可能实现的。“内因主导论”对“中国奇迹”的解释更多地只是罗列可能导致中国经济高速增长的各种条件和因素，缺乏一个逻辑一致的理论分析框架对“中国奇迹”做出科学而全面的理论总结。

更为重要的是，当前对“中国奇迹”的理论研究无论是“外因主导论”还是“内因主导论”，都陷入了简单的归因分析，没有把“中国奇迹”看做一个复杂经济系统的演化过程展开研究，无法揭示“中国奇迹”的真实图景及其丰富的历史内涵。从中国经济30年发展的历程看，经济发展是一个复杂系统的演化过程，从任何单一因素出发都无法对“中国奇迹”给出科学而完整的理论解释。

2008年秋季爆发的全球金融危机，进一步使我们认识到对中国经济30年发展历程及其成功背后的真实成因进行理论总结的必要性和迫切性。这一理论总结绝不能是机械式的或还原论式的把“中国奇迹”仅仅简单归因于某个单一因素，更不能从现有的理论或者抽象的原则出发去演绎现实，而应当从过程的视角把现实经济作为“一个能够变化并且经常处于变化过程中的有机体”①的自我发展、演化和展现的过程，在科学的理论抽象基础上，揭示中国经济30年高速增长和发展的真实图景。

当我们把中国经济30年高速增长和发展看做一个复杂系统的演化过程时，“中国奇迹”就是这一复杂系统自我发展和演化中的“涌现”现象。这种涌现现象的发生绝不能简单地归因于外部条件和某一个单一因素，而是现实经济的活动主体适应外部环境和它们之间相互适应过程中特定经济发展模式形成的结果，而特定经济发展模式是由制度结构支撑的，它表现为经济行为主体共同遵循的行为规则体系。特定经济发展模式及其制度结构来源于实践活动中的知识创新和积累，绝不是简单的模仿能够做到的。更重要的是，经济发展模式及其制度结构本身是不断发展和演化的，在新的历史条件下，过去实现经济发展的成功模式可能因为难以适应新的环境变化而出现报酬递减和路径锁定。只有当我们深入了解了中国经济30年发展过程及其趋势的真实图景时，今天制定的政策和发展战略才不至于搬起石头砸自己的脚，真正实现中国经济的可持续发展和中华民族的伟大复兴，而不是昙花一现。

到目前为止，客观地认识经济发展的真实图景仍然是经济学的核心命题。在大多数情况下，由于受到诸如利益倾向、经验主义和先验理论的影响，我们看到的现实经济就像中国传统写意画中的世界一样，主观和客观常常是混淆在一起的。事实上，我们生活在其中的是一个复杂的现实经济世界，这个世界是一个个聚集在一起的经济活动主体及其相互作用所构成的整体，现实经济活动的绩效不仅取决于每个经济活动主体如何独立地工作，而且取决于他们如何在一起工作。如果没有把主观目的性强加给现实，我们就会发现现实经济的运行总是有效率的，因为它总是在围绕着要服务和实现的自身目的而运行，并不以个人主观意志为转移。我们眼中的所谓经济失灵，更多地表现为经济系统运行的真实目的与我们的主观目的

① 马克思：《资本论》第1卷，人民出版社1976年版，第12页。

存在着不一致或者冲突。[①] 当然，这并不意味着我们无法改变现实，改变现实经济运行的前提是关注经济活动主体相互联系和作用的方式及其动态发展和演化。

因而，我们要考察的现实经济是一个复杂适应系统，它是由一个个集聚的经济活动主体所组成，经济发展是经济活动主体与环境及其它们之间相互联系、适应和作用的结果。更为重要的是，现实经济中的各个经济活动主体不是相互独立的，而是相互作用的。经济活动主体与环境及其它们之间的相互适应和联系的动态变化，是经济系统发展和演化的根源。对于现实经济是从何而来、如何发展和演化的解释，尽管存在着某些现成的标准答案，但是这些现成的答案还没有真正解开谜团或令大多数人信服。在经济理论发展史中，无论是亚当·斯密“看不见的手”，还是制度经济学对制度在经济发展中的作用的分析，都只是对现实经济运行做出的理论描述，关键问题是他们都没有回答“它是如何做到的”[②]。

马克思指出，对现实经济的研究，既不能用显微镜，也不能用化学试剂，必须用抽象力进行分析。[③] 在本书中，我们强调理解现实经济的关键，是把它看做一个复杂适应系统的发展和演化过程，而构成经济复杂适应系统并推动其发展和演化的基因，是经济行为主体与环境及其他们之间相互作用和联系的方式及其动态变化。当我们考察现实经济时，首先看到的是一个由诸多经济行为主体及其活动构成的聚集体，其中每个经济行为主体都对他所处的环境和其他行为主体做出适应性反应，现实经济是每个经济行为主体所做出的适应性反应的结果。因而，回答经济行为主体如何反应和对谁做出反应，是揭示现实经济及其发展和演化真实图景的前提和逻辑起点。

当把经济增长和发展看做一个复杂适应系统演化的自然结果时，我们会发现简单的归因分析实质上是把经济增长和发展当作“黑箱”来处理。这种简单的还原论式的分析方法，使我们难以看到经济增长和发展内在的

---

① 在近年来总结中国经济改革开放 30 年的理论文献中，常常发现某种以自己的主观目的裁剪现实和历史的现象。

② 约翰·H. 霍兰著，周晓牧、韩晖译：《隐秩序——适应性造就复杂性》，上海科技教育出版社 2000 年版。

③ 马克思：《资本论》第 1 卷，人民出版社 1976 年版，第 8 页。

真实图景和丰富的历史内涵。作为复杂系统的演化过程，经济增长和发展不仅受到外部环境条件和因素的影响，更重要的是经济行为主体如何通过相互作用和协作有效地利用这些条件和因素。一个复杂经济系统主要包括经济行为主体、经济行为主体所面对的外部环境和经济活动主体及其与环境之间做出适应性反应的规则或方式。其中，经济活动主体及其与环境之间反应的规则和方式构成了现实中的经济发展模式。

现实经济行为主体的外部环境变量主要包括资源要素禀赋、技术和市场条件。其中，市场需求属于经济系统的产出条件，资源要素禀赋和技术水平则属于投入条件。根据经济增长究竟依赖哪种投入，经济理论把经济增长划分为要素投入和技术进步两种类型。[①] 但是仅有这些条件并不能实现经济增长，关键是经济行为主体如何对外部环境条件做出反应或适应。一个复杂经济系统的经济行为主体不仅包括企业，而且包括大学和科研机构在内的非市场组织和政府组织。在复杂经济系统中，这些组织不是相互独立的，而是相互作用和联系的，并通过相互作用和联系对所处的外部环境条件共同做出反应或适应。在这一过程中，他们创造了共同遵循的规则体系和行为方式，构成了经济系统赖以存在和演化的经济发展模式及其制度结构。因而，与经济增长或停滞直接相关的不是外部条件，而是经济发展模式的有效性。从这个角度看，作为对外部环境条件变化所做出的适应性反应的“改革”和“开放”，恰恰不是简单的事情。

诺思指出，在考察人类历史发展进程时存在着的一个关键性疑难问题，即如何解释制度变迁路径及其绩效差异甚大的原因。[②] 为了解答这个问题，诺思在他的理论分析中先后引入了产权、国家和意识形态。而从复杂适应系统演化的角度看，真正的答案就隐藏在经济行为主体及其与环境之间相互适应和作用所形成的经济发展模式及其制度结构之中，而有效的经济发展模式及其制度结构的形成，并不是容易的事情，而是复杂的和不确定的。

首先，经济行为主体的行为依据不可能都是完全符合客观实际的，更

① 有的学者指出，产业结构的变化或升级也是经济增长的重要来源，在我们看来，产业结构的升级是技术进步的结果，可以归于技术进步的范围。

② ［美］道格拉斯·C. 诺思著，陈郁、罗华平等译：《经济史中的结构与变迁》，上海三联书店1994年版。

多的情况是来自内部主观模型。内部主观模型中的决策前提既包括事实前提也包括价值前提，既来自自己的经验和对自身利益的感受，也受到既有秩序和他人利益的影响和约束。即使经济行为主体的行为表现为惯例遵循，当内部主观模型是非现实的，也难以保证惯例遵循是有效的。其次，也是最重要的，经济活动及其绩效是集聚的经济行为主体相互作用和联系的结果，相互作用的经济行为主体的内部主观模型包含着对其他行为主体行为的预期，即某一经济行为主体的内部主观模型是其他经济行为主体内部主观模型的函数。经济行为主体之间的相互作用是非线性的和网络化的，每个经济行为主体是异质的。因而，异质的经济行为主体及其与环境之间的非线性相互作用和联系，是经济发展模式及其制度结构绩效不确定的根源。

无论经济增长和发展来源于要素禀赋还是技术进步，经济增长和发展的前提是经济行为主体共同创造并对它做出反应的经济发展模式能够有效地适应了外部环境条件的变化，并在这种适应过程中充分地利用了现有的资源和条件，实现了经济活动的正反馈和报酬递增。

即使经济行为主体共同创造了一个实现经济高速增长的经济发展模式，也无法保证经济增长是永恒的，因为环境是变化的，经济发展模式本身也是不断演化的。当外部环境出现了新变化，现有的经济发展模式无法适应这种变化时，就可能出现经济发展模式与环境之间的负反馈和报酬递减，从而使经济陷入低速增长甚至停滞。经济发展模式将面临被修正甚至被摈弃的命运。在本章，作者试图建立一个用经济发展模式的演化解释经济增长和发展持续性的理论分析框架，以考察"中国奇迹"的产生及其发展的可持续性。图 1－1 描述了这一理论框架的内在逻辑。

图 1－1 是经济发展模式演化的逻辑图。经济发展模式的演化包括四个阶段：形成和强化、推广和普及、修正以及摈弃、创新。

假设在初始条件下，现实经济系统存在着三种可供选择的经济发展模式：A、B 和 C。现实经济发展模式的选择常常是一个试错过程，因为选择是以经济行为主体的主观模型为基础的，主观模型既可能是符合现实的，也可能是不符合现实的。再假设 A、B 和 C 是建立在不同的主观模型基础上的，A、B 和 C 与客观环境之间存在着三种不同的关系：不相符、相符和短期相符长期不相符。

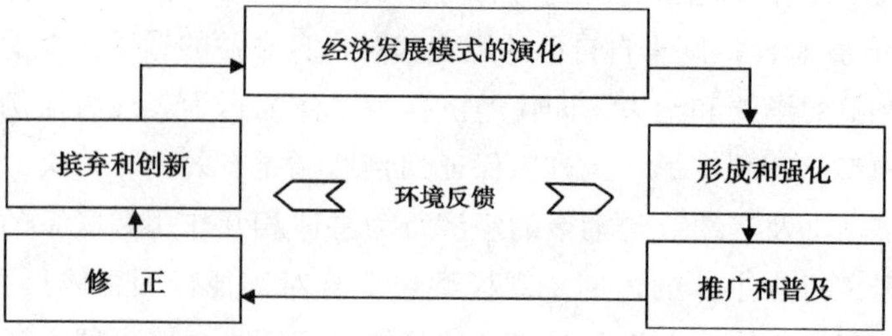

图 1－1　经济发展模式的演化示意图

如果经济系统选择了 A 模式，由于主观模型与客观实际并不相符，A 模式与外部环境之间存在着负反馈，却可能因为某种超经济的力量使其被选择和维持，成为经济系统的主导模式。在这种情况下，现实经济活动是低效率的，或者说经济发展进入到一个锁定状态。

如果经济系统选择了 B 模式，由于主观模型与客观环境是相符的，B 模式与外部环境之间存在着正反馈。当 B 模式成为经济系统的主导模式时，经济是高效率的，或者说经济发展呈现出路径依赖特征。当然，环境是不断变化的，B 模式长期存在的前提是，不断修正主观模式，使之与客观环境相一致。当外部环境出现质的变化时，B 模式同样面临着被摈弃和创新的命运。

如果经济系统选择了 C 模式，因为 C 模式在短期内与外部环境相符，经济效率得到短期改善或提高，但长期看同样会使经济发展步入锁定状态。

无论选择 A、B 和 C 哪种经济发展模式，由于与环境的反馈关系，都将经历形成和巩固、推广和普及、修正和摈弃的过程，只是与这一过程相伴随的经济绩效和经济增长的表现不同。

从经济发展的现实看，在 A、B 和 C 三种经济模式中，只有选择了 B 模式才能最终获得经济的长期增长和发展，即出现“经济奇迹”。根据复杂科学的观点，“经济奇迹”是复杂经济系统的一种“涌现”现象，而决定这一“涌现”现象的是经济发展背后的“隐秩序”，即经济行为主体及其与环境之间相互作用中共同创造和遵循的规则体系或经济发展模式。

从复杂科学的观点看，B 模式的选择或“经济奇迹”的出现绝不是一件简单的事情，而是一个充满不确定性的复杂的演化过程。经济发展模式的选择常常是在我们既缺乏环境和未来的系统知识，又受到作为历史遗产的现有经济和制度结构的制约下进行的。更为重要的是，作为经济长期高速增长的发展模式的形成和发展，往往起源于微观经济行为主体偶然的试错或探索性行为，是这些表现为小事件的积极试错和探索性行为累积和放大的结果，其中，报酬递增规律起到了关键的支配作用。

经济发展模式的形成、发展和演化，是特定环境条件下经济行为主体及其与外部环境之间相互作用的结果。外部环境主要包括市场、技术条件和资源禀赋。经济行为主体是指企业、消费者和政府等现实经济活动的参与者，其中政府的经济行为较为复杂，它不仅要通过税收和支出影响经济活动，而且通过产业管制和制度供给激励和约束企业和消费者的行为。此外，政府还可能通过非市场行为对资源进行配置。在对经济行为主体做出简单界定的基础上，本章将考察经济发展模式如何通过经济行为主体及其与环境之间的相互作用而形成、发展和演化的。

假设经济发展模式的创新或试错首先是由某个企业家或企业完成的，即小的偶然事件的出现来自企业家的决断。企业家创新或试错成功的前提，是他对客观环境变化做出符合实际的准确判断。如果某个企业家对外部环境变化作出了符合实际的判断，并作出适应性决策，他的试错行为就是正确的和有效率的。

当某个企业家的试错行为取得成功，获得了正的利润或超额利润，就会引起其他企业的学习和模仿，成功的学习和模仿也会为其他企业带来盈利。出于税收增长的考虑，政府可能鼓励企业有效率的试错行为。当然，有效率的试错行为同样可能会遭到其他经济行为主体，尤其是政府的抵制。因为有些试错行为对本企业来说是有效率的，却不一定符合其他经济行为主体，尤其是现存制度结构背后的利益关系。在许多情况下，对某种有效率的试错行为的评价是一个社会的过程，即在经济行为主体之间的相互作用之中进行的。如果这种行为通过了社会评价，就会在更大的范围内被学习和模仿，并推动政府进行制度变革实现制度供给。

事实上，任何学习和模仿都绝不是被动的，而是一个有参照的主动的试错行为，因为任何学习和模仿都不可能照搬别人的经验，都是建立在自己主观模型改变基础上的进一步试错。这种学习和模仿行为，将构成一个创新链，会不断提高现实经济的运行效率。

围绕着某个小的偶然事件，整个经济系统可能发生巨大的变革，但是其前提是小的偶然事件在经济行为主体的相互作用中被累积和放大，即呈现出报酬递增现象。企业的创新和模仿行为只是在这一过程中的重要环节，其他组织，例如大学和科研机构等非市场组织和政府组织的支持和协同，同样起到了至关重要的作用。在经济行为主体及其与环境之间的相互适应过程中，将形成特定的共同遵循的行为方式和规则体系，它们构成了支持现实经济增长和发展的经济发展模式。经济系统中的经济行为主体共同创造了经济发展模式，并对它做出适应性反应，从而成为经济协同和有序运行的制度结构，使复杂经济系统的总体大于部分之和。符合实际的经济发展模式一旦形成和巩固，将会在更大的范围内推广普及，并带来更大范围和持续增强的报酬递增效应。经济增长和发展开始出现，如果能够引发长期的高速经济增长，就会出现“经济奇迹”。

但是环境是不断变化的，当经济发展模式不能适应环境的新变化时，经济增长速度开始下降，甚至出现经济停滞。为了重新获得经济增长和发展，经济活动主体会通过主观模型的修正，改善现有经济发展模式，或者以摈弃现有模式创造新模式的方式获得新的经济增长。但是经济发展模式转变的过程，绝不是一件简单的事情，而是涉及到几乎所有经济行为主体的整个经济系统的转型过程。

第二节

中国经济发展模式的形成和演化

一、中国30年经济增长和发展的基本脉络

中国30年经济增长和发展的起始点为1978年，作为发展初始状态的中国经济及其国际环境具有以下三个方面的特点：一是中国当时的经济发

展模式是建立在“一大二公”计划经济体制基础上的，经济行为主体是单一的国有和集体性质的企业，经济行为主体的所有活动都围绕着政府的指令性计划展开，政府对产业的进入实行严格的管制，禁止其他经济成分的存在和进入；[①] 二是市场配置资源的机制处于边缘地位，资源闲置和浪费并存，自新中国成立至改革开放前的30年闭关锁国造成了科学技术与发达国家存在着巨大差距；三是经过第二次世界大战后的经济恢复和长期发展，发达国家的福特制大规模生产所积累的技术体系已经成熟为标准化，经济全球化和发达国家从福特制向后福特制生产方式的转型，使大规模标准化生产技术的国际转移逐渐成为趋势。

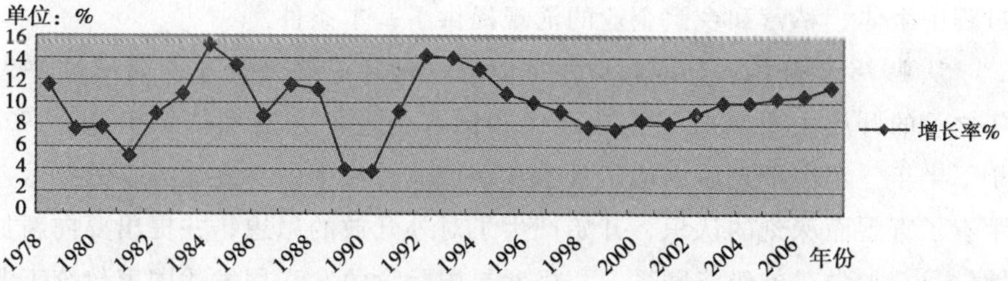

图 1-2　1978—2008 年中国经济增长情况示意图

数据来源：《中国统计年鉴 2007》；2007 年的数据来自统计公报。

根据图 1-2 显示的中国经济增长速度的变化，可以把中国的经济增长和发展划分为 1978—1991 年、1992—2000 年和 2001—2008 年三个阶段。

1978 年年底，党的十一届三中全会召开，会议明确提出全党的工作重心转移到现代化建设中来。国家的工作重心由以阶级斗争为纲转移到以经济建设为中心，启动了中国的改革和开放进程，是中国经济 30 年高速增长和发展的发端。

---

① 受到人民公社体制的限制，即使在农村农民同样没有经济自由。杜润生指出，“政社合一、公民皆社员的人民公社，不允许自由进出，堵塞了社员自求谋生的道路，限制了农户发展经济的自由。在历史上，农民从来拥有从事多种经营，配置自有资源的自由。但是在人民公社时期，农民的这种自由权利却受到剥夺。”参见杜润生：《杜润生自述：中国农村体制变革重大决策纪实》，人民出版社 2005 年版，第 98 页。

党的十一届三中全会之后，中国的经济改革和发展首先发生在农村，即家庭联产承包责任制的确立和普及。实际上，家庭联产承包责任制的早期形式“包产到户”在1956年就出现了，从1956—1982年经历了26年的“三起三落”才最终被正式承认和合法化。少数农民的试错行为之所以最终成为中国农业经营的主导形式，根本原因是这种生产方式解放了土地和劳动力，带来了农业的快速恢复和发展。1978年，中国的粮食产量只有大约3亿吨，1984年当联产承包责任制在全国推广普及之后，粮食产量迅速增加到4亿吨。更为重要的是，联产承包责任制的确立和推广普及在提高农业生产效率的同时，释放了农业劳动力，为后续的乡村工业化过程中个体、私营和乡镇企业的涌现提供了基本条件。

从1978年开始，与农村改革同时启动的还有对外开放，只不过1992年之前的开放主要局限于少数地区和国有企业的合资和技术引进。1978年下半年，邓小平先后出访了日本和新加坡，对中国与发达国家的技术差距有了直观而深刻的认识，开始产生了对外开放的思想，并提出要向新加坡学习，加强对外经济联系，积极参与国际竞争，利用发达国家传统工业转移的趋势，引进国外先进的技术和资金，促进中国的经济增长和发展。与此同时，第一机械工业部等国家部委分别派出考察团，在回国后提交的考察报告中，充分认识到中国和国外先进国家在技术水平上、管理水平和生产水平上的巨大差距，并提出引进国外先进技术和管理经验的对策。[①] 在上述认识的基础上，中国政府开始了对外开放的试验，先后在20世纪80年代中后期建立了经济特区和沿海对外开放城市，开始了经济对外开放的探索。

从图1－3相关的数据可以看出，1992年之前，中国的三次产业的发展基本上是同步的，工业的增长速度并没有后来的突出表现，主要是因为当时中国工业的发展依赖的是乡镇工业和国有企业的“三改造一加强”，其中的技术改造主要来源于国外先进技术的引进和国内传统工业技术的扩散。

---

① 从1977年7月1日到1980年6月30日的3年间，除中央领导出访活动外，国家部委共派出代表团多达360批次，科教经贸代表团472批次。参见李岚清：《突围：国门初开的岁月》，中央文献出版社2008年版，第64页。

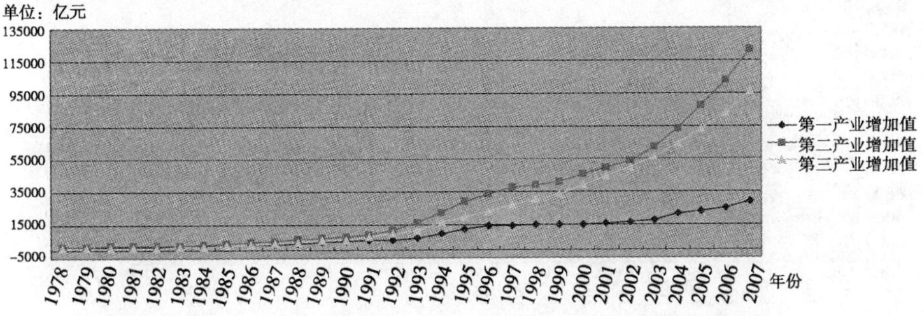

图 1－3　1978—2007 年中国三次产业增加值的变动情况示意图

数据来源：《中国统计年鉴 2007》。

1992 年之前，中国的经济增长和发展主要来源于以乡镇企业的涌现和发展为代表的乡村工业化和城市国有企业的技术引进和规模扩张。从技术扩散的角度看，更有效的技术扩散不是国外先进技术的引进，而是在短缺经济刺激下国有企业的落后技术向乡镇企业的扩散或转移。利用国有企业淘汰下来的技术和设备，充分抓住中国改革开放初期消费品市场扩张的机遇，以乡镇企业为代表的民营经济快速发展起来。

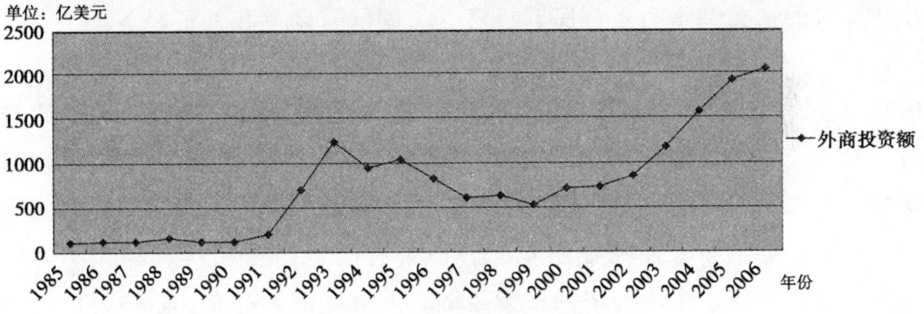

图 1－4　1985—2006 年中国外商投资额的变动情况示意图

数据来源：《中国统计年鉴 2007》。

从图 1－4 和图 1－5 可以看出，从 1992—2008 年，中国经济的高速增长与外资的大规模引进直接相关，尤其是 2001 年中国加入 WTO 之后，FDI 引进速度的加快直接促成了中国经济增长的高位运行。从 1992—2000 年中国经济增长和发展的实际进程看，这一阶段的经济增长主要来源于以

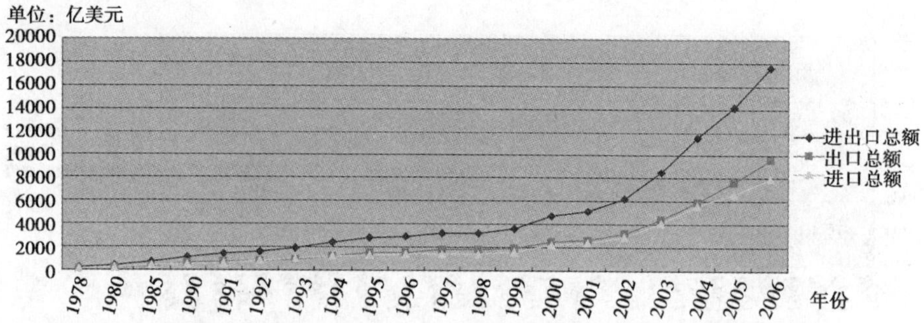

图 1-5　1978—2006 年中国外贸出口变化情况示意图

数据来源：《中国统计年鉴 2007》。

乡镇企业为代表的民营经济的发展、国有企业的改革和 FDI 大规模引进。在这一阶段，支撑中国经济 30 年快速增长和发展格局的经济发展模式已经基本形成，并得到了巩固和强化，2001—2008 年的快速发展只是在全面对外开放的条件下业已形成的经济发展模式在更大范围内的推广和普及。

经过 1992—2008 年的大规模改革和开放，最终形成了支撑中国经济及其发展的三支基本力量：民营经济、大型国有企业和外资经济。

民营经济起步于个体经济和乡镇企业，成长和成熟于私营企业。在 1992 年党的十四大之前，对民营经济的定义是鼓励和支持劳动者个体经济"作为公有制经济必要的、有益的补充"，允许适度发展。到了 1992 年党的十四大召开时，鉴于民营经济在国民经济中发挥着越来越重要的作用，才明确提出"在所有制结构上，以公有制包括全民所有制和集体所有制经济为主体，个体经济、私营经济、外资经济为补充，多种经济成分长期共同发展，不同经济成分还可以自愿实行多种形式的联合经营"。到了 1997 年党的十五大，进一步把"公有制为主体、多种所有制经济共同发展"提到了"社会主义初级阶段的基本经济制度"的高度，强调"非公有制经济是社会主义市场经济的重要组成部分"。

统计资料显示，1992—1997 年，全国个体工商户户数由 1534 万户发展到 2850 万户，从业人员由 2468 万人增加到 5441 万人，注册资金由 601 亿元增加到 2574 亿元。在此期间，个体工商户、私营企业、外资企业的企业数量的增长速度分别为85.8%、309.1%和180.6%。民营经济的快速发展成为这一发展阶段最大的亮点。民营经济发展的这种高速增长势头一直持续到现在，2007年我国共有私营企业515万户，个体工商户为2741.5万户，私营企业占全国企业总数的61%，规模以上私营工业企业的利润从2002年的490亿元增加到2007年的4000亿元，增长了7倍多，年均增长52%。[①]

在国有企业的改革和发展上，通过1992年的《全民所有制工业企业转换经营机制条例》、1995年党的十四届五中全会提出的“抓大放小”战略和1999年党的十五届四中全会作出的《中共中央关于国有企业改革和发展若干重大问题的决定》等一系列政策调整和制度创新，在国有中小企业逐步退出国有经济系列的同时，通过行政干预等措施集中扶持和发展电子、石化、钢铁、电信和汽车等涉及国民经济发展重点产业的国有企业，实现了国有经济在整个国民经济中的控制力。

改革开放之初的1978年，中国基本上是单一的公有制经济，在国内生产总值中公有制经济所占的比重为99%，其中全民所有制工业企业占全部企业数量的24.0%，工业总产值占77.63%，集体所有制工业企业数量占76.0%，工业总产值占22.37%。而到了2007年底，在全部规模以上企业中，国有及国有控股企业的数量仅为6.1%，工业总产值占29.5%，集体企业的数量占3.9%，工业总产值占2.5%。尽管从国有企业的数量上看，国有企业的比重是下降的，但是从总体规模和效益上看，仍然占据举足轻重的地位，并保持着对整个国民经济的控制力和影响力。[②]

中国的对外开放始于1979年国务院针对广东和福建的实际制定的实施对外经济活动的特殊政策，1980年分别设立了深圳、珠海、汕头和厦

① 宋宝森：“民营经济发展30年的实践经验与理论创新”，《中国民营科技与经济》，2008年第12期，第20页。

② 2007年，国有及国有控股工业企业的资产总计为158188亿元，占全部规模以上工业企业的44.8%，实现主营业务收入122617亿元，占30.7%，实现利润10795亿元，占39.8%。参见国家统计局网站：“改革开放30年报告之三：经济结构在不断优化升级中实现了重大调整”，2008年10月。

门四个经济特区。从 1985 年到 1992 年，中国对外开放的区域逐渐从经济特区扩大到沿海、沿江、沿边和内陆重要城市。2001 年 12 月，随着中国加入 WTO，最终形成了中国全方位的对外开放格局。

尽管对外开放最初的动机是为了创汇，但吸引外资和外资企业的建立却成为中国对外开放的重要成果。1992 年之前，中国对外资的利用主要是对外借款，尤其是政府借款，外商直接投资（FDI）的比重很小。从 1979 年到 1992 年的 13 年间，中国累计对外借款额为 526 亿美元，外商直接投资却仅仅为 251 亿美元。直至 1992 年，外商直接投资才首次超过对外借款额，并出现了大幅度增长，成为中国利用外资的主要形式。

从中国吸收外资的情况看，1983 年中国吸收的外商直接投资仅为 9.16 亿美元，而到了 2007 年猛增到 748 亿美元，24 年增长了 81 倍。截至 2007 年 12 月份，中国的外商直接投资累计超过 7700 亿美元，年均增长 20.1%，远远高于同期国内生产总值的增长速度。在吸收外商直接投资的过程中，1992 年之前所占的比例比较小，从 1983 年到 1991 年年均约为 26 亿美元，但是到了 1992 年却猛增到 100 亿美元，1992 年达到 200 亿美元，1993 年突破 300 亿美元，从 1992 年到 2007 年，中国平均每年吸收外资超过 450 亿美元，年均增长 19.4%。从 1993 年起，中国已经连续 15 年成为吸收外资最多的国家。

外商直接投资的结果是外商投资企业的增加，到 2007 年底，在中国注册的外商投资企业已经超过 28 万家，实际投资总额为 2.11 万亿美元，进出口额为 12549 亿美元，占中国对外贸易进出口额的 57.7%，缴纳的税收超过 9900 亿美元，占中国税收收入的 20%，并提供了超过 5000 万个就业岗位。

从中国改革开放 30 年经济增长和发展的历程看，中国经济的高速增长是国有经济保持对整个国民经济控制力和影响力与民营企业和外资企业大量涌现和发展壮大的结果。解释中国经济增长和发展的钥匙就隐藏在企业与企业之间和企业与政府之间的相互作用中国有企业的改革和民营、外资企业的涌现和发展过程之中，中国经济发展模式的形成和演化是这一过程的结果。

二、管制放松和优化投资环境与生产型企业的涌现和扩张

在对中国改革开放30年经济发展脉络做出一个简单的梳理之后，作者认为，中国经济30年的高速增长是以民营经济和外资经济为主体的生产型新企业不断涌现和扩张的结果。在这一部分中，我们将集中考察是什么原因造成了大量生产型新企业的涌现？是外部环境因素还是制度变革的结果？

新企业的持续涌现是经济行为主体适应外部环境的结果，具体地说，改革开放的外部环境为生产型新企业的涌现提供了三个方面的有利条件：一是短缺经济条件下市场需求扩张空间的存在；二是计划经济体制下的大量闲置资源；三是发达国家经济转型和经济全球化条件下现代标准化生产技术和生产能力向发展中国家的转移趋势。但是这些条件只是某种客观存在，而经济增长和发展则是经济行为主体主动适应或把握隐藏在环境中的机遇的结果。从中国改革开放30年的实际历程看，生产型新企业的持续涌现是经济活动主体，尤其是企业和政府之间在相互作用的过程中制度创新的结果。

在中国经济转型理论研究中，分权改革（财政分权和“放权让利”）和地方政府行为被看做是考察中国经济发展和制度变革的出发点。钱颖一和温加斯特的研究表明，中国经济体制改革之初的分权改革创造了一个来自地方和基层的改革支持机制，地方政府在经济上的制约保证了有效率改革的持续推进。[①] 从一般意义上看，改革开放之初的分权改革的意义在于使地方政府具有独立经济利益，并在经济利益驱动和竞争压力下成为制度创新的主体。杨瑞龙指出，分享剩余索取权和拥有资源配置权的地方政府在我国向市场经济体制过渡的一定阶段扮演了制度变迁“第一行动集团”的角色，是连接中央政府的制度供给意愿和微观主体制度需求的重要中介。[②]

---

① Yingyi Qian and Barry R. Weingast. 1996. China's Transition to Markets: Market - Preserving Federalism, Chinese Style, *Journal of Policy Reform*, 1996, 1: 149—185.

② 杨瑞龙：“我国制度变迁方式转换的三阶段论——兼论地方政府的制度创新行为”，《经济研究》，1998年第1期。

但对解释现实中国经济发展和制度变革进程而言，更重要的现象是在同样的分权政策背景下，为什么会出现不同的地方政府行为？史晋川以“浙江模式”为例，指出浙江地区的制度变迁是该区域中民间与地方政府互动及选择的结果。事实上，在中国的制度变迁过程中，制度创新的当事人或主体不仅仅是地方政府，还包括以当地企业为主的各种经济组织在内的其他当事人。

要解释地方政府制度创新行为差异的影响因素，我们首先要弄清楚地方政府制度创新行为是围绕着什么展开的？杨瑞龙认为，在制度变迁过程中，地方政府行为的核心是与其他地区竞争制度创新的进入权。这是因为，我国中央政府在改革过程中采取的是非平衡改革战略，即先试验后推广的策略。如果能够从中央政府手中获得改革的优先权，成为改革的试点单位就可以获得优惠政策和改革先发优势带来的“垄断租金”。但是杨瑞龙教授并没有明确“制度创新的进入权”具体是什么。金祥荣根据浙江改革的经验明确指出，“温州在全国率先通过局部制度创新，也即通过体制外的制度创新，完成了从传统的计划经济到市场经济的体制转轨，建立起了以非国有、非公有制经济为基础的明晰的、排他性产权制度”。①

从中国经济制度变迁的实际过程看，地方政府制度创新行为是围绕着以非国有和非公有经济的行业进入权为核心的产权结构变革而展开的，即放松管制。在传统计划经济体制条件下，几乎所有行业的进入权都排他性地归国有经济及其主管部门所拥有。在经济转型中，地方政府对行业进入权管制的放松本质上就是以非国有、非公有制经济为基础的明晰的、排他性产权制度的建立过程。为了满足本地企业的制度创新需求，围绕着非国有和非公有经济的行业进入权，地方政府的制度创新行为表现在两个方面：一方面为包括国有企业在内的本地企业向中央政府争取行业进入权或项目，另一方面对本地非国有和非公有制企业放松行业管制，并逐渐引入市场竞争和资源配置机制。

围绕着行业进入权，与制度创新相关的当事人或主体是多重的，既包

① 金祥荣：“多种制度变迁方式并存和渐进转换的改革道路——‘温州模式’及浙江改革经验”，《浙江大学学报（人文社会科学版）》，2000 年第 4 期，第 139 页。

括地方政府也包括以国有、非国有和非公有企业为主的其他经济组织。作为制度变迁的初始条件，这些与制度创新相关的主体所构成的既有组织结构将影响到制度变迁和经济发展模式的选择。从中国经济发展30年的历史进程看，在不同的时间、地区和行业中国有企业是否处于主导，对新企业及其类型的涌现将产生不同的影响。

以国有企业占主导的阶段和行业为例，为了分析的简便，作者假设与制度创新相关的主体仅仅包括地方政府、国有企业、外资企业和民营企业。在缺乏外部竞争的改革早期，拥有行业进入垄断权的国有企业没有创新动力，地方政府的制度创新动机仅仅表现为为本地国有企业向中央政府争取行业进入权（即所谓的争项目）。而对包括外资和民营企业在内的非国有和非公有企业而言，打破国有企业对行业进入权的垄断，就意味着可以获得垄断租金。因而，外资和民营企业具有很强的制度创新需求和动力。随着市场竞争的加剧，地方政府和国有企业的制度创新动力都会不断增强。但能否顺利实现制度创新，关键是在与当地企业的互动中，地方政府能否形成与外部环境变化相适应的新的制度安排。

在上述分析的基础上，我们很容易解释为什么1992年之前，民营企业和外资企业大都产生在国有经济薄弱的乡镇和像深圳等国有经济不占统治地位的新兴城市。在这些地区，从地方政府的角度看，发展民营经济和外资经济不仅可以带来税收的增加，而且可以增加当地的就业。而在国有经济占主导的地区，民营经济发展大都是相对滞后的，当地政府是否鼓励民营企业发展，受到当地国有企业的制约或影响。

1992年之后，外资企业的大量涌现一方面是对外开放范围不断扩大和引进外资增加税收和就业的示范效应；另一方面是因为在民营经济发展的冲击下，国有企业开始成为地方政府的负担，影响到地方政府的财政收支。在这种情况下，允许外资企业进入，并对国有企业进行嫁接改造，不仅可以带来税收的增加，而且可以促进国有企业的发展。

2001年之后，由于国有企业"抓大放小"战略的实施，民营企业和外资企业才被地方政府看做是带动本地经济增长同样重要的力量。与之前的简单放松管制不同，1992年政府制度变革的重心已经转变为优化投资环境。在地方政府的优化环境政策中，最重要的是对新企业的进入，尤其是引进外资给予包括税收和廉价土地在内的一系列优惠政策，因此，中国改革开放30年新企业持续涌现的根本原因是中央及地方政府放松管制和优化投资环境。

尽管中国取得了30年的高速经济增长，但是在简单放松管制和优化投资环境的政策推动下，无论是民营经济还是外资经济，新企业的类型都是生产导向的，很少是创新型新企业。[①] 生产型新企业的涌现和规模扩张，是中国经济30年高速增长和发展的主导力量，也构成了中国“要素租金”驱动的经济发展模式的基本特征。

三、“要素租金”驱动的经济发展模式的形成和演化

在前面分析的基础上，作者认为，中国改革开放30年生产型新企业的持续涌现，是经济行为主体通过制度变革适应外部环境变化的结果。根据复杂适应系统的理论观点，中国经济的高速增长更重要的是决定于经济组织之间在相互作用中经济发展模式的形成、演化和报酬递增效应的出现。

当深入考察中国现实经济中企业的行为特征时，我们会发现，与发达国家占主导的创新型企业不同，改革开放30年中国经济中涌现的新企业，无论是民营企业还是外资企业都是生产型的。驱动新企业创业和扩张的不是“创新租金”，而是“要素租金”。其中“要素租金”是指企业利润的来源主要是廉价的劳动力、土地资源和环境资源，而不是知识的创造和新产品的开发。因而，根据企业的这一行为特征，我们把改革开放30年带来中国经济30年高速增长的经济发展模式，概括为“要素租金”驱动的经济发展模式。

“要素租金”驱动的经济发展模式之所以能够带来中国经济持续30年的高速增长，是因为这一模式充分利用了中国30年经济增长初始环境中的三个条件：资源的闲置或“要素租金”的存在、国内外市场需求扩张空间和满足前两个条件的成熟的标准化生产技术向中国的转移趋势。但

---

① 在实际调研分析中，我们发现，中国的许多大企业，尤其是跨国公司在中国设立的企业，大都是生产型的，仅仅处于国际产业供应链的OEM环节。

是仅仅拥有这三个条件是远远不够的，中国企业充分利用了这些条件，并在企业、政府和其他组织之间的相互作用中创造出一系列新的组织形式或机制，使报酬递增或经济活动与环境之间的正反馈成为现实。

在中国企业所创造的组织形式或机制中，最基本的有两种：一种是民营企业的集群生产；另一种是以外资企业为主导的当地生产网络。无论是两种机制的哪一种，都强调专业化分工和企业之间的协作，它将充分放大所依托的要素资源，把建立在要素资源基础上的比较优势转化为企业和产业的竞争优势。

但是这种经济发展模式毕竟只是建立在要素资源的基础上，最终将因为资源、环境的限制和“要素租金”的耗散而出现报酬递减。因为，“要素租金”驱动的经济发展模式立足的是比较优势，并把比较优势理解为我国拥有的资源禀赋，尤其是廉价的劳动力、土地和环境等资源优势，通过简单的放松管制和优化投资环境，启动民间投资和吸引 FDI 以充分利用廉价资源获取“要素租金”。

这种高度依赖资源和资本投入的经济发展模式，在取得巨大经济发展成就的同时，也付出了发达国家在发展初期曾经付出过的资源过度开发和环境污染等方面的惨重代价。在经济增长方式上，目前中国存在着高投入、高消耗、高排放、不协调、难循环和低效率等突出问题，存在着严重的隐患。①

用“增量资本产出率”方法计算的结果表明，中国当前的经济发展模式是投入驱动型的。1981—1985 年期间，中国的增量资本产出率是 1:1.8，到了 2001—2004 年期间则上升到1:4.99，即中国创造 1 元钱 GDP 需要的投资接近 5 元钱。粗放式的投入驱动在带来中国经济快速增长和发展的同时，使中国的资源消耗以更快的速度增长。以水资源为例，中国人均水资源拥有量只有世界平均水平的 1/4，但农业灌溉用水的利用系数却只有 0.4，相当于国外先进水平的一半左右；工业每万元产值的用水量高出了国外先进水平的 10 倍。2006 年，我国实现的 GDP，按现行汇率计算为 2.64 万亿美元，约占全世界 GDP 的 5.46%，但为此消耗的资源，包括原油、原煤、铁矿

① 马凯：“马凯谈科学发展”，《观察与思考》，2004 年第 15 期。

石、钢材、氧化铝、水泥等分别约占世界消费量的7.4%、31%、30%、27%、25%和40%，消耗的资源远远高于世界平均水平。

然而，高投入和高消耗在推动经济高速增长的同时，也带来了高排放和高污染，中国每增加一个单位GDP所产生的废水排放量比发达国家高出4倍，单位工业产值产生的固体废弃物比发达国家高出10多倍。

以资源和要素的高投入和高消耗换取经济高速增长的经济发展模式，带来中国经济发展结构的不协调。经济发展结构的不协调首先表现为工业快速发展而农业基础薄弱，尤其是“三农”问题的长期存在，使中国未来长期经济增长面临严重的需求制约。其次，与制造业发展相比，现代服务业发展缓慢。中国目前的服务业增加值仅占GDP的32.3%，不仅低于世界平均水平的66.4%，而且低于低收入国家平均水平的45%。再其次，改革开放30年来，尽管中国企业已经嵌入全球产业价值链体系，但中国企业仅仅处于低端的OEM环节，技术的外源依赖已经严重制约了中国制造业国际竞争力的提升。最后，在获得高速经济增长的同时，中国的居民收入分配差距不断拉大。改革开放以来，反映中国居民收入水平差距的基尼系数在总体上持续上升。据世界银行的统计，中国的基尼系数在改革开放之前为0.16，2003年达到了0.458，已经超过了国际公认的警戒线0.4，接近危险的边缘。2004年，中国的基尼系数已经超过0.465。

中国经济发展的现实表明，仅仅立足于比较优势的“要素租金”驱动的经济发展模式是不可持续的。2007年以来，得中国改革开放风气之先而辉煌一时的珠江三角洲制造业集群，在要素成本增加和外贸环境恶化的压力下，开始出现大量劳动密集型企业倒闭和外迁的现象。微观企业的困境必然反映到宏观经济层面，2007年以来的CPI居高不下、外贸出口增长速度下滑、财政收入的减少和资本市场的低迷，不得不使我们反思“要素租金”驱动的经济发展模式的弊端。在2008年秋季爆发的全球金融危机面前，现有经济发展模式的局限性更加突出地表现在我们面前。

综上所述，中国现实中的“要素租金”驱动经济发展模式的基本特征可以概括为：

(1) 强调比较优势和“要素租金”在推动经济增长中的作用，其中的比较优势主要是指廉价劳动力、土地和其他的资源优势。

（2）注重技术的引进和生产制造，忽视自主创新和研发，追求经济规模的外延扩张，忽视经济的内涵增长。

（3）经济增长方式是粗放的，过分依赖投入和资源消耗，强调经济增长中的投资驱动和外资带动。

（4）强调出口导向，尤其是国内企业劳动密集型产品的出口导向。

（5）在政府的主导下，过分强调经济增长的速度，政府政策体系调整的着眼点主要是对民间投资的简单管制放松和外资投资环境的优化。

四、现有经济发展模式的局限性和新一轮经济转型

在2008年秋季爆发的全球金融危机的冲击下，“要素租金”驱动的经济发展模式的局限性充分地暴露出来，现有的经济发展模式已经难以适应国际和国内环境的新变化。经过30年的高速经济增长，中国经济发展的外部环境已经发生了重大变化，这种变化主要表现在以下三个方面：第一，资源短缺和“要素租金”的耗散。在2001年启动的新的经济增长阶段中，资源短缺和“要素租金”的耗散已经充分地显现出来，集中表现为钢铁和石油等重要原材料的进口依赖和价格的大幅度上涨、劳动成本的增加和环境保护压力的持续加大。第二，以劳动密集型为主导的出口导向的生产和贸易模式，受到国外市场萎缩和其他发展中国家低价劳动力的双重挤压。第三，在标准化生产技术方面，中国与发达国家的技术差距已经缩小或持平，现有的技术差距并不表现在生产和制造技术上，而是表现在新产品研发和核心能力的积累上。

从中国现实经济发展的趋势看，适应外部环境新的变化，现实经济发展模式将发生转变，即从“要素租金”驱动向“创新租金”驱动的转变。从目前的情况看，中国经济发展模式转变主要表现在以下几个方面：

第一，从粗放式增长方式向集约型增长方式的转变。向集约型增长方式的转变，要改变追求简单生产规模扩张的做法，强调企业技术改造、自主创新和内部管理的提高，通过增加企业的科技投入实现产品和服务的升级换代，提升企业的国际竞争优势。革新传统的生产组织方式，探索适合中国国情的实现企业持续创新和柔性生产的组织方式，坚持以信息化带动工业化，以工业化促进信息化，走新型工业化道路。

第二，从资源消耗型向资源节约型和环境友好型的转变。在经济发展中要做到资源的节约和综合利用，大力发展循环经济，探索“资源—产品—再生资源”的循环经济发展模式。加强国家对资源的严格管理和加大生态环境保护的力度。

第三，从技术引进型向技术创新型转变。创新所需要的知识基本上属于默示性知识，受到空间范围的严格限制。从当前中国制造业发展的阶段看，国际竞争优势的提升主要依赖的创新活动是以默示性知识为基础的，不可能直接从国外引进，也难以通过简单的学习和模仿获得，而是要经过长期的知识积累过程。

第四，从外贸拉动型向内需主导型的转变。改革开放近 30 年来，中国基本上走了一条外向型的经济发展道路，但是国际环境的复杂多变，不仅会给中国的经济发展带来严重的安全问题，而且不利于国民福利水平的提高。

第五，从资本引进型向资本输出型的转变。进入 21 世纪以来，中国企业跨国经营困难重重的根本原因，是这些企业的竞争优势是建立在国内资源和要素比较优势基础之上的。随着中国企业自主创新和技术水平的提高，跨国经营是中国企业的必然选择，如何帮助和引导中国企业实现跨国经营是新的经济发展阶段必须解决的。

根据复杂科学的观点，对原有经济发展模式的摈弃和新的经济模式的形成是复杂经济系统演化的过程，是一次新的经济转型。因而，本章的分析表明，2008 年之后中国经济要想实现新的持续增长或者使“中国奇迹”延续，中国经济将面临第二次转型，即从制造经济向创新经济的转型。在第二次经济转型中，新的经济发展模式的形成同样是现实经济行为主体或组织通过它们之间及其与环境之间的相互作用和适应的结果。从当前中国经济发展的现实情况看，新的经济发展模式正处于试错阶段，表现为萌芽状态的小的偶然事件的积累正在发生。例如，已经发展起来的少数生产型企业开始重视研发活动，并试图把研发或创新惯例化和常规化，以中小企业为主体的产业集群正在从生产网络向创新网络转变，在外资主导的生产网络中，因为技术扩散，外资企业的技术控制能力在下降和国内企业逆杠杆技术升级效应的出现。更为重要的是，科学发展观的提出，为第二次经济转型提供了思想指导和社会共识。

第二章

从制造经济到创新经济的转型机制和路径

改革开放30年来，中国经济取得了举世瞩目的成就，非常重要的标志是，在充分利用发达国家成熟技术的基础上，建立起了强大的制造体系，成为世界重要的制造基地。无论从现实企业的行为特征还是从组织形态和制度架构上看，中国经济的典型特征是以生产为导向的制造经济。从制造经济向创新经济的转型，是中国克服全球金融危机的冲击、继续走向强盛的关键。中国制造的“三元结构”显示，中国创新经济的形成机制和发展路径与发达国家相比较，既存在某种共同之处又具有特殊性。对中国创新经济特殊形成机制和发展路径的科学认识，是探索中国特色自主创新道路的前提和基础。如何在创新型创业活动的涌现过程中，解决好学习、模仿和创新的关系，对中国顺利实现从制造经济向创新经济的转型至关重要。

第一节

创新（创业）经济

一、创新（创业）经济的形成和发展

生产分工的细化和复杂程度是决定国家之间贫富差距的关键因素，而知识的创造或创新能力则是衡量生产的分工水平和复杂程度的核心指标。从这一基本假设出发，本书把一国或地区的经济发展模式划分为两种基本类型：一是依赖要素资源禀赋，例如，廉价的劳动力、土地和其他自然资源的经济发展模式；二是依赖知识的创造和积累的经济发展模式。前者被称为“要素租金”驱动的经济发展模式，后者则被称为“创新租金”驱动的经济发展模式。两种经济发展模式的转换，绝不仅仅是简单的技术变革问题，而是复杂的社会经济转型过程。

改革开放近30年来，中国经济成功地实现了从计划经济向市场经济的第一次经济转型。随着资源配置基础由政府计划向市场的转变，资源配置和利用效率的提高使中国经济获得了持续而快速的发展。其中，FDI的大规模进入、国有企业的改革和民间资本的启动是推动中国经济快速增长和发展的基本力量。但是，在第一次经济转型过程中，无论是FDI还是国有和民营企业的创业活动都是以生产制造为导向的，并形成了与生产活动的主导地位相适应的组织和制度形态。因而，制造经济是中国经济的现实形态。

在资源和环境约束条件下，第一次经济转型和以加工制造为中心的经济发展战略在带来经济快速增长的同时，也使中国经济及其发展面临着一系列的问题和困境。首先，在经济全球化条件下，FDI的大量涌入在带来知识溢出的同时，跨国公司通过独资化和严格的技术控制使中国的OEM企业不仅处于国际产业链的低端，而且普遍患有严重的外源技术依赖症；其次，尽管民间投资成为中国经济增长和发展的重要支撑力量，但是创业活动的生产导向，使它们主要集中在传统制造业领域。即使存在少量的民间创新，也主要处于低附加值环节和学习模仿状态；最后，在制造经济的发展中，中国经济增长主要依赖的是资本、土地和简单劳动力的投入。自主创新的缺乏和创新能力的不足，已经严重制约了中国企业及产业国际竞争力的提升和中国经济的持续增长和发展。更为重要的是，如果不能通过自主创新改变中国经济增长的基本驱动力，则可能使中国经济在报酬递减规律的支持下陷入"追赶陷阱"和"路径锁定"。因而，从制造经济向创新经济的第二次经济转型，是中国经济走自主创新道路的必然选择。

无论是从古典经济学还是从近现代经济学的论述看，经济理论都把创新不仅仅看作是一个简单的技术变革问题，而是一个包括新产品、工艺、方法或制度引入经济活动的过程。① 尽管创新对经济和社会活动具有重大影响，但是长期以来创新并不是现实经济活动的主导，因而没有成为经济理论研究的主要对象。

20 世纪 70 年代以来，在以美国为代表的发达国家经济新一轮转型过程中，创新逐渐替代了生产活动成为经济活动的主导。从创新活动出发，讨论当代资本主义经济转型成为西方发达国家经济理论关注的焦点。针对有些学者把美国经济转型仅仅看做是新技术革命结果的观点，Piore and Sabel 指出，"产业的技术变迁并不是科学和技术自身发展逻辑的结果：技术发展和衰落的关键在于技术产品的市场结构，而这种市场结构又决定于诸如产权和财富分配等经济和社会的基础制度环境"。② Audretsch，Thurik and Schramm 明确地把当前西方发达国家开始出现的资本主义新形态称为创新经济（Entrepreneurial Economy），认为当前正在发生的资本主义经济转型是从管理经济向创新经济的转变。③④ 其中，以知识创造和商业化为导向的创新型创业活动，是创新经济的主体。包括重大技术创新和变迁、生产组织方式变革和增长方式转变在内的经济转型，本质上是创新型创业

---

① Schumpeter, J. A. *The Theory of Economic Development*, Harvard University Press, 1934.

② Piore, M. J. and Sabel, C. E, *The Second Industrial Divide*, New York: Basic Books, 1984: 5.

③ Audretsch, D. B. and A. R. Thurik, Capitalism and democracy in the 21st century: from the managed to the entrepreneurial economy, *Journal of Evolutionary Economics*, 2000, 10 (1): 17 - 34.

④ Schramm, C., Your Place in the Entrepreneurial Economy, Http: //www. kauffman. org, 2007.

活动涌现、结网互动和发展的结果。

只有当我们从创新经济形成和发展的角度考虑问题，才能真正理解中国经济即将要发生的变革。因而，本章试图从创新经济的理论探讨出发，结合中国的实际，探讨中国经济从制造经济向创新经济转变的动力机制和发展路径。

二、对创新（创业）和创新经济的近期讨论

创新本身是一个多维度的复杂社会和经济现象，不同学科的研究者往往根据自身研究的需要，从不同的视角进行讨论。

从经济学史的角度看，对创新的理论研究传统有三个，它们分别是以 Thuenen and Schumpeter 为代表的德国传统，以 Knight and Schultz 为代表的美国芝加哥传统和以 Mises，Kirzner and Shackle 为代表的奥地利传统。其中，对当代创新研究影响最大的是熊彼特。熊彼特理论最显著的特征是把创新理解为经济活动的非均衡力量，并提出“创造性破坏”来描述经济活动的非均衡过程。① 在熊彼特看来，拥有创新精神的新企业对缺乏创新精神的现有企业的替代，最终会带来更高水平的经济增长。由于大企业对创新和变革的抵制，往往迫使创业者或企业家通过创建一个新企业实现创新活动，“企业家的功能是通过运用发明或未被发现的技术革新和变革生产方式，生产新产品或以新方式生产现有产品。”② 熊彼特把创新理解为经济活动的非均衡力量和过程无疑是正确的，但是他把创业者仅仅看做是新创企业的企业家，并把创新归结为企业家创建新企业的过程却存在理论上的局限性。

相对于熊彼特，OECD 对创业者的界定更为抽象，“创业者是市场经济中变革和增长的行为主体，他们通过行动促进新概念的产生、扩散和应用，创业者不仅仅寻找和确定潜在的盈利机会而且为此承担风险”。③ 相应地，Audretsch 把创新或创业界定为创新性变革过程，而创业者则是创

---

① Schumpeter, J. A. *The Theory of Economic Development*, Harvard University Press, 1934.

② Schumpeter, J. A. *The Theory of Economic Development*, Harvard University Press, 1934.

③ OECD, *Fostering Entrepreneurship*, Paris: OECD, 1998: 11.

新性变革的行为主体。[①] March 从知识的角度对创新进行了抽象，强调创新或创业在本质上是知识的创造和利用过程。[②] 其中，知识创造包括知识的重组和巩固强化，而知识的利用则包括知识的推广普及和差异化。这些理论探讨，为我们界定创新和创业活动提供了依据。

从目前国际学术界对创新和创业的理解看，在一般意义上，创新和创业的基本内涵是一致的，即知识的创造及其商业化的变革过程，而创业更多地则是从企业或创业者的角度考察知识的创造及其商业化过程。与对创新和创业的界定相一致，创业者则是指实施知识创造及其商业化的行为主体。创业不仅仅指创建新企业，创新主体也不仅仅是指企业家，而是包括新知识创造及其商业化过程中的所有参与者在内的经济行为主体。在现实经济活动中，创业不仅涉及创业者个体的决策，而且涉及企业、政府和其他组织、产业和区域，甚至国家。因而，创业活动或创新过程，是由多个和多种经济行为主体组成的复杂经济系统。

具体地考察，创业可以划分为诸多类型，例如，管理学中强调的生存型创业和机会型创业。在本章中，根据创业活动对知识的创造和利用的侧重和导向不同，我们把它划分为创新型创业和生产型创业。创新型创业强调的是新知识的创造及其商业化，而生产型创业强调的则是知识的利用，即标准化的生产和制造。两种不同类型的创业活动具有不同的行为特征及其组织形态和制度安排，决定着现实经济的形态和结构特征。

经济学中最早讨论创业者及其独特行为特征的是法国经济学家 Richard Cantillon。他区别了经济活动中的三类主体，即土地所有者（出资者）、创业者（企业家，套利者）和雇佣工人（工资收入者），并把创业者的目的归结为套利和风险承担。在边际革命之前，以萨伊和穆勒为代表的经济学家把创业者的功能扩展为协调者，却始终没有把创业者与创新联系在一起。

---

① Audretsch, David B., Roy, Thurik, Verheul, Ingrid and Wennekers, Sander. *Entrepreneurship: Determinants and Policy in a European – U.S. Comparison*, Boston: Kluwer Academic Publishers, 2002.

② March JG. Exploration and exploitation in organization learning. *Organization Science*, 1991, 2(1): 71—87.

在边际革命之后新古典经济学的形成和发展时期，首次把创业者和创新联系在一起的是马歇尔。他指出，企业家具有独特的作用，其职责是供应商品和提供创新。在马歇尔看来，企业家不仅是套利者、风险承担者和协调者，而且是创新或不确定性的承担者。而在新古典经济学的成熟形态中，我们很难再找到企业家、创业者和创新的影子。

在经济理论发展史中，在继承马歇尔创新思想的基础上，把创业者或企业家与创新联系起来并进行系统论述的是熊彼特、奈特和柯兹纳，他们对创新理论的探讨分别形成了创新理论研究中的德国、芝加哥和奥地利传统。奈特通过风险和不确定性的划分，把企业家看做是不确定性的承担者和创新者。① 熊彼特强调创新是企业家或创业者的主要职能，考察创新及其创造性破坏对经济活动的决定性影响。在熊彼特看来，作为企业家的职能，创新是指将新产品、工艺、方法或制度引入经济活动中的过程，这一过程及其创新扩散将对包括企业竞争和经济周期在内的社会经济活动产生重大影响。以柯兹纳为代表的新奥地利学派从批判一般均衡理论出发，把创业者发现和利用市场机会的行为看做是经济发展的主导力量。

20 世纪初、中期对创业和创新的研究，主要集中在对微观创业活动、创业者行为及其创新结果的考察。作为经济学的早期理论传统，无论是对创业者还是对创业和创新的讨论，都没有把创新仅仅看作是一个技术变迁过程，而是更多地强调创新或创业的社会经济活动属性。

熊彼特之后，对创业和创新的研究逐渐淡出了主流经济理论的视野。正如 Rosenberg 指出的，尽管经济学家们都承认，新产品和新工艺是资本主义发展的主要力量源泉，但是却把创业和创新看作是一个“黑盒子”。作为非主流经济学的重要流派，以 Mansfield、Metcalfe and Freeman 等为代表的新熊彼特学派②③④，集中考察了技术创新及其扩散过程。20 世纪 70

① ［美］富兰克·H. 奈特：《风险、不确定性和利润》，中国人民大学出版社 2005 年版。

② 新熊彼特学派是一个比较模糊的称谓，因为它包括诸多不同理论背景的研究，例如 Nelson an Winter 的研究，更多地属于演化经济学。

③ Metcalfe, J. S. Impulse and Diffusion in the Study of Technological Change, *Futures*, 1981, Vol. 5: 347—359.

④ Freeman, C. The Economics of Technical Change, *Cambridge Journal of Economics*, 1994, Vol. 18: 463—514.

年代之前，对技术创新的系统化研究成为创新理论研究的主要内容。

创业活动重新引起学者的广泛关注，并成为当代经济理论研究的前沿，始于20世纪70年代中期以来对美国经济变迁和转型的研究。Timmons指出，在过去的30年中，“新的创业活动彻底改善了美国和世界的经济和社会结构，并为未来设定了创业遗传代码。它将比其他任何一种推动力量都更能决定美国和世界的生产、工作和学习方式，并将继续成为下一世纪或几个世纪的领导力量。”① 德鲁克认为，只有创业才能真正解开美国经济惊人增长的谜团。② 2007年2月美国国会发布的竞争力指南报告中指出，在过去的20年中，美国经济不仅是世界经济的卓越引擎，而且支撑着世界的财富创造，而创业活动是美国竞争力的真正源泉。Audretsch and Thurik在讨论美国新经济新在什么地方时，正式把美国新经济的产生称为是从管理经济向创新经济的转型，强调从管理经济向创新经济的转型是美国经济增长和发展的推动力和国际竞争力的基础。③

但是值得关注的是，作为美国经济增长源泉和竞争力基础的创业不是传统的生产型创业，而是创新型创业（Innovative Entrepreneurship）。从人类制造业发展的历史看，创业和创新无处不在，但是20世纪70年代之后的创业与之前的创业存在着明显的不同。钱德勒在《企业的规模经济与范围经济：工业资本主义的原动力》一书中，对20世纪70年代之前在经济活动中占主导的生产型创业与美国经济发展和竞争力提升之间的关系进行了详细的讨论。④ 他指出，生产型创业活动关注知识或新技术利用的规模和范围经济，“为了从这些新的大量生产技术的成本优势中获利，企业家必须进行三方面互相关联的投资。第一是对大得足以利用技术的规模或范围的潜在收益的生产设施进行投资。第二是对本国和国际的销售和批发

---

① Timmons, J. A. *New Venture Creation: Entrepreneurship for the* 21st *Century*, Singapore, McGrawHill Book Co., 1999.

② ［美］德鲁克著，许斌译：《管理前沿》，上海译文出版社1999年版。

③ Audretsch, D. B. and A. R. Thurik. Capitalism and democracy in the 21st century: from the managed to the entrepreneurial economy, *Journal of Evolutionary Economics*, 2000, 10 (1): 17—34.

④ ［美］钱德勒著，张逸人等译：《企业规模经济与范围经济》，中国社会科学文献出版社1999年版。

网络进行投资，这样，销售量就可能与新的生产量并驾齐驱。最后，为了充分地从这两种投资中获利，企业家还必须对管理进行投资。”① 而20世纪70年代促使美国新经济产生和发展的创业显然不是生产型创业，而是一种新的创业活动类型：创新型创业。创新型创业强调的不是知识的利用及其规模和范围经济，而是持续的知识创造和速度经济。以硅谷为代表的美国高科技产业的发展，充分展示出创新型创业的基本行为特征，即持续的产品创新和柔性生产。

20世纪70年代以来，许多学者分析了美国若干重要产业中创业活动的变化，发现了一个重要事实：从生产型创业到创新型创业的转变和创新型创业的涌现，是美国新经济产生的基础。Piore and Sabel 在考察大规模生产与20世纪70年代美国经济滞涨关系的基础上就指出，从大规模生产向柔性专业化的转变，是美国经济再次走向兴盛的关键。② 沃麦克、琼斯和罗斯通过对国际汽车产业发展的研究指出，以系统创新和即时生产为特征的精益生产的出现是制造业生产组织方式的一次革命。③ Saxenian 考察了硅谷 IT 产业的发展，强调该地区竞争优势的来源是以地方网络为基础的工业体系，它的存在促进了各个专业制造商集体学习和灵活地调整一系列相关的技术。④ 夏皮罗和瓦里安对网络经济的研究表明，新的网络经济形式与传统制造业不同，由一系列不同的经济规则所支配。⑤

对美国新经济的近期研究表明，美国新经济的基础是新知识的创造及其商业化，增长的来源不再是资本和简单劳动力，而是新知识的创造和创造新知识的人力资本。美国新经济的出现和国际竞争力的提升，不是简单技术变革的结果，而是创新型创业活动涌现和发展为现实经济活动的主导

---

① ［美］钱德勒著，张逸人等译：《企业规模经济与范围经济》，中国社会科学文献出版社1999年版。

② Piore M and Sabel C, *The Second Industrial Divide*: *Possibilities for Prosperity*. New York: Basic Books, 1984.

③ ［美］沃麦克、琼斯、鲁斯著，沈希瑾、李京生、周亿俭和张文杰等译：《改变世界的机器》，商务印书馆1999年版。

④ Saxenian, A. *Regional Advantages*: *Culture and Competitive in Sillicon Valley and Route* 128. Cambridge: Harvard University Press, 1994.

⑤ ［美］夏皮罗、瓦里安著，张帆译：《信息规则》，中国人民大学出版社2000年版。

及其相应组织和制度变革过程的结果。20 世纪 70 年代以来，对创新、创业和创新经济研究的理论成果主要包括以下领域或方面：

1. 知识的创造和商业化的主体：创新型创业活动

从知识的角度理解创新和创业，是经济学的重要理论传统。马歇尔明确表达了知识在经济活动中的重要作用，强调知识积累不仅发生在单个企业范围内，而且发生在产业和整个社会范围之中。[①] 哈耶克指出，所有经济协调问题都产生于不确定性，而知识是化解不确定性的根本途径。[②] 从创业和创新研究的德国、奥地利和芝加哥传统看，无论是对创业者还是对创业和创新活动及其过程的讨论，都强调知识创造的重要性。

在 20 世纪 70 年代中期之前，继承马歇尔上述思想的代表分别是 Penrose and Richardson。他们分别从单个企业内部和产业组织的角度，探讨了知识积累过程及其作用。与新熊彼特学派的其他代表人物集中探讨技术创新不同，Nelson and Winter 把企业看做一个表现为惯例的知识和能力的集合，技术选择、企业发展和经济增长都是知识和能力积累和创新的结果。[③] 在这些学者的带动下，对知识和知识创造的研究逐步深入，例如，对知识界定和测度的研究（Brooking，1996；Stewart，1997；Bontis，1999）；组织学习和知识（Simon and March，1958；Cohen，March and Olsen，1972 et al.）；知识的利用和持续创新（Teece et al.，1997；Eisenhardt and Martin，2000；Stahle et al.，2003）；知识的共享（Brown and Dugid，1991；Lave and Wenger，1991；Nahapiet and Ghoshal，1998；Cohen and Prusak，2001）。

随着 Polanyi 隐性知识概念的提出，对知识创造和利用过程的深入考察成为可能。[④] 在隐性知识和显性知识概念划分的基础上，野中郁次郎（Ikujiro Nonaka）系统地提出了著名的知识创造转换模式（SECI 模型），通过默示知识和可编码知识的相互转化揭示了知识创造的过程。[⑤] March

① ［英］马歇尔著，廉运杰译：《经济学原理》，华夏出版社 2005 年版。

② Hayek，F. A.，Economics and Knowledge，*Economica*，1937，4：33—54.

③ Nelson，R.，and S. Winter.，*An Evolutionary Theory of Economic Change*. Cambridge，Mass. The Belknap Press of Harvard University Press，1982.

④ Polanyi M.，*The Tacit Dimension*. Routledge and Kegan Paul：London，1966.

⑤ Ikujiro Nonaka.，Enabling Knowledge Creation：How to Unlock the Mystery of Tacit Knowledge and Release the Power of Innovation，Oxford University Press，2000.

在讨论组织学习时，认识到知识创造和利用及其相互关系是获得企业竞争优势的关键。[①] 在此基础上，学者们认识到，创业和创新过程开始于新知识和新思想的创造，而结束于新知识和新思想的商业化或市场化。因而，创业是知识的创造及其商业化的过程，与这一过程相伴随的则是知识形态由默示向可编码知识的转变。

在创新经济条件下，创新是以知识为基础的，知识的创造往往是持续的和突破性的，而不是渐进性的和累积的。突破性创新更强调不同专业化知识的交流和重组。因而，与传统制造经济不同，创新经济条件下的创业和创新发生在把不同的参与者和资源结合起来的网络之中。创业和创新是社会性活动，它们需要不同领域的高度专业化知识的交流和重组。创新不仅产生于单个独立的公司之中，而且产生于多个公司和参与者构成的网络之中，新知识和创新的涌现来源于企业网络中持续进行的知识交易和交换。

这些理论研究拓宽了我们考察创新型创业主体的视野，创业的主体不仅是企业家，它包括所有与知识创造直接相关的参与者在内的经济行为主体，是一个关于知识交流和交易的网络。

在熊彼特的分析中，强调创业者不是大企业和现有企业，而是新创企业。因为现有企业对已有核心知识和能力存在惯例依赖或技术锁定，而这种限制对新创企业是不存在的。在创新经济条件下，由于创新的突破性和非渐进性，大企业往往在技术创新中缺乏作为。因而，群体或个人通过建立新企业来打破已有的技术轨迹，成为创新经济的基本特征。Audretsch and Thurik 指出，在创新经济条件下，打破技术锁定的主要机制是由处于网络中的经济主体创办新企业和中小企业的兴起。[②]

进入 20 世纪 90 年代以来，在中小创新型企业的冲击下，大企业同样开始转型，逐渐强调内部创新的重要性。因为，突破性创新是创新经济条件下财富创造的根本来源。现有企业或大企业可以通过制定和实施内部创业计划和战略，建立新的事业部实现突破性创新，即大企业的内部创业和

---

① March J, G. Exploration and exploitation in organization learning. *Organization Science*, 1991, 2 (1): 71—87.

② Audretsch, D. B. and A. R. Thurik. Capitalism and democracy in the 21st century: from the managed to the entrepreneurial economy, *Journal of Evolutionary Economics*, 2000, 10 (1): 17—34.

二次创业。从发达国家的实际经验看，在20世纪80年代，新创建的中小企业确实成为创业和创新活动的主角，但是随着大企业创业战略的实施，大企业逐渐改变了在创新方面的颓势，也开始成为创业活动的重要参与者和主体。因而，创新型创业的主体不仅指中小企业，而且包括具有内部创新能力和从事二次创业的大企业。

从更为抽象的角度看，在创新经济条件下，创业活动的主体不仅指企业，还包括大学、科研机制和政府。因为，创新型创业活动不仅涉及创业者个体和企业，而且涉及产业、区域和国家。20世纪70年代以来，美国经济转型在本质上是创新型创业活动的涌现，并发展为现实经济活动主导者的过程。而与这一过程相伴随的是持续的知识创造及商业化和企业、产业和区域国际竞争力的持续提升。

2. 创业与就业和经济增长

Audretsch and Thurik 认为，创业活动通过如下途径影响经济增长①：第一，创业精神促进经济增长，劳动力、土地、资本、企业家与创业精神是驱动经济增长的主要因素，其中劳动力、土地、资本属于生产要素，而企业家的主要功能则在于整合其他要素资源进行价值创造。在知识经济条件下，创业活动已经成为经济发展的基本驱动力；第二，通过知识创造和溢出。Romer，Lucas，Grossman and Helpman 都强调知识创造及其溢出是促进经济增长的重要机制。创业活动正是通过这种机制把知识溢出到其他公司和产业，从而推动产业发展和经济增长；第三，通过新企业创建数量的增加，促进经济体系的自我更新。企业的进入和退出，使经济体不断自我更新，使市场结构趋向分散化，从而促进生产效率的提高；第四，通过提高企业的异质性、多样化和专业化，有效促进区域经济增长水平和创新能力的提高。

Baumol 对创业与经济增长的分析分为两个阶段，前一阶段主要分析制度如何影响企业家在生产性和非生产性活动中的配置，考察创业对经济

① Audretsch, D. and Thurik, R. What's New about the New Economy? Sources of Growth in the Managed and Entrepreneurial Economies, *Industrial and Corporate Change*, 2001, 19: 795—821.

增长的影响；后一阶段考察创新的常规化对经济增长的影响。① 他认为，资本主义史无前例和无可比拟的增长表现主要应当归功于竞争的压力，这种压力在其他类型的经济中是不存在的，它迫使企业坚持不懈地投资于创新活动，与此同时，这种压力为在整个经济中不断地传播和交换新技术提供了激励。其中，创新的常规化是经济增长和发展的重要机制。

创业活动在促进经济增长的同时，带动了就业的增加。更为重要的是，与传统制造经济的高就业和低工资不同，创新经济条件下，存在着高就业和高工资并存的趋势。Audretsch 的研究表明，1980 年和 1993 年间，美国 500 强大企业裁掉了 1/4 的工人。② 与之相反，创新型中小企业所创造的就业机会不仅抵消了大企业裁员造成的影响，而且在增加就业的同时提高了工人的工资水平。这种现象不仅存在于美国，而且存在于欧洲国家。

3. 从技术经济范式到新的经济形态

在 Dosi 提出的技术范式的基础上，Perez 提出技术经济范式概念，试图把技术创新与经济增长直接联系起来考察创新问题。③ Freeman and Perez 进一步丰富和发展了 Perez 的早期思想，强调技术创新和扩散是由关键要素到主导技术再到主导产品和产业的过程，这一过程决定了特定时期的经济增长模式、经济结构和制度及政策结构。④ 在这里，经济结构包括生产的组织结构、产业结构、市场需求结构、投资结构和劳动力结构等，而制度和政策结构则包括研发体制、教育培训制度和金融体系等一整套机制和政策体系。在 Freeman and Perez 看来，每一次经济变革和经济形态的转

① Baumol, W. J., Entrepreneurship: Productive, Unproductive, and Destructive, *Journal of Political Economy*, 1993 (5): 893—921; Baumol, W. J. What Marshall Didn't Know: On the Twentieth Century's Contributions to Economics, *Quarterly Journal of Economics*, 2000, 115, (1): 1—44.

② Audretsch, D. B. and T. Mahmood. New firm survival: New results using a hazard function, *Review of Economics & Statistics*, 1995, 77: 97—103.

③ Dosi, Giovanni. Technical paradigms and technological trajectories: a suggested interpretation of the determinants and direction of technical change, *Research Policy*, 1982, 1: 147—162; Perez, C. Structural Change and the Assimilation of New Technologies in the Economic and Social System, *Future*, 1983, 15: 357—375.

④ Freeman, C. and Perez, C. Structural Crises of Adjustment, Business Cycles and Investment Behaviour, in G. Dosi et al. eds. *Technical Change and Economic Theory*, 38—66, Francis Pinter, London 1988.

型就是一场技术经济范式的革命。

Freeman and Louca 在《光阴似箭：从产业革命到信息革命》一书中，把信息革命及其所带来的经济变革称为新技术经济范式的出现。[①] 新技术经济范式的核心是信息技术革命，与之相对应的是网络组织和制度形态及调节机制的演化。从 20 世纪 70 年代以美国为代表的发达国家经济发展的实际看，新技术经济范式实质上是一种新的经济形态，即创新经济。技术创新是创业活动及其过程的结果，创业活动提供了把创新和商业活动紧密相联的创新网络，并从制度结构、政策支持上对社会经济制度提出了新的变革要求，从而催生出了一种新的经济形态和经济运行机制。

Audretsch and Thurik 进一步明确指出，作为一种新的经济形态，以美国为代表的新经济是以创新型创业活动为主导的创新经济。[②]

从现有的文献看，创新经济不仅表现为作为创业活动结果的技术革命，更重要的是与创新型创业活动相适应经济结构、组织和制度变革。因而，创新型创业活动的涌现及其相适应的组织和制度变革过程，本质上就是经济形态从制造经济向创新经济的转型。对中国经济新一轮经济转型机制和路径的考察，就是分析创新型创业活动如何通过组织和制度变革涌现并发展为现实经济活动的。

第二节

从制造经济到创新经济

一、两种类型的创业活动和从制造经济向创新经济的转型

创业是指知识的创造及其商业化活动和过程，即熊彼特所说的创新及

① 弗里曼、卢桑：《光阴似箭：从工业革命到信息革命》，中国人民大学出版社 2007 年版。

② Audretsch, D. B. and A. R. Thurik. Capitalism and democracy in the 21st century: from the managed to the entrepreneurial economy, *Journal of Evolutionary Economics*, 2000, 10 (1): 17—34.

其扩散。从经济学的角度看，创业和创新在许多场合是同一概念的不同表达。创业不仅仅指技术创新，更重要的是指包括技术创新在内的新产品、工艺、组织、方法和制度的出现并引入经济活动的过程。因而，创业或创新在本质上是一个社会过程。在知识的创造及其商业化的过程中，创业涉及多个经济行为主体。在创业活动中，多个经济行为主体的参与表现为在一定的组织和制度结构下的结网和互动。

作为一个复杂的经济适应系统，创业包括三个层次的活动或过程：

首先，创业活动是对外部环境新变化适应中的新知识创造及其利用的过程，知识创造和利用是创业活动的两个大的阶段，其中，知识创造是对企业外源和内源性知识的重组及巩固强化和新知识的产生过程，而知识利用包括新知识的推广普及和差异化。在创新型创业活动中，从知识创造到知识利用是一个新知识逐渐由默示性转化为显性或可编码的知识，并逐渐溢出和扩散的过程。

第二，创业活动是一个包括多个经济行为主体及其互补性活动所组成的网络，围绕着知识创造和利用，经济行为主体之间结网和互动的方式是决定创业活动效率的重要因素。

第三，在创业活动过程中，决定和影响不同活动主体结网和互动方式的关键是行为主体之间相互作用中形成的行为规则及其体系结构。当这一行为规则及其体系结构发展为现实经济的主导时，将演变为经济发展的模式。

在人类制造业发展历史中，创业活动始终存在。由于外部环境的不同，创业活动所关注的重点及其行为方式是不同的，并形成了创业活动的不同类型。为了分析的方便，我们把创业活动外部环境的变化仅仅用市场需求的变化来衡量，即外部环境划分为单一而稳定和多样而多变的市场需求条件两种情况。当市场需求是单一而稳定的条件下，创业活动强调的是知识的利用，创业活动的基本特征是偶然性的、长周期的和变化缓慢的；而在市场需求是多样性而快速多变的条件下，创业活动强调的是知识创造，创业活动的方式则是系统的、短暂和持续多变的。根据上述创业活动特征的不同，我们把创业活动划分为两种类型：生产型创业活动和创新型创业活动。表 2－1 描述了两种类型的创业活动的外部环境、对知识创造和利用、组织形态和规则或制度结构等方面的区别和特征。

表 2－1　生产型创业和创新型创业活动

	生产型创业活动	创新型创业活动
外部环境	单一而稳定	多样而变化
知识创造和利用	以新知识的利用或生产为主导 知识的形态主要是高度可编码的 周期长	以知识的创造为主导 知识的形态主要隐性的或低度可编码的 周期短
创业网络	封闭的和单向垂直的	开放的和交互作用的
规则或制度结构	集权、命令和有管理	平等、沟通和共享
利润的来源	规模和范围经济	持续创新和柔性生产

两种创业活动的利润来源是不同的，生产型创业活动强调新知识的利用，试图通过规模和范围经济获得长期利润和竞争优势。而创新型创业则强调知识的创造，通过持续创新和柔性生产实现超额利润和持续的竞争优势。

在上述分析和比较的基础上，本章把生产型创业界定为以知识利用为主导的创业活动；而把创新型创业界定为以知识的创造为主导的创业活动。创新型创业以知识为基础，也被称为以知识为基础的创业（Knowledge－Based Entrepreneurship），它强调持续创新和知识利用的柔性生产方式。在现实经济活动中，创新型创业不仅包括新企业的创新型创业，而且包括大企业内部的创新型创业活动及其两种创新型创业活动之间的互动。

在人类制造活动的发展历史进程中，创业或创新始终存在，并在社会经济活动中发挥着重要作用。但是，在不同的发展时期占主导的创业活动类型是不同的，占主导的创业活动类型的更替引发了经济形态的演化和转型。图 2－1 从创业活动的两种类型及其更替出发，描述了两种经济形态及其转型。

图 2－1 的中心部分①描述了创业活动的一般过程，即知识的创造及其商业化。它包括两个阶段，知识的创造和利用。②描述了对知识创造和

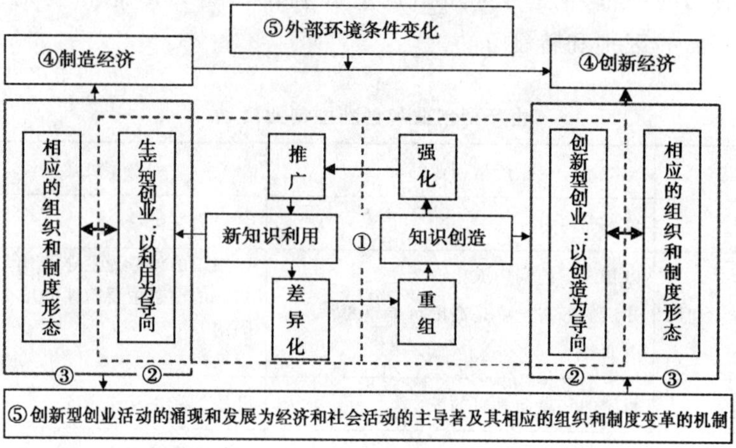

图 2－1　创新型创业活动的涌现和发展与创新经济的形成过程示意图

注：①创业活动和过程；②两种类型的创业活动：强调知识利用的生产型创业和强调知识创造的创新型创业；③与两类创业活动相适应的组织和制度形态；④与两类创新活动及其组织和制度形态相对应的两类组织形态：制造经济和创新经济；⑤外部环境条件的变化和制造经济向创新经济的转型：创新经济的形成和发展。

利用的侧重所形成的两类不同的创业活动：以知识利用为重心的生产型创业和以知识创造为重心的创新型创业。

围绕着两种类型的创业活动，形成了不同的协调和调节经济活动的组织和制度形态。图 2－1 中的③对与两种创业活动类型相适应的组织和制度形态及其动态演化进行了描述。在市场需求单一而稳定的条件下，为了追求生产型创业活动的效率和实现规模和范围经济，企业通过纵向一体化的大企业组织生产活动，形成了福特制大规模标准化生产方式。而在市场需求多样而变化的条件下，为了追求创新型创业活动的效率和实现持续创新和柔性生产，企业则通过“专业化和网络化”后福特生产方式有效地组织企业的持续创新和柔性生产活动。因而，与从生产型创业向创新型创业活动转变相伴随的，是企业组织形态的创新和动态演化。

与两种创业活动类型及其组织形态的演化相适应是制度形态的变化。与生产型创业活动相适应的制度安排主要是劳资的集体谈判、大企业之间的寡头市场结构、严格的市场管制和福利国家政策。而与创新型创业活动相适应的制度安排，则是创业型就业、中小企业的竞争与合作、产业管制的放松、区域及国家创新体系和创新国家政策。

两种类型的创业活动及其相应的组织和制度形态，共同构成了两种经济形态：制造经济和创新经济。图 2－1 中的④描述了两种经济形态，它们分别在企业、产业、区域和国家行为、结构、竞争力和绩效方面存在差异。表 2－2 详细列出了制造经济和创新经济的关键性活动及其特征。

表 2－2　制造经济和创新经济关键活动及其特征

项　目	制造经济	创新经济
	外部环境	
市场需求	单一而稳定	多样化和快速多变
产品和技术的周期	长期	短期
竞争的范围	当地和国内市场	全球性和跨地域
	企业的活动	
企业的主体	纵向一体化的大企业	中小企业
创业活动的类型	生产型创业	创新型创业
企业成长的主要来源	规模和范围经济	持续创新和速度经济
创新过程	长期而缓慢	短期而快速

续表

项　目	制造经济	创新经济
竞争的方式	非合作竞争	合作竞争
第一竞争要素	价格	时间和速度
创业活动的驱动因素	资本	人力资本、知识和能力
组织形态		
生产的组织方式	大规模纵向一体化	柔性专业化和网络化
企业组织边界	清晰	模糊
创新活动的组织	生产与创新的分离	系统性创新和创新体系
制度形态		
劳资关系	集体谈判	创业型劳动者
资本与资本的关系	大企业之间的寡头竞争	中小企业之间的网络化竞争与合作
国家政策	福利国家	创新型国家
经济结果		
经济发展	稳定的和可预测的	变动和不确定的
企业活动	稳定发展的大型企业	活跃的中小企业的创业活动
产业发展和结构	稳定的和以工业生产为主体	快速变化的和服务业的快速发展
区域	稳定的	新兴区域的出现

创新经济是由创新型创业活动为主导的，以持续的知识创造及其商业化为基本驱动力的经济形态，即“创新租金”驱动的经济。由于研究视角的差异，许多学者用知识经济、新经济、后工业经济和后福特制经济称谓这一经济形态。与传统以生产型创业活动为主导的制造经济不同，创新经济实现经济增长和发展的关键要素不再是资本、土地和简单劳动力，而

是知识、技术和人力资本，其驱动力不再是“要素租金”，而是“创新租金”。与制造经济相比，创新经济拥有着不同的组织方式、调节机制和制度形态。从制造经济向创新经济的转化，不仅涉及创新型创业活动主导地位的确立，而且涉及对创新型创业活动的组织形态，协调机制和制度安排的转变，因而，在本质上是一次新的经济转型。图 2－1 中的⑤则描述了外部环境的变化和两种经济形态的转化。

从中国经济现实及其发展趋势看，走中国特色的自主创新道路在本质上是中国经济从制造经济向创新经济的转型，即中国创新经济的形成和发展的过程。对中国制造经济现实特征的科学认识，是探索中国经济第二次经济转型机制和路径的前提。

二、制造经济的“三元结构”特征：中国经济第二次转型的初始条件

中国经济 30 年的高速增长主要依赖的是快速的工业化和制造经济的发展。从 20 世纪 90 年代中后期开始，中国制造业在世界范围的崛起引起了国外学者和媒体的广泛关注。根据中国制造的潜在优势和发展趋势，国外学者和权威评价机构指出，中国已经或即将成为世界工厂或重要的制造业基地。例如，2001 年 7 月，日本的《产经新闻》连续发表文章称，随着中国加入世界贸易组织以及中国市场开放程度的进一步扩大，在制造业领域，中国已经成为世界工厂。甚至在信息技术等最尖端的科技领域，中国正在通过建立自己的标准与发达国家展开竞争。2001 年 8 月，大前研一在新加坡《海峡时报》上发表了题为《亚洲的一个危机：中国制造》的文章，称中国制造业的快速发展将使亚洲其他国家面临来自中国的激烈竞争。随后，《美国新闻周刊》、《华尔街日报》和《商业周刊》等著名媒体纷纷发表文章，对中国成为世界工厂的话题发表了各自的评论。

针对媒体对中国制造业的评价，美国学者 Jonathan Anderson 指出，中国经济高速增长既不是什么神话也不是什么奇迹，而是亚洲经济增长模式

的新案例。[①] 与 Anderson 的评价相似，George J. Gilboy 指出，“中国奇迹”存在着严重的弱点，所谓的竞争优势及其对西方经济的威胁是虚幻的。[②] Gilboy 的观点基于以下三个方面的判断：首先，中国的高技术和工业出口是由外国公司而不是中国公司主导的；其次，中国公司严重依赖从美国和其他发达工业化国家进口的设计、关键零部件和制造设备；第三，中国公司所采取的能够有效吸引进口技术并在当地经济中实现扩散的策略寥寥无几，因而，中国公司不大可能迅速成长为全球工业的竞争者。

从上述各种观点看，国外媒体和学者对中国制造业的认识是模糊的，仅仅从某个方面和角度理解中国制造业的现状和未来。对中国制造业现状和结构特征的科学分析，是准确判断中国经济未来发展趋势的关键。在下面的分析中，作者将以天津滨海新区为例，剖析中国制造的内部结构及其成因，并对中国制造经济的未来发展趋势作出科学的判断和预测。[③]

天津滨海新区，位于天津市东部临海地带，由天津港、天津经济技术开发区、天津保税区、原塘沽、汉沽、大港三个行政区和东丽、津南区的一部分组成，是目前中国国内唯一一个集港口、国家级经济技术开发区、出口加工区、保税区、保税港区、高新技术产业园区、海洋高新技术开发区、区港联运合作区和工业聚集区于一体的区级行政区。

在计划经济时代，天津滨海新区的主要产业是依托港口和自然资源发展起来的石油化工、海洋化工、造船和物流。1984 年设立天津经济技术开发区（TEDA），在对外开放政策的推动下，FDI 的大规模引入使天津滨海新区的产业结构发生了巨大的变化。通过以摩托罗拉和三星为代表跨国公司的引进，建立起了电子信息等现代制造业体系。1994 年，天津市政

---

① Jonathan Anderson：Chian's True Growth：No Myth or Miracle，*Far Eastern Econoic Review*，Spell，2006.

② George J. Gilboy：The Myth Behind China'Miracle，*Foreign Affairs*，July/August，2004.

③ 在 2006 年 5 月 26 日国务院下发的“国务院推进滨海新区开发开放有关问题的意见”中，对天津滨海新区的功能定为：“依托京津冀、服务环渤海、辐射‘三北’、面向东北亚，努力建设成为我国北方对外开放的门户、高水平的现代制造业和研发转化基地、北方国际航运中心和国际物流中心，逐步成为经济繁荣、社会和谐、环境优美的宜居生态型新城区。”作为中国经济第二次转型之初确立的第一个国家级综合改革示范区，以滨海新区为例考察中国制造业的结构特征及其未来发展趋势具有典型特征。

府正式提出10年建成滨海新区的战略构想，通过外资对国有企业的嫁接改造、主要工业的东移和FDI的进一步引进和集聚，滨海新区的产业基础和实力不断增强。2006年，天津滨海新区的开发开放纳入国家发展战略，国际和国内大型项目的引进、国有大型企业的进驻和国内优秀研发资源的迁入，滨海新区的产业结构再次发生了质的变化。2009年，天津市的GDP达到7500亿元，增长速度为16.5%，排在全国各省市的第二位。其中，滨海新区的GDP已经占到天津市的50%，增长速度为23%。天津滨海新区已经成为当前中国最富有活力的经济发展区域，被誉为带动中国经济发展的第三增长极。

1. 天津滨海新区的产业结构特征

从现有产业的统计数据来看[①]，天津滨海新区的产业发展呈现出典型的“三元结构”特征，即外资主导下的电子信息和交通运输等技术密集型现代制造业、内资主导下的劳动密集和资源依赖型重化工业、依托自主技术创新发展起来的新兴产业共同发展的格局。

其中，以FDI为主导的现代制造业的聚集地在天津经济技术开发区（TEDA）和空港物流加工区，内资主导的重化工业的聚集地则在大港、塘沽、汉沽和葛沽，而依托天津的科技资源和自主技术创新发展起来的新兴产业，则集中在天津滨海高新区（HI-TECH）。2009年年底，随着天津滨海新区政府的成立和经济管理职能的发挥，现有产业结构的区域分布格局被打破，新的产业集聚和协作出现，推动产业的新发展。

表2-3、表2-4、表2-5和表2-6分别描述了滨海新区、天津经济技术开发区和天津滨海高新区的产业分布情况。其中，天津经济技术开发区（TEDA）主要是以外资为主导的现代制造业的集聚区，主要产业包括通讯设备、交通运输设备、医药和食品饮料，黑色金属、石油天然气开采、化学原料、石油加工等则主要集中在塘沽、汉沽、大港、东丽和津南的葛沽（表2-3、表2-4和表2-5）。而以新能源、生物医药、物联网和数字内容为代表的战略性新兴产业则集中于天津滨海高新区（表

① 2008年和2009年的《中国统计年鉴》数据、2008年的经济普查数据及作者实际调研统计数据的综合。

2－5）。

表2－3　2009年1—7月滨海新区工业主要产业工业总产值　单位：亿元

排序	主要产业	总产值（亿元）	占比（%）
1	通信设备	605.01	13.72
2	交通运输设备	550.86	12.49
3	黑色金属	541.68	12.28
4	石油天然气开采	443.35	10.05
5	化学原料	231.93	5.26
6	通用设备	204.14	4.63
7	石油加工	195.87	4.44
8	电气机械	87.9	1.99
	合计	4410.89	100

表2－4　2008年天津经济技术开发区（TEDA）重点产业产值比重

排序	重点产业	产值（万元）	占比（%）
	总计	37300047	100
1	通讯设备	14352926	38.48
2	汽车	7276692	19.51
3	装备	6772504	18.16
4	石油化工	2885663	7.74
5	食品饮料	1741568	4.67
6	生物医药	747765	2.00
7	新能源新材料	997178	2.67
	七大重点产业累计	34774296	93.23

表 2－5　　天津滨海新区主要产业的重要企业名单

产业	企业名称
通讯设备	摩托罗拉 三星
交通运输设备	天津一汽丰田
黑色金属	天钢 天铁 荣城钢铁 大无缝
装备制造	中石油渤海装备制造 奥的斯 SEW 约翰·迪尔
石油化工	中海油 中石油 中石化 普利斯通 锦湖
生物医药	诺和诺德 诺维信（中国） 葛兰素史克

表 2－6　　2008 年天津滨海高新区产业发展情况

产业领域	项　目
软件与服务外包	国家软件出口基地，集聚了天津市 62% 的软件企业和 53% 的系统集成企业
新能源、新材料	风能、太阳能、环保储能电池及电池材料
信息及相关产业	中科院曙光高性能计算机，物联网安防产品
先进制造	装备制造业
生物医药	协和干细胞基因工程公司拥有目前世界上规模最大的干细胞库
数字内容产业	数字出版和手机游戏、漫画等动漫产业

2. 天津滨海新区现有产业结构的形成和发展

天津滨海新区的现有产业是在计划经济时代的产业基础上，通过 FDI 的引进、已有产业的转移和科技资源的创新孵化发展而来的。图 2-2 描述了在天津原有产业资源的基础上，天津滨海新区如何通过与 FDI 的融合、国有企业改革和科技资源的创新孵化演化为现有产业结构的。

1984 年之前，计划经济时代天津的产业资源主要包括三部分（在图 2-2中，作者分别用 A、B、C 表示）。A 类产业资源主要指天津长期积累下来的现代制造业生产能力，例如，电子信息、汽车和医药。在计划经济时期，天津就是中国著名的机械制造、电子和汽车产业基地，曾经制造出国产的第一块手表、自行车、彩色电视机、传真机、计算机和复印机。B 类产业资源主要是劳动密集型和资源依赖型重化工业的生产能力，例如，纺织、自行车、地毯、焊材、钢铁、石油化工和海洋化工。C 类产业资源则是计划经济时期天津长期积累下来的科技资源，例如，以电池研发为主的中电十八所、以中医药研发为主的天津药研院、以干细胞研究为主的中国医学科学院血液病研究所和包括南开大学和天津大学在内的高校研究机构。

1984 年，随着天津经济技术开发区（TEDA）成立和对外开放政策的实施，A 类产业资源迅速与 FDI 结合，发展为以外资为主导的现代制造业体系。例如，摩托罗拉对天津电子信息产业资源的整合①，丰田汽车对天津汽车制造资源的整合。通过 FDI 的资源整合和扩张，在天津形成了以外资为主导的先进制造业产业集群。图 2-3 以电子通讯设备制造为例，描述了以摩托罗拉和三星为代表的跨国手机生产企业，对天津电子通讯设备制造资源整合后形成的产业结构状况。② 在图 2-3 中，对整个产业进行整合的是摩托罗拉和三星，EMS 加工制造企业主要是原天津电子集团的国有企业，元器件生产企业不仅包括国内企业，而且包括美国、日本和韩国来天津投资的独资企业和合资企业，其投资设厂的目的是为了给摩托罗拉配套。

---

① 在计划经济时代，天津是中国四大电子信息产业基地之一。

② 在天津的电子通讯设备制造产业集群中，目前外资占到整个产业资本的98%。

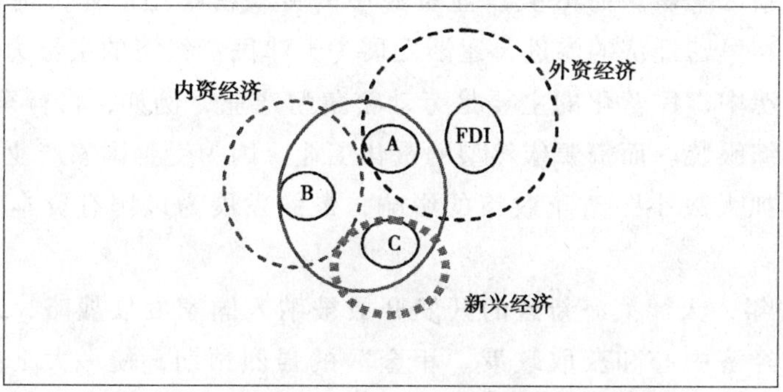

图 2－2　天津产业资源的分化、整合与演化示意图

本图根据作者的实际调研资料制作，其中：

A：技术密集型产业：电子信息、汽车、钢铁、医药（化学药）和风力发电设备。

B：劳动密集型和资源依赖型产业：自行车、地毯、焊材；石油、化工、装备制造、中药制造。

C：科技资源：国家在津、天津市所属的科研院所和南开大学、天津大学等高校的科研力量。

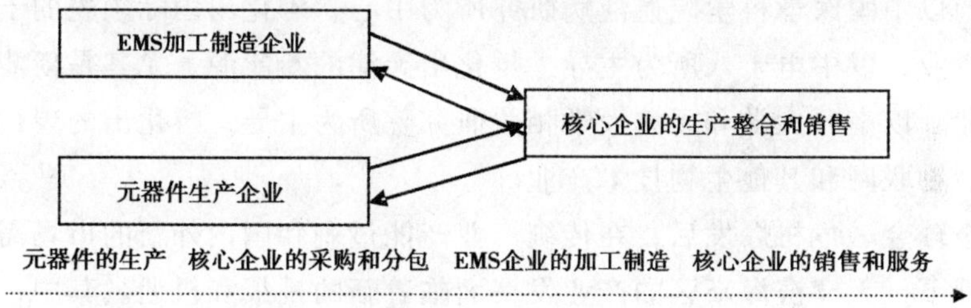

图 2－3　天津电子信息产业集群生产各企业在产业链中的分布示意图

资料来源：根据作者的实际调研资料制作的。

1994 年，根据天津经济技术开发区引进外资发展经济的成功经验和临港经济发展的集聚要求，天津市政府提出了要用 8 年左右的时间利用外资对国有企业进行全面的嫁接改造，用 10 年左右的时间建成滨海新区的战略构想。为了加快天津滨海新区的产业发展，天津除了增强招商引资的政策力度，还积极推动市内产业向滨海新区的转移，不断增强滨海新区的产业聚集度。例如，B 类产业资源中的钢铁和石油化工，通过产业东移不断向滨海新区集聚。而B类产业资源中的劳动密集型产业，则通过国有企业改制和民营经济的渗透，逐渐发展为天津民营经济的主导力量。在B类产业资源中，民营化的主要是劳动密集型产业，例如，自行车、地毯、焊材和纺织服装。而资源依赖型的重化工业，因为受到国家产业政策和国有经济"抓大放小"改革政策的影响，最终发展为以国有资本为主导的内资经济。

2006年，天津滨海新区的开发开放被纳入国家发展战略，对快速崛起的北方经济中心和获取政策"租金"的强烈预期，使一大批高端产业资源和资金涌入滨海新区。其中，跨国公司、国有大型企业和国家重点研发机构的进驻，为天津先进制造业的发展注入了新的活力。例如，法国空中客车公司的空客320组装项目、中国航空航天研究院的大推力火箭产业化项目、以中石化和中石油为代表的大型石化项目等的进入，使天津滨海新区的先进制造业向着更高的层次发展。

在前两类产业资源不断发展壮大的同时，天津的C类产业资源则在静悄悄地孕育、孵化和发展出代表天津滨海新区未来的战略性新兴产业。例如，以中国医学科学院血液病研究所为中心，孵化出国际领先的干细胞医药产业，以中电十八所为主导，孵化出天津的新能源，尤其是新能源汽车产业，以南开大学和天津大学相关研究院所为主导，孵化出的现代中药产业、物联网和其他生物技术产业。

全球金融危机爆发后，在传统产业产能过剩和国内外新的市场需求变化条件下，天津滨海新区的产业发展面临着新的挑战和机遇。其中，充分利用现有的产业资源，启动和发展战略性新兴产业、变革传统产业的生产方式和掌握核心技术，代表了天津滨海新区产业结构调整和经济发展方式转变的新方向。

3. 应对金融危机冲击过程中的产业结构的积极调整

面对全球金融危机的冲击，无论是中国政府还是学术界一定要以正确而积极的态度关注企业、产业变化及对外部冲击做出的反应。因为新的产业结构调整、经济发展方式转变和启动新一轮经济增长的"种子"就隐藏在人们对应对金融危机所做出的积极反应上。在企业、产业和政府对外部冲击的反应中，可能仅仅是一个小小的偶然事件、试错或创新，只要我们能够以积极的态度看待它，就可能通过一系列传导机制和报酬递增效应，最终发展为推动未来经济增长和发展的主导力量。

面对全球金融危机的冲击，天津及滨海新区在产业发展上做出了一系列的积极反应，其中最重要的是启动和实施了35项自主创新产业化重大项目。这些项目的启动和实施，一方面通过增加现有产业链中的研发投入，破解和掌握现有支柱产业的核心技术，提升产业的国际竞争力；另一方面启动和发展战略性新兴产业，调整经济结构和转变经济发展方式。

表2-7　2008年天津市第一批20项自主创新产业化重大项目

项目名称	主要内容
生物医药研发转化基地建设及新药创制项目	主要是突破药物筛选、制剂、分析、新药安全评价等药物开发关键技术，建成国际一流的生物技术与现代医药研发、中试公共技术服务平台，建成国家生物医药国际创新园；突破生物催化与生物转化、生物炼制、发酵工程等技术，成为国内最大的工业生物技术研发转化基地；开展新药创制，突破新药临床前的药学、药理、毒理及Ⅰ、Ⅱ、Ⅲ期临床试验和产业化等关键技术
30个中药大品种二次开发与产业化项目	进行30个中药大品种二次开发，突破中药材有效部位提取、分离与纯化等关键技术，形成具有国际竞争力的知名品牌
干细胞产品开发关键技术及产业化项目	主要内容是开发脐带间充质干细胞治疗产品以及基因工程重组PF4和HAPO等新药，突破脐带间充质干细胞分离、大规模培养及储存关键技术。项目完成后，形成国际领先的细胞产品研发、存储中心，脐带间充质干细胞库达到3万份的贮存能力；建设干细胞工程产品产业化基地，突破成体干细胞的分离、检测、保存、跨系统分化等临床应用技术，基因工程多肽药物的开发及规模化生产技术，建成国内最权威的干细胞功能和产品质量检测和评价平台，达到存储50万干细胞库的规模；开发骨髓原始间充质干细胞血液病注射液，突破干细胞体外扩增、体内再生、临床应用等关键技术，形成批量生产能力

续表

项目名称	主要内容
大型数控机床创新与产业化项目	主要开发重型数控液压机成套装备，突破制件、模具、液压机异地远程诊断控制技术，形成年产1500台（套）的能力；开发高效精密数字化齿轮加工成套装备，突破集成齿轮啮合理论及数字化机床设计制造等技术，建成高端齿轮加工制造生产基地；开发重型数控齿轮加工机床成套技术装备，突破世界最大规格坐标轴式数控锥齿轮铣齿机及加工技术，形成年产400台的能力
智能工程机械创新及产业化项目	主要是开发基于智能控制技术的工程机械，突破工程机械产品的信息控制、信息集成、智能控制等技术，形成年产2万台工程机械的能力；开发智能工程机械动力系统，突破高性能非公路用柴油发动机核心技术，形成年产8万台套的能力
大型全钢子午线轮胎装备创新及产业化项目	开发大型全钢子午线轮胎装备，突破大型子午线轮胎装备的三维结构设计技术、高加工精度和高装配精度的工艺技术、集成控制技术，形成年产150台（套）的能力
节能减排型水泥成套装备技术创新及产业化项目	开发节能减排型水泥成套装备，突破传统燃烧和换热理论，创新水泥制造高效能源利用技术，建成180亩水泥核心装备产业化基地，形成10万吨的加工能力
高端石油钻具产业化项目	主要是开发高气密性特殊扣石油套管，突破特殊扣石油套管的螺纹和密封设计等技术，形成年生产特殊扣石油套管5万吨的能力；开发高性能复合钻井成套装具，突破定子和转子新线型设计技术，形成年产装具1亿套的生产能力
蒸馏法海水淡化关键技术集成及成套装备产业化项目	开发蒸馏法海水淡化关键技术及成套装备，突破专用蒸汽热压缩喷射和真空系统关键设备制造技术，形成年产10台套10万—15万吨/日海水淡化工程成套装备生产能力
曙光百万亿次高性能计算机研制及产业化项目	开发超百万亿次高性能计算机，突破符合中国标准的高效能刀片服务器技术、专用硬件加速技术、多层次系统级鲁棒等技术，研发出国内首台超百万亿次高性能计算机，建成曙光高性能计算机产业化基地

续表

项目名称	主要内容
高端核心软件产业化项目	主要是开发数字安防核心产品，突破安防需求的音视频算法 AVS—S 标准的关键技术，形成我国北方最大的数字安防产业基地；开发通用安全数据库管理系统，突破数据库安全存储和通信加密、多级存储加密等技术，建成年产 460 套安全数据库的开发与生产基地
电动汽车及动力电池研制和产业化项目	开发 6 个电动汽车产品，突破分布式电池管理系统设计、燃料电池发动机环境适应性等关键技术，形成年产 2 万辆纯电动轿车和 1 千辆混合动力客车的生产能力；开发新型动力电池，突破高性能和高安全磷酸铁锂、锰酸锂正极材料应用等技术，形成 2 亿安时生产能力
大功率半导体照明产品研制及产业化项目	主要是开发半导体照明及显示用砷化镓材料和抛光片系列产品，突破大直径、低缺陷砷化镓材料制备关键技术，形成年产单晶抛光片 100 万片的生产能力；开发发光二极管外延片及功率型芯片，突破超高亮度发光二极管外延片生长技术，形成年产 18 万片的生产能力；开发高端半导体照明产品，突破大功率半导体照明产品热管理、光学、电源及驱动关键技术，建成 3 万平方米半导体照明产品生产厂，形成年产 30 万盏 LED 室内外照明灯具和 30 万套 LED 汽车灯具生产能力
新一代太阳电池开发及产业化项目	主要是开发高效聚光砷化镓太阳电池，突破高倍率聚光砷化镓电池级联技术、量子阱结构、散热技术，形成年产 18 兆瓦聚光太阳电池生产能力；开发太阳能与建筑一体化新技术，突破磁控溅射选择性吸收涂层膜系设计及制备关键技术，形成年产 50 万平方米建材型太阳能板生产能力。
220KV 超导限流器研制与产业化项目	开发 220KV 超导限流器，突破交、直流绕组耦合结构形式、超导绕组匝间高压绝缘技术、超导限流器并网技术，形成年产 4 台的生产能力
高性能分离膜研制及产业化项目	开发高性能分离膜及装备，突破复合热致相制膜技术，高效、低能耗曝气系统的高抗污染膜生物反应器膜组件制造技术，模块化、集成化、节能高效装备制造等技术，建成 6—8 个万吨级示范工程，形成亚洲最大规模的中空纤维膜产业基地

续表

项目名称	主要内容
节水减排关键技术开发及集成应用项目	主要进行钢铁企业节水减排关键技术研究与工程示范，突破城市污水与工业废水高度混融的废水深度处理技术、规模化超滤+反渗透再生水生产工艺运行优化调控技术、多水源多工况循环水高倍率技术，建成钢铁企业污水循环利用科技示范工程；进行城市污水深度除磷脱氮关键技术研究和工程示范，突破生物反应池除磷脱氮效能提升及运行优化控制技术、分阶段曝气池效率控制技术、生物膜强化脱氮技术，形成北方特大型城市污水深度处理与升级改造新型工艺技术体系；进行城市污水多等级再生利用及水质安全保障技术研究与工程示范，突破以膜工艺为核心的再生水规模化生产集成技术、再生水潜在毒害污染物识别与专性去除技术、城市污水多等级再生利用及水质安全保障技术，建成空港加工区3万吨/日再生水开发利用示范工程
节能关键技术开发及集成应用项目	主要开发大功率变频调速节能装置，突破网侧无功功率及谐波控制技术、三电平控制技术，形成年产2000台套大功率变频调速节能装置的能力；开发节能型非晶合金干式变压器，突破非晶合金铁心在干式树脂浇注变压器上的应用技术，形成1500台的生产能力；开发钢铁企业煤气集中优化控制与调度技术，突破钢铁联合企业高炉、转炉、焦炉三种煤气实时监测和优化调度控制关键技术，建成能源监测与优化利用控制系统；开发氯碱工业隔膜电解节能降耗新工艺，在国内外首次突破纳米催化析氢活性阴极制备技术，建成隔膜电槽节能示范工程
万吨级环氧丙烷绿色生产工艺开发及产业化项目	开发万吨级环氧丙烷绿色新工艺，突破丙烯直接环氧化新型催化剂制备技术及清洁生产工艺，完成年产2万吨环氧丙烷工业性试验，为最终实现20万吨生产能力建立基础
农作物品种创新与良种产业化项目	主要开发蔬菜新品种，突破转基因、细胞培养等育种关键技术，建成5万亩黄瓜、菜花、大白菜、辣椒、芹菜等蔬菜新品种育种基地，形成50万千克的繁育能力；开发大田作物新品种，突破作物品种的高产、多抗、广适技术，育成25个杂交粳稻、强筋小麦、鲜食玉米新品种，建成10万亩农作物良种繁育基地

表 2-8　2009 年天津市第二批 15 项自主创新产业化重大项目

项目名称	具体内容
大学软件公共技术平台建设和高端软件开发及产业化项目	总投资 9.6 亿元，研发经费 1.7 亿元。完成后，可实现产值 10 亿元，带动软件产业新增销售收入 350 亿元，取得软件著作权 200 个，软件产品登记 260 项
小分子药物研发与制造服务关键技术开发及产业化项目	总投资 5.7 亿元，研发经费 1.6 亿元。完成后，可实现产值 28 亿元，带动相关产业形成产值 50 亿元，技术达到国内领先水平
治疗心脑血管疾病创新药物开发及产业化项目	总投资 3 亿元，研发经费 1.5 亿元。完成后，1—2 个新药取得新药证书和生产批件，4—5 个新药进入临床试验，形成 30 亿的产业规模，技术达到国际领先水平
安全高效防治畜禽重大疫病现代兽药开发与产业化项目	总投资 5 亿元，研发经费 1.4 亿元。完成后，实现产值 20 亿元，技术达到国内领先水平
金融自助系统研发及产业化项目	总投资 9.5 亿元，研发经费 1.9 亿元。完成后，实现产值 19.6 亿元，成为中国最大的电子银行设备制造商、电子银行整体解决方案供应商、电子银行运营服务商
通讯关键技术及产业化项目	总投资 5.9 亿元，研发经费 2.3 亿元。项目完成后，实现年产值 31.2 亿元，建成大唐天津 3G 移动终端研发及产业化基地
污水处理及资源化技术集成应用及装备产业化项目	总投资 15 亿元，研发经费 2000 万元。完成后，节能高效膜法污水处理成套装备将应用于纪庄子、北辰、星耀五洲生态城、军粮城电厂、津南、大港、宝坻、塘沽、中新生态城等污水处理厂升级改造工程，并对同类中心城市污水处理厂的升级改造具有示范意义
天津大学滨海工业研究院建设项目	总投资 9 亿元，研发经费 1 亿元。完成后可带动形成产值 150 亿元
大型数控磨床开发及产业化项目	总投资 7000 万元，研发经费 4500 万元。完成后，实现年产值 2 亿元，技术达到国际先进水平
新型石油钻采关键设备开发及产业化项目	总投资 2.5 亿元，研发经费 1.04 亿元。完成后，实现年产值 19.8 亿元，建成国内最大的油机械设备研发及转化基地，技术达到国际领先水平

续表

项目名称	具体内容
高效纯低温余热发电成套技术及装备产业化项目	总投资23亿元，研发经费1亿元。完成后，实现产值60亿元
高端医疗器械关键技术研发及产业化项目	总投资1.53亿元，研发经费9200万元。完成后，实现产值3.2亿元
生猪数字化养殖及质量安全保障体系建设项目	总投资1.2亿元，研发经费4000万元。完成后，实现产值4.8亿元，带动农民增收50亿元
中新生态城生态关键技术开发与应用项目	总投资6.8亿元，研发经费1.5亿元。完成后，形成适合生态城建设的技术应用体系、技术标准体系和规范性管理制度，为我国相似地区的生态环境保护与建设工作提供经验
制造业信息化综合集成创新及应用项目	总投资1.65亿元，研发经费7600万元。完成后，新增产值47.7亿元

先后分两批上马的自主创新产业化项目共计35个，预计总投资为100亿元，其中研发经费投入为17.7亿元。截至2009年12月，已经累计投资44.3亿元，研发经费投入11.2亿元，累计申请发明专利166项，已获得授权专利54项，开发出的新产品148项，其中20多项新产品居于国际先进水平。

天津及滨海新区35项自主创新产业化项目的实施，基本依托的是本地企业、产业和科研机构。对天津及滨海新区的未来产业发展而言，依托现有的资源启动和发展战略性新兴产业具有更重要的意义。作为金融危机后对新的发展方式的积极探索，如何总结项目实施中的成功经验，发现启动和发展战略性新兴产业的新的机制和路径，实现从制造经济向创新经济的顺利转型，决定着天津及滨海新区产业发展的方向和未来。

以天津滨海新区为例，通过在对中国制造业发展趋势深入考察，作者发现，改革开放30年来中国制造业发展呈现出明显的“三元结构”趋势：在外资拉动下的“外生”性增长日益增强的同时，由民营和国有推动的“内生”性增长也在逐步强化，其中，“外生”性增长主要表现在电子信息和汽车等技术密集型产业，而“内生”性增长不仅表现为服装、自行车、电焊条等传统产业和资源依赖的重化工业，而且表现在依托自主创新战略性新兴产业的启动和发展。作为中国第二次经济转型的初始条件，如何通过自主创新和创新型创业企业的涌现和发展加快战略性新兴产业的启动和传统产业国际竞争力的提升，是创新经济形成和发展的关键。

三、中国经济第二次转型的机制和路径

中国的第二次经济转型在本质上是创新经济的形成和发展过程，而创新经济的形成和发展又表现为创新型创业活动的涌现和发展并在整个社会经济活动中占主导地位的过程。经过30年的发展，中国的制造业已经具有雄厚的基础，其中的“三元结构”特征决定了中国创新经济的形成与西方发达国家不同，将拥有自身独特的机制和路径。

中国创新经济的形成和发展涉及四个方面的内容：第一，经济发展模式从“要素租金驱动”向“创新租金”驱动转变，使经济发展不再依赖廉价的劳动力、土地和资源要素，而是依赖新知识的创造及其商业化；第二，创新型创业替代生产型创业，逐渐使创新型创业活动从一个小范围的探索性行为或小的偶然事件积累为现实经济活动的主导力量。这一过程不仅包括新企业创业活动的涌现，而且包括现有企业的二次创业活动的涌现。其中，现有企业的二次创业表现为企业内部研发活动逐渐占据主导地位和创新的惯例化，企业则由生产型转变为创新型；第三，创新型创业活动的涌现不可能发生在真空当中，而是在企业之间和企业与环境之间的结网和互动中逐渐发展起来的。因而，从中国制造的“三元结构”出发，要把当地生产网络转变为创新网络，从国际跨国公司主导下的生产链转变为以创新为主导的创新链；第四，创新经济的形成是积极而主动制度变革的结果，政府的制度供给应当从简单的放松管制和优化投资环境向构建创业环境转变。

因而，与从计划经济到市场经济的第一次经济转型不同，创新经济的形成和发展需要新的动力机制、新的发展路径、新的组织形态和制度框架。其中，从“要素租金”驱动向“创新租金”驱动、从生产型创业向

创新型创业、从生产网络向创新网络、从简单的放松管制和优化投资环境向构建创业环境的演进和转变，是中国第二次经济转型的逻辑主线。对中国经济第二次转型机制和路径的探索，将围绕着这一逻辑主线展开。

在新的发展环境条件下，与制造经济形成过程中生产型创业的发展不同，创新型创业活动的涌现和发展拥有自身特殊的机制和模式。

首先，知识创造是一个高度不确定性的变革过程，知识创造本身往往涉及多个行为主体的结网和互动，并在结网和互动中进行知识的整合、探索和试错；其次，由于创新周期缩短，为了有效地利用知识创新带来的价值，创新型创业在知识利用阶段也存在不同于生产型创业的机制，当知识创造发生之后，制造经济往往通过企业的纵向一体化和横向兼并实现知识的溢出和扩散，而在创新经济条件下，则通过企业或多个行为主体之间的结网和互动实现知识创造和利用之间的协调；最后，在创新经济条件下，经济活动的主要调节机制不再是静态的价格机制，而是动态的创新性竞争或熊彼特所说的“创造性破坏”。在创新性竞争过程中，主导经济竞争过程及其结局的不再是报酬递减或报酬不变，而是报酬递增。

因而，从产业的角度看，创新在许多情况下是一个小的偶然事件积累效应的放大或报酬递增的结果。但是知识创造和商业化的这一过程不可能仅仅由某个企业承担，而是企业、大学、研究机构、政府和其他中介组织在内的经济行为主体通过结网和互动，适应环境新变化持续创新的结果。在这一过程中，官产学一体化的混合型新组织将发挥举足轻重的作用。

在官产学中，官是指政府及相关机构，产业是指企业，学是指大学和研究机构。官产学一体化的混合组织，是指在政府、企业和大学及研究机构传统职能的交叉地带衍生出的新型经济组织。例如，官产学战略联盟、产业联盟、公共技术和研发平台、孵化和加速计划和大学科技园等。在官产学一体化混合型新组织的重要作用，集中表现为衍生和推动创新型创业活动的涌现和战略性新兴产业的启动和发展。

正是因为创新经济发展的这一特殊性，决定了从制造经济向创新经济的转型必然伴随着新一轮组织创新浪潮的出现。伴随着发达国家经济的转型和发展，20 世纪 70 年代以来，新的企业组织形式不断涌现。这一组织创新浪潮都与创新型创业活动直接相关。图 2－4 描述了与创新型创业活动相适应的组织形态的变革和演化。

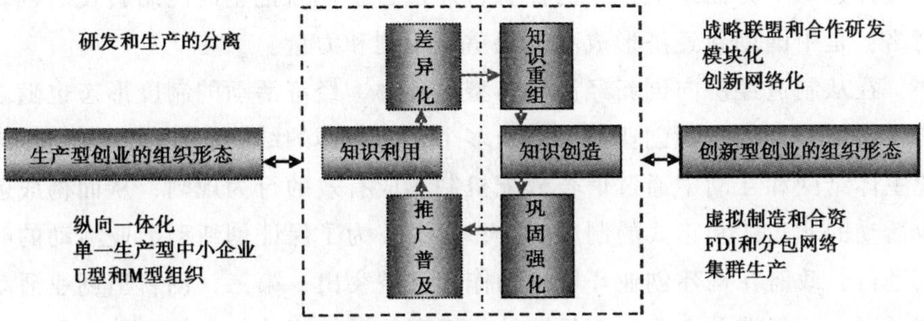

图 2－4　与创新型创业活动相适应的组织形态的形成及其演化示意图

图2－4的中心是创业活动，其中左右分别代表了知识的创造和利用。由于对知识创造和利用的导向不同，创业活动划分为生产型创业和创新型创业。因为生产型创业追求的是生产的规模和范围经济，与之相对应的企业主要是纵向一体化的大企业和单一生产型中小企业，其组织结构则是U型M型。同时，因为生产型创新活动中，研发和生产是分离的，研发的组织形式相对单一，或附属于企业内部，或分布于大学和其他科研机构。因为创新型创业活动强调知识的创造，无论是在知识创造阶段还是在知识利用阶段，企业的组织形态都呈现出多样化趋势。例如，为了更有效地进行知识的重组和强化，企业之间大量采用战略联盟、合作研发、模块化和创新网络等组织形式进行资源的整合。而在知识利用阶段，为了适应持续知识创造和利用，涌现出虚拟制造、合资、FDI和当地分包网络、集群生产等组织形式。随着创新型创业活动的逐渐展开，这些组织形式仍然处于动态演化之中，从而有效地降低了知识创造和利用的风险和不确定性。

改革开放以来，中国制造业快速发展得益于在全球化背景下中国企业的组织创新。其中最重要的组织创新表现在两个方面：一是以民营中小企业为主体的集群生产；二是以跨国公司为主导的当地生产网络。在集群生产中，处于弱势地位的中小企业，通过结网和互动不断放大自己的比较优势，并试图通过学习、模仿和创新把强大的比较优势转化为竞争优势。而通过嵌入跨国公司主导下的当地生产网络，中国企业快速获得了先进国家标准化的制造和生产技术，并利用跨国公司的研发力量和营销渠道实现了生产的专业化和规模经济。在从制造经济向创新经济转型的过程中，要充分发挥这两个方面组织创新的优势，通过自主创新把生产网络转化为创新网络，是中国创新经济形成和发展重要机制和力量。

在从制造经济向创新经济的转型过程中，经济活动的制度形态也随之转变。第一，创新型创业活动涉及多个行为主体的结网和互动。创新型创业主体结网和互动中通过信誉分配机制形成有效的行为规则，从而构成创业活动的非正式和正式的制度安排；第二，为了保证创新型创业活动的顺利进行，政府在构建创业环境中的作用日益突出；第三，创新型创业活动的涌现，不仅涉及企业，而且涉及与知识的重组相关的大学和其他科研机构，包括这些活动主体在内的区域和国家创新体系是创业活动有效展开的重要支撑；第四，创新型创业活动的持续创新和柔性生产对人力资本及其培养制度有着特殊的要求，其中，多技能劳动者、创业人才和创业型大学都是创新经济的重要制度安排。图 2－5 列出了与创新型创业活动相适应的从微观到宏观层面的制度安排。

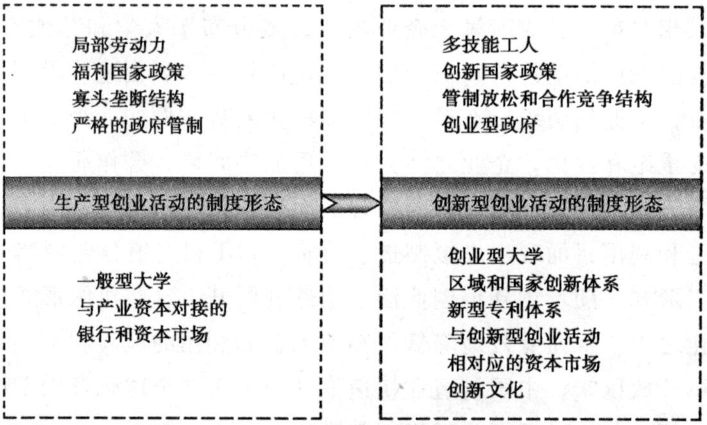

图 2－5　创新型创业活动的制度形态及其演化示意图

中国从制造经济向创新经济的转型，既落后于西方发达国家也落后于日本和韩国。这决定了学习、模仿和模仿创新对中国创新经济形成和发展路径的重要性。但是，在中国创新经济的形成过程中，由于条件和环境的不同及其动态变化，简单的学习和模仿是不可取的，同时在经济全球化的今天自主创新也绝不等同于封闭的自力更生。在现有的初始条件约束下，模仿创新、破坏性技术创新、原始创新和集成创新可能是增强自主创新能力和提升国际力的重要机制。此外，如何从学习型创新体系向创新型创新体系的转化、创新国家政策和对创新的金融支持体系等同样是中国创新经济形成和发展值得研究和关注的重要机制。在探索和利用这些机制的过程中，如何引发创新型创业活动的报酬递增规律，是顺利实现中国经济第二次转型的关键。

第三章

动态能力和创新的惯例化

20世纪80年代以来，伴随着西方发达国家从制造经济向创新经济的转型，无论是企业经营者还是经济学和管理学者对企业竞争优势来源的认识都出现了重大的转变：一是从强调竞争优势的外部环境因素向强调内部因素的转变；二是由静态分析转向动态分析，从强调静态的核心竞争力到强调企业的动态能力。其中，以持续创新和柔性生产为特征的动态能力成为创新经济条件下企业竞争优势的根本来源。

集群生产是实现企业柔性生产和持续创新的重要组织形式。在全球经济条件下，集群生产的竞争优势来自集群内经济活动主体之间结网和互动中积累的知识、关系和动机，这些当地要素是远方竞争者无法获得的。与纵向一体化的大企业不同，中小企业的集群生产通过专业化和网络化，实现了产品的持续创新和生产的柔性制造。

20世纪70年代以来，以IT产业为代表的战略性新兴产业的成功发展表明，模块化不仅改变了传统产业组织演进的一般规律，而且实现了持续的技术和产品创新。模块化能够带动产业持续创新的根源，是因为它提供了一个特殊的能够促进专业化知识积累和创造多样化选择的组织方式。但是模块化的实施是有条件的，企业必须针对不同的创新类型选择与之相匹配的组织方式。

本章的研究表明，培育包括柔性生产和持续创新在内的动态能力使创新惯例化和常规化，是推动中国从制造经济向创新经济转型的基本途径。其中，集群生产从生产网络向创新网络的转变和研发设计的模块化，是提升企业和产业动态能力的关键。

第一节

对企业竞争优势来源的理论探讨

一、企业成长的困境和动态能力

20世纪80年代，在日本企业的竞争冲击面前，企业的生存危机成为欧美发达国家经济发展所面临的重大挑战。据美国商务部统计，美国企业的倒闭率在20世纪70年代为2.3%—4.3%，但是到了80年代这一比率却猛增到6%—12%。波士顿咨询公司对《财富》世界500强企业的研究表明，即使是世界上规模最大的公司也难逃倒闭的厄运：20世纪50年代《财富》杂志所列的世界500强名单中的近一半在90年代的名单中消失；而70年代所列的500个企业中，到90年代已有1/3在新名单中消失。

企业的生存危机引发了对企业生命周期的研究。据1983年壳牌公司的一项专门调查表明，在北半球，企业的平均寿命低于20年，即使是占比例很小的大公司，其平均寿命也不到50年。但是，世界上却存在少数长寿公司，例如，杜邦、葛兰素和三井等公司的寿命都超过100年，而瑞典的斯托拉公司的寿命竟然高达700多年。

爱瑞·德·葛斯（Arie De Geus）针对上述调查结果指出，企业的实际平均寿命与最大预期寿命之间的落差如此巨大是不正常的，说明大部分企业都未能充分发挥其潜力。[1] 世界上的大多数公司在其成长的初级阶段就夭折了，仅仅发挥和利用了其潜能的很小部分。由企业的生存危机问题而引发，对企业竞争优势的研究成为20世纪80年代以来现代企业理论研究的重心。

事实上，最早从企业内生成长的角度讨论企业竞争优势的是潘罗斯（Penrose），在她看来，企业能力的形成是企业成长的决定因素，企业能力是企业所固有的能够逐渐拓展其生产机会的知识积累倾向。[2] 企业的知识和能力的积累过程是一个从个体到整体的过程，其中共同的行为准则等共同知识和能力的积累所带来的企业组织管理资源的释放，对企业扩张和发展具有重要作用。

除了潘罗斯，20世纪80年代中期之前，学术界对企业成长因素或竞争优势来源的理论解释中占主导地位的，是波特在《竞争战略》一书中提出的五种竞争力分析模型。

在《竞争战略》一书中，波特把产业组织理论中哈佛学派的SCP分析范式引入企业战略分析，认为决定企业竞争优势的首要的和最根本的因素是产业吸引力或盈利能力。因而，任何竞争战略必须建立在对决定产业吸引力竞争规律深刻理解的基础之上。而产业竞争规律决定了产业内部五种基本的竞争作用力的状况：新竞争对手的进入、替代产品的威胁、客户的讨价还价能力、供应商的讨价还价能力和现有竞争对手之间的竞争。

鲁梅尔特对美国制造业的实证分析表明，美国企业的产业内利润率差异要比产业之间的利润率差异大得多，通常是3—5倍。这个结论推翻了波特的产业吸引力或盈利能力是决定企业竞争优势的根本因素的观点。[3] 对波特五种竞争力分析模型的反思，使学者们重新从企业的内部寻找决定企业持续成长和竞争优势的来源。在这一探索过程中，20世纪80年代末到90年代初形成了企业的能力理论。企业的能力理论包括两个大的理论

① 爱瑞·德·葛斯："有生命力的公司"，载于小乔治·斯托尔克等：《企业成长战略》，中国人民大学出版社1999年版。

② Penrose, E, T, *The Theory of the Growth of the Firm*, Oxford: Oxford University Press, 1959.

③ Rumelt, R. P, Diversification Strategy and Profitability, *Strategic Management Journal*, 1982, 3: 359—691.

分支：资源基础理论和核心能力理论。

资源基础论从企业内部寻找企业成长的动因，用企业内部资源的特殊性来解释企业之间竞争优势的差异。该理论的基本假设包括：企业具有不同的有形和无形资源，这些资源可转变为独特的能力；资源在企业之间是不可流动的且难以复制；这些独特的资源是企业持久竞争优势的源泉。当一个企业拥有具有竞争价值、独特、难以复制和难以替代的独特资源时，它就比其他企业具有更强的竞争优势。资源基础理论的主要代表人物是潘罗斯、沃纳菲尔德、鲁梅尔特、巴尼、迪瑞克丝和库尔等。

而以普拉哈拉德和哈默为代表的一批学者，更加强调企业内部的知识和能力积累对企业竞争优势的影响，提出了核心能力理论。普拉哈拉德和哈默从组织协调的角度给企业的核心能力下的定义为："组织中的累积性知识，特别是关于如何协调不同的生产技能和有机结合多种技术源流的知识"。① 福斯（Fuss）从企业整体战略的角度定义企业的核心能力，把企业的能力看做是企业所拥有的特殊资产，即与知识相关的、看不见摸不着却又能让大家都能感受到的、难以买卖和在企业内部各部门进行分割的资产。他特别强调，企业的能力作为一种特殊的智力资本属于企业整体，这种能力能够促使企业以自己特定的方式更有效地处理生产经营活动中的各种现实难题。

由于企业能力理论过分强调特殊资源和核心能力的内部积累对企业竞争优势的决定作用，忽视外部环境的分析，因而在考察企业竞争优势来源的过程中存在着两个明显的局限。

第一，企业能力理论忽视对外部环境的分析。波特的五种竞争力模型走向了注重外部环境，尤其是市场结构这一极端，而企业能力理论则又走向了强调内部资源和能力的另一个极端。企业能力理论无疑是将市场需求看成是一个相对静态的、给定的因素，而忽略了它的动态特征。

第二，企业能力理论强调对现有资源和能力的分析，而忽略了如何创造新的资源。资源基础论在很大程度上受因果关系决定论的影响，缺乏对

① Prahalad, C. K. and Hamel. G, The Core Competence of the Corporation, *Harvard Business Review*, 1990, 66 (May/June): 79—91.

企业和环境的系统分析。

提斯、皮萨罗和舒恩（Teece，D. J.，Pisano，G. And Shuen，A.）对20世纪80年代以来高科技企业发展的实证分析表明，对外部环境变化的反应能力是解释企业成功发展的关键。[①] 国际市场上的优胜者是那些能够及时适应技术和市场环境的变化，通过对企业内部和外部资源进行有效整合进行快速和灵活的产品创新的企业。提斯、皮萨罗和舒恩把企业对外部环境变化的反应能力称为企业的动态能力。

二、企业动态能力的基本内涵

纳尔逊和温特的研究表明，企业的决策不是由利润最大化而是由其内部的组织惯例决定的，即公司内部运行很好的活动模式所决定的。[②] 企业的惯例包括生产方式、技巧、程序、组织模式和政策等。惯例本身是一个适应环境变化的不断演进的过程，即由较低级惯例向较高级惯例发展的过程。对企业而言，决定某一时点上竞争优势的是与环境变化相适应的现存的组织惯例，而创新的惯例化则是企业动态能力的基本内涵。

提斯、皮萨罗和舒恩指出，以企业能力理论为指导的企业竞争战略过分强调企业内部知识和能力的积累和保护，难以支撑企业的长期发展。因为，在企业的长期发展过程中，环境是不断变化的。20世纪80年代以来，尤其是在高科技产业，全球市场的优胜者是那些能够及时应对环境变化，进行快速灵活的产品创新的企业。提斯等把企业快速应对市场环境变化进行不断产品创新的能力称为动态能力，即更新企业能力的能力。

企业的动态能力理论强调两个方面的因素对企业发展的影响：一是环境的持续变化特征；二是针对变化了的市场环境，企业进行内部和外部技能、资源和能力的整合与重构。对企业的动态能力而言，需要整合的不仅

① Teece，D. J.，Pisano，G. And Shuen，A，*Firm Capabilities*，*Resources and The Concept of Strategy*，Mimeo，University of California，at Berkeley，1990.

② 纳尔逊、温特：《经济变迁的演化理论》，商务印书馆1997版。

包括内部而且包括各个方面的外部资源。

野中郁次郎（Ikujiro nonaka）把企业的动态能力归结为知识的创新，① 他指出，在一个不确定性是唯一确定因素的经济环境中，企业获得持续竞争优势的来源是知识创造。当众多市场因素驱使技术不断更新、竞争对手成倍增长、产品淘汰日益加快的时候，成功的企业往往就是那些能不断创造新知识，并把新知识传遍整个组织，将他们应用到新技术和新产品开发中去的那些企业。持续的创新是这些企业的核心战略目标。

当从知识和知识创新的角度理解竞争环境剧烈变动条件下企业竞争行为的时候，我们会强烈地感受到企业动态能力的重要作用。因而，在创新经济条件下，拥有动态能力的企业是现实经济活动的真正主体。这是因为，一方面，在竞争环境快速变化的条件下，真正的企业资本已不再是静态的物质方面的东西，而是有形的和无形的知识；另一方面，无论是对市场机会的把握，还是企业内部和外部的资源整合都表现为知识的创新、传递、扩散、共享和运用的过程。

本章的分析表明，在外部环境不断变化的条件下，持续的产品创新和柔性生产是企业持续成长和发展的关键，是企业动态能力的本质内涵。为了应对快速变化的环境条件，知识创新主要表现为默示性知识，尤其是尚未具体化的默示性知识的发掘、分散、传递和共享。因而，从知识创新的角度看，企业的动态能力是应对外部环境变化的过程中对默示性知识的发掘、扩散和共享的过程。

三、知识的创造和利用与企业成长周期

既然持续创新是企业实现成长潜力的根本途径，对创新过程及其条件的把握就成为分析企业成长的关键。

尽管熊彼特最早认识到创新对企业和产业竞争力的影响，并对创新进行了理论解释和探讨。但是，熊彼特关于创新的论述是静态的，存在着三点不足：一是他把企业的发展仅仅归结为企业家精神，忽视了作为一个整

① 野中郁次郎（Ikujiro nonaka）：“知识创新型企业”，载彼得·F. 德鲁克等：《知识管理》，中国人民大学出版社 1999 年版。

体的组织的存在。而在现实中，企业家的创新是建立在既定的组织知识和能力基础上的，现有组织的既定惯例和利益结构必然影响到企业家的创新决策；二是熊彼特只是指出了创新的含义、形式和作用，却没有考察创新的过程；三是熊彼特把创新看做是一个非连续的过程，无法解释企业的持续创新和成长问题。

结合前面对企业动态能力的讨论，我们把创新理解为新知识的创造和利用的过程。新知识的创造是一个创新周期的起点，经过惯例化或程序化，新知识被优化为企业的主导逻辑，即核心知识。创新周期包括：主导逻辑的形成、推广普及、差异化和知识重组四个阶段。其中，知识重组和主导逻辑的形成属于知识创造，而主导逻辑的推广普及和差异化则属于知识的利用。

上述创新过程就是企业的成长过程。主导逻辑的推广普及就是通过企业各部门对已经惯例或程序化的核心知识进行学习、模仿和复制，并在既定的市场范围内实现规模经济和学习效应的过程。主导逻辑的差异化则是把核心知识运用于不同的市场，并通过产品的差别化实现范围经济的过程。当然，主导逻辑的差异化不仅属于知识的利用，其中也包含了知识的创造，因为，在主导逻辑适应不同市场条件的过程中，作出某些修正和补充是必要的。但是，主导逻辑差异化过程的知识创新是边际的或增量的。主导逻辑的差异化过程只是企业适应市场变化的一个次要方面，当差异化遇到现有主导逻辑无法适应的市场条件或变化时，知识重组就发生了。知识重组的结果是新的主导逻辑的形成，并使企业进入一个新的扩张周期。如果这一过程是连续的，没有发生中断，企业的成长就是可持续的。

上述主导逻辑的演进框架可以解释企业的持续成长问题。从现实企业的运行看，一旦企业形成了自己的主导逻辑，拥有能够带来竞争优势的核心知识，都可以顺利实现规模和范围的扩张。这解释了现实企业由追求单一产品的规模经济到追求多样化产品的范围经济的规模扩张过程。因为，相对于知识创造阶段，主导逻辑的增量演进是确定的。但是，决定企业能否持续成长的关键不是知识利用，而是知识创造，即主导逻辑的替代或转换。而这一过程是充满不确定性的。因而，知识创造过程存在着与主导逻辑增量演进根本不同的竞争方式和成本。因为，本章把知识创造阶段的竞争称为创新性竞争，而对创新性竞争中特殊成本问题的认识是理解企业能否实现持续创新和成长的关键。

四、创新性竞争和创新成本

在对创新过程作出上述分析的基础上，我们就可以对企业的创新性竞争及其条件作出进一步的考察。

从知识创新的角度，我们把创新性竞争定义为，企业的战略管理者在对未来市场变化和竞争对手的行为偏好作出某种预期的条件下，构建自身的主导逻辑或核心知识的过程。创新性竞争的关键首先是对外部市场条件的把握。在有限理性假设条件下，企业对未来市场环境变化的把握至少受到三个方面的影响：

第一，社会经济、政策、技术条件和消费者需求偏好的变化；

第二，产业内竞争对手竞争战略的多样化；

第三，企业内部既定的主导逻辑下的利益格局。

其中，前两个条件是外部影响因素，后者属于内部影响因素。但是，这两种因素是相互联系的。在有限理性假设条件下，现有的主导逻辑将影响决策者对外部条件变化和市场机会的判断和把握。例如，由于决策者对某事件缺乏必要的知识，对模糊性的厌恶和对可能性的低估将导致风险规避倾向。

企业现有的主导逻辑对创新性行为的影响主要表现在两个方面：一是当外在环境变化只是潜在地影响企业现有的核心知识的价值时，在主导逻辑演进过程中，使成本不断降低的学习效应将影响到决策者对未来的预期；二是当企业重新构造核心知识的决策可能影响到现有主导逻辑下的利益格局时，将遇到来自既得利益集团的阻力。本章借鉴戴维·贝赞可等对沉没成本的分析框架，分别考察这两种情况对创新性竞争的影响。①

假设企业面临着如下不确定性条件下的战略选择：一是在现有的主导

① ［美］戴维·贝赞可、戴维·德雷诺夫、马克·尚利：《公司战略经济学》，北京大学出版社 1999 年版，第 488 页。

逻辑下经营；二是实施创新性竞争战略，重新构造企业的主导逻辑。为了简化分析，我们假设实施两种战略时企业的产出不变。预期新的主导逻辑能够降低企业产品的平均变动成本，但是需要较大的前期投资。我们用 VC_N、VC_0 分别表示在新的和现有的主导逻辑下生产某种产品的平均变动成本，用 I_N 和 I_0 分别表示两者所需的前期投资。假设企业可以自由选择在两种主导逻辑中的一种从事生产，即对现有主导逻辑已经进行的投资对当前的决策没有影响，则企业是否采取创新性竞争战略的约束条件是：

$$VC_N + I_N < VC_0 + I_0$$

$$I_N - I_0 < VC_0 - VC_N \qquad (1)$$

$$\Delta I < \Delta VC$$

这一条件表明，如果创新的平均变动成本的节约的现值 ΔVC 大于创新所要求的额外投资 ΔI 时，企业将选择创新性竞争战略。

现在我们考察现有主导逻辑对创新性竞争战略选择的影响。这种影响表现在两个方面：首先，I_0 是已经完成的投资，在决定是否采用创新性竞争战略时应当忽略；其次，I_0 投资的学习效应对预期的影响。由于在现有主导逻辑下经验的长期积累，在生产中存在着学习效应，企业在现有主导逻辑下从事生产的学习曲线是下降的，因此，管理者将预期现有主导逻辑下产品的平均变动成本为 $PVC_0 < VC_0$，或 $PVC_0 = aVC_0$（$a < 1$）。在这种情况下，企业是否采取创新性竞争战略的约束条件比前面要严格得多：

$$VC_N + I_N < aVC_0$$

做一些简单的代数变换，上式可以表述为，

$$I_N - I_0 < VC_0 - VC_N - (1 - a)\ VC_0 - I_0$$

$$\Delta I < \Delta VC - [(1 - a)\ VC_0 + I_0] \qquad (2)$$

由于现有主导逻辑的影响，只有当额外投资的成本小于新的主导逻辑下生产平均成本的一个附加额的节约 $[(1 - a)\ VC_0 + I_0]$ 时，创新性竞争战略才是可行的。这一约束条件成立的前提是对已投入成本的忽略和对现有主导逻辑学习效应的预期。而当竞争对手通过创新性竞争战略构建起新的主导逻辑时，上述主观的约束条件是不存在的。

影响企业进行创新性竞争决策的另外一个重要因素是组织成员的影响活动，米尔格罗姆和罗伯茨称之为和企业集中决策相关的组织内部的政治活动。① 在现有主导逻辑下，许多组织成员，尤其是其中的行政管理和技术骨干的个体知识具有专用性特征。而通过创新重新构造企业的主导逻辑，将使这部分组织成员承担知识的转换和现有经验优势丧失的成本。这可能影响某些既得利益，包括现有薪金和职位的保持和提升的实现。从保护个人利益的角度出发，他们将通过向决策者提供建议、信息和分析的方式抵制创新性竞争战略的制定和实施。

在许多场合，这种影响活动是无法避免的。因为，决策者在进行决策之前必须依靠其他组织成员提供无法从其他环节获得的内部信息。当决策者无法正确判断提供信息者的个人动机和证实他们提供的信息时，组织成员将通过隐瞒或歪曲所提供信息的方式影响决策者的判断。

在创新性竞争战略可能损害现有企业组织成员的既得利益时，组织成员有动机夸大重新构建与创新战略相匹配的核心知识的困难和成本（I_N）。从而使公式（2）中的 ΔI 的量相应增大，进一步提高了企业选择创新性竞争战略的约束条件。

我们把上述实施创新性竞争的约束称为创新成本。创新成本的存在可以减弱已经获得成功的企业的创新动力，这为新企业通过实施创新性竞争战略获得后发优势提供了可能。因为，对于新企业而言，创新成本是根本不存在的。

20 世纪 80 年代以来，对企业成长和竞争优势来源的认识存在着一个从外生决定论到内生决定论的过程。在创新经济条件下，面对不断变化的外部市场条件，知识创新的惯例化和动态能力的形成是企业持续成长和获得持续竞争优势的根本来源。为了实现持续创新和柔性生产，企业的动态能力绝不能仅仅建立在内部知识和能力积累的基础之上，而且要快速实现对外部资源的整合。其中，集群生产和研发设计的模块化，是通过外部资源整合提升企业动态能力的重要途径。

---

① Paul Milgrom and John Roberts. , Bargaining and Influence Costs and the Organization of Economic Activity, *Economics Working Papers* 8731, 1987, University of California at Berkeley.

第二节

集群生产：从生产网络到创新网络

一、全球经济发展中的“地理悖论”

20世纪后半期，伴随着通讯和信息网络技术的迅猛发展，全球经济一体化成为世界经济发展不可逆转的潮流。这种经济全球化趋势至少表现在两个方面：

第一，地方经济活动越来越深地卷入到全球范围内的生产和消费活动之中。产品、资本和技术可以在世界范围内自由地流动，传统的生产和消费所具有的地域特征逐渐消失，代之以越来越强烈的全球性。从生产的角度看，无论是生产技术还是产业组织，地方生产者都越来越强烈地感受到来自遥远的世界其他地方的竞争对手的挑战和冲击。正如我国企业所普遍面对的：国内家门口的竞争事实上已经演变为全球性的竞争。

第二，跨国公司在全球范围内进行资源整合。通讯条件的改善和网络技术的应用极大地改善了跨国公司内部组织信息交流和处理的速度和能力，使得跨国公司可以在全球范围内，根据每个生产环节对要素禀赋的不同要求，依据利润最大化原则建立全球性的生产分工体系，这使得世界经济步入了跨国时代。

但是，在考察世界经济发展趋势的时候，我们却同时发现，在全球经济一体化浪潮日趋明显的同时，与特定地理边境和民族利益息息相关的经济活动的生产的本地化趋势同样显现出其特有的生机和活力。

20世纪70年代末和80年代初，面对当时出现的世界性经济萧条，尽管许多地方的经济出现了持续的衰退，企业大量破产倒闭、工人大规模失业和居民生活水平的相对下降，但是在欧洲和北美少数地区却出现了经济的持续繁荣和成长。这些具有典型性快速经济发展的地区包括：意大利中部和东北部的艾米利亚—罗马格纳（Emillia—Romagna）和图斯卡尼

(Tuscany) 等地区、德国的巴登—符腾堡 (Baden - Wurttermberg)、法国的欧叶纳克斯 (Oyonnax)、丹麦的竹特兰 (Jutland)、瑞典的斯迈兰 (Smaland)、西班牙的巴塞罗那 (Barcelona) 和美国的加利福尼亚硅谷等。这些地区的共同特征是大量同一和相关产业的中小企业集群在一起进行专业化生产，企业之间既竞争又合作的关系所引发的持续的产品和工艺创新支撑了本地区经济的快速发展。

波特在论述全球经济一体化和区域经济发展之间的关系时指出，在理论上，更为开放的全球市场和更加快捷的交通和通讯系统，应当正在不断削弱地理位置在企业竞争中的作用。因为，全球任何一家企业都可以运用全球市场和互联网进行全球采购、订货和销售，因而，地理位置将不再是企业竞争优势的来源。但是，这一理论推论和现实情况是矛盾的。在全球经济竞争中，一定地理区域的“集群生产”对企业竞争优势的影响日益受到人们的关注，地理位置似乎显得比过去更重要了。波特把上述矛盾现象称为全球经济活动中的地理位置悖论，并从该悖论出发，讨论了集群生产对企业竞争行为的影响。①

波特指出，“集群生产”正在支配着当今世界经济竞争与发展的格局，这表现为大量相关企业集中在某一特定区域内，这些企业间的长期竞争与协作关系所引发的持续创新对区域内企业的竞争优势具有重大影响。② 事实上，现代的“集群生产”和传统的地理位置优势根本不同，传统地理位置优势主要依赖于某些重要物质要素的资源禀赋，例如，天然良港和廉价的劳动力资源等。而现代“集群生产”则强调知识和能力的积累及其创新对区域经济优势的影响。

企业集群，是指地方企业生产的集中，是一组在地理上靠近的相互联系的公司和机构的集合，这些公司和机构处于同一个地域特定产业之中，由于具有共性和互补性而联系在一起。③ 典型的“集群生产”是指在某一特定区域内相互联系的企业及其相关机构的高度集中所带来的专业化生产

---

① ［美］迈克尔·波特：《竞争论》，中信出版社 2003 年版，第 207—293 页。
② ［美］迈克尔·波特：《竞争论》，中信出版社 2003 年版，第 207—293 页。
③ ［美］迈克尔·波特：《竞争论》，中信出版社 2003 年版，第 207—293 页。

的新的组织方式，它包括一大批对竞争起重要作用的相互关联的产业、企业及其相关实体。首先，典型的“集群生产”包括各种机械和零部件供应商和专业化基础设施的提供者；其次，包括一定规模的销售网络和客户群体；最后，还包括提供专业化培训、教育、信息研究和技术支持的政府和民间科研机构——例如大学、制定标准的行业协会、职业培训机构和科研机构等。

“集群生产”在本质上属于介于完全市场和纵向一体化之间的新型专业化生产的空间组织形式，是创新经济条件下的重要生产组织方式。这种新型生产组织形式具有三个方面的基本特点：

第一，“集群生产”难以遵循标准的产业分类方法，更多地表现为跨行业的专业化生产协作。在“集群生产”中，往往以某一类产品的生产为龙头，大量的相关产业企业聚合在一定的空间范围内从事专业化生产。

第二，“集群生产”强调一定空间内企业之间的竞争与协作，而不仅仅是竞争。在“集群生产”的企业之间，更多地表现为专业化协作关系，而不是竞争关系，但是，这并不排斥同类产品企业之间的竞争。这种既竞争又协作的关系提高了整个区域内企业的竞争力。

第三，在“集群生产”企业之间的竞争与协作关系中，知识和能力的积累、共享和创新成为“集群生产”富有竞争力的根源。在“集群生产”中，企业竞争促进了知识和能力创新，而知识交流空间障碍的缩小和企业之间的协作关系使新知识迅速在企业之间传播和共享，并进一步推动知识的创新。同时，跨行业的协作使知识和能力更广泛的交叉和渗透，为持续的产品创新和柔性生产提供了良好的产业条件。

因而，集群生产在本质上属于创新网络，而不是单纯的生产网络。集群生产中企业的竞争优势来自于企业对新知识的创造和企业之间新知识的交流。作为一个创新网络，集群生产的区域创新系统各种机构的内在联系和协作倾向及其相应的制度安排，是区域外的企业所无法获取的。因而，集群生产的区域创新系统具有较强的本地化特征。这种本地化特征有利于企业和相关机构经验性或默示性知识的积累、传播和交流，难以被区域外的企业所模仿。因而，强烈的知识创新和扩散的本地化特征构成了集群生产的动态能力，是区域内企业持续发展和获得国际竞争优势的根本来源。

二、集群生产的动态效率

既然持续创新和柔性生产是集群生产的基本特征，本章试图利用前面已经讨论过的创新过程模型，深入考察集群生产是如何通过企业之间的竞争与合作实现持续创新和柔性生产的。

在制造经济条件下，知识的利用和知识的创造是分离的。知识的创造由组织内部或外部相对独立的创新机构负责。一旦形成某种主导设计，知识的推广和普及是生产过程中要解决的问题。而在大规模生产中，一切都是固定的，企业在寻找到实现主导设计的最佳方案以后，就会通过简单的规模和范围的扩张试图尽快收回固定资本的投资。只有经过相当长的时期(通常是4—5年，甚至更长)，当固定投资收回后，大规模生产企业才再次依赖创新机构开发新的产品并进行大规模生产。长期以来，大规模生产企业和创新机构之间的良好合作是20世纪70年代之前制造经济成功的关键。

因而，在制造经济条件下，企业成功的关键是为实现规模经济和范围经济对生产设施、营销和采购网络进行大规模投资，并形成钱德勒所说的现代工业企业的组织能力。这种组织能力是资本密集型产业发展的主要推动力。钱德勒认为，在两次世界大战之间，美国企业充分利用发展起来的上述组织能力实现了全球扩张。因而，充分利用技术创新的机遇，通过新知识的强化和普及实现规模经济和范围经济是美国二战后称雄世界的决定因素。这足以解释为什么20世纪70年代以前企业成长的主要方式是横向合并、纵向一体化、地区扩张和多元化经营的原因。因而，作者把这种依赖纵向一体化企业追求规模和范围经济的经济系统，称为传统制造经济的生产网络。

生产网络实现规模和范围经济的前提是企业所面对的技术和市场环境是相对稳定的，创新周期是非连续的且周期较长。一旦上述条件不存在或发生了重大变化，传统制造经济的生产网络不仅无法适应持续创新的需要，也无法适应周期不断缩短的创新周期对快速实现规模经济和范围经济的要求。实现持续创新和创新周期缩短所要求的动态效率是创新经济产生的基本推动力，而构成创新经济基础的是创新网络。

20世纪70年代以来，面对快速变化的技术和市场环境，通过持续创新和尽量缩短创新周期实现动态效率成为企业应对外部不确定性增加的唯一有效途径。这对传统的制造经济所依赖的生产网络提出了严峻的挑战。如何在创新周期日益缩短的情况下，实现创新的规模经济和范围经济成为从制造经济向创新经济转变和集群生产产生的直接动因。

与传统的生产网络根本不同，集群生产本质上是创新网络，它通过众多中小企业的"专业化和网络化"实现"持续创新和柔性生产"。

面对不断变化的技术和市场环境，集群生产通过分包制利用其他企业现有的生产能力和分散投资大大缩短了实现规模经济的时间，从而化解了集中投资可能出现的经营风险。实践中，分包制存在两种主要形式：一是纵向分包，即在掌握核心生产环节的基础上，把非核心环节转包给其他厂商；二是横向分包，即通过技术许可和企业联盟把整个产品的生产都分包出去。无论采取哪种形式，企业都可以迅速实现规模经济。而产业集群活动中所形成的本地化的声誉机制和企业之间有关生产能力的信息共享机制，减少了发包方的信息搜寻和分包方潜在的机会主义行为的危险。

与规模经济不同，范围经济的内在逻辑为，企业现有的知识或主导设计可以用来满足不同的市场需求和适应不同的市场环境，因而，知识向不同市场的推广普及及其相应的产品差别化是范围经济产生的根源。

按照上述逻辑，实现范围经济的关键是灵活地运用现有知识创造差别化的产品以满足不同的市场需求。和规模经济一样，传统的生产网络强调通过企业内部开发和生产新产品或通过兼并实现产品的多样化。在快速变化的市场条件下，这样做不仅会因为周期太长而丧失市场机遇，而且会增加许多额外的成本。此外，产品的差别化往往需要和其他相关或互补性知识结合才能实现。因而，在创新周期不断缩短的条件下，与其他企业的合作是迅速实现范围经济的重要途径，而集群生产则为这种互补性知识的结合提供了可能。在实现范围经济的过程中，集群生产的合作方式主要是建立战略联盟和成立合资企业加速产品的差别化以快速适应新的市场环境。

在集群生产中，规模经济和范围经济主要通过合作方式来实现的，而在知识创造过程中则更多地通过竞争来实现。与传统生产网络不同，集群生产中的创新是众多中小企业通过知识的不断差异化及其重新组合完成的。

知识的创造包括知识的差异化（增量创新）和知识的重新组合（存量创新）两种形式。集群生产首先促进和加速了知识的差异化过程，因为，集群生产所带来的人才的高度流动性、各种生产要素和服务的可获得性为通过创建新企业进行知识的差异化提供了便利。而在传统的制造经济条件下，以这种方式进行增量创新几乎是不可能的。艾克斯和奥德莱斯克（Acs and Audretsch）在对美国小企业行政管理数据库所提供的创新数据进行全面分析的基础上发现，美国小企业的平均创新率高于大企业。在许多场合，大企业为了保护其现有的市场份额，在创新成果的运用方面持消极态度。其中，销售额在 1 亿美元以上或拥有 100 多项专利的大企业中只有 51% 的专利得到利用，而在小企业中这一比率却高达 71%。

硅谷之所以能够利用这种组织形式进行知识的差异化得益于当地的集群生产。首先，随着半导体产业的发展，大量新设备和原材料供应商集群在该地区，他们为新企业的创立提供了便利。当有建树的工程师离开原来的公司创建新企业时，半导体器件的设计和生产所需的产品、原材料和专用设备都是现成的。其次，活跃的风险投资者还为这些新企业提供了足够的资金支持，而当地的大学和劳动力市场则为其提供了高素质的员工队伍。

与增量知识创新相比，集群生产的创新性竞争更重要的内容是知识的重新组合或存量创新。差异化知识的交流和互动是知识重组的前提。在传统生产网络中，公司及其各部门之间严格的界限成为知识交流的障碍。而中小企业之间频繁的知识交流和互动是集群生产的重要特征。在集群生产活动中，实现知识存量创新的重要形式是在同一知识创新点上若干中小企业的竞争。

知识创新本身是一种探索性的活动，存在很大的不确定性。若干企业在同一创新点上的竞争创造了多种选择余地的价值。这种竞争形式，一方面通过产生更多的选择余地，为新的主导设计的产生提供了更大的空间；另一方面也为知识的重组提供了更多的机会。因为，新的“主导设计”既可能来自某一最优选择，也可能来自对多个选择的综合。

但是，在传统制造经济条件下，多种选择余地的竞争带来的可能是逆向选择和重复投资。而集群生产则为这种竞争和新的“主导设计”的诞生提供了一个有效的激励和选择机制。其中，风险投资和其他中介机构发挥了举足轻重的作用。

（1）在许多场合，同一创新点上的相互竞争的企业的资本往往是由同一个或相关的风险投资机构提供的，而这些风险投资者本身就是该技术领域的专家或企业的经营者。在创新活动的不同环节，他们都可以给创新企业提供指导并对创新成果作出准确的判断和选择。

（2）在集群生产中，其他中介机构，如专业的技术协会、律师和其他学术机构可以为创新企业及其成果的价值评定和交易提供帮助和服务。

（3）在相对狭窄的空间范围内，处于集群活动中的创新企业之间的信息和知识交流是很频繁的。尤其重要的是，创新活动中的知识大部分是默示性的，而集群生产活动中共同经验和文化的积累则为这种默示性知识的交流提供了便利。

第三节

模块化与持续创新

一、模块化与产业的发展与重构

与20世纪70年代以前的制造业发展的一般规律不同，以IT产业为代表的战略性新兴产业的发展表现出两个方面的重要特征：一是在持续的技术和产品创新中产品的信息处理能力迅速提高的同时，产品的成本却保持不变或不断下降；二是没有传统产业发展过程中曾经出现的由众多的中小企业竞争演变为少数企业垄断的产业组织结构，而是一直保持着分散型的产业组织结构。

卡利斯·Y. 鲍德温和金·B. 克拉克在对IT产业的上述特征进行解释时指出，在IT产业令人吃惊的发展过程中，处于中心地位的是模块化，即通过每个可以独立设计的和能够发挥整体作用的更小的子系统来构筑复杂的产品或业务过程。[1] 在 IT 产业中，由于模块化设计的方法被广泛采用，极大地提高了产品创新的速度。事实上，比起及时的信息处理和通信等技术因素，模块化才是 IT 产业迅速发展的主要原因。

青木昌彦在讨论信息技术对现代经济社会的影响时，指出 IT 革命对现代经济社会最重要的影响绝不仅仅体现在光缆的铺设量、移动电话的普及程度、互联网的上网次数等所谓新兴信息产业的崛起上，而是表现在信息交换和处理技术的变化正在慢慢影响着人与人、工作与工作、组织与组织之间的关系，进而对整个产业结构产生不可逆转的影响上。其中，模块化是理解现实中正在发生的产业结构变革的关键。[2]

（1）模块化改变了传统产业结构发展的一般规律。关于产业结构的发展，正统经济理论认为，行业内领先的那部分企业通过不断地扩大生产规模和范围，逐渐成为市场的垄断者，并最终形成寡头垄断的产业结构。但是，IT 产业的发展却没有表现出类似的趋势。在 IT 产业的发展过程中，虽然曾经出现过高度集中的市场结构，尤其是在 IBM 垄断的时期，但是从 20 世纪 80 年代开始，IBM 的垄断地位被迅速瓦解。1969 年 IBM 的相关企业占了整个电脑市场价值的 71%，可是到了 1996 年，没有一家企业超过市场价值的 15%。Carliss Y. Baldwin 对美国 1500 家 IT 公司 20 年的数据分析表明，虽然当初市场价值集中在少数几家企业里，但是，通过价值的逐渐转移，现在已经分散到了涉及 16 个领域的众多企业里。尤其值得关注的是，市场的总价值一方面由集中迅速分散到众多企业当中，另一方面整个 IT 产业的市场价值在 20 年的时间里极大地增加，由 1969 年的大约 2000 亿美元迅速增加到 1996 年的近 100000 亿美元。之所以出现这种情况，其根本原因是模块化提高了企业之间专业化协作的效率，在提升单个企业价值的同时也提升了整个产业的市场价值。

（2）模块化结构将带来更多的选择余地，以应付子系统的不确定性。产品的设计和生产一旦模块化，就会出现许多企业同时对同一模块进行设

---

① Carliss Y. Baldwin & Kim B. Clark. Managing Modularity. *Harvard Business Review*, 1997, September—October.

② 青木昌彦、安藤晴彦编著：《模块时代：新产业机构的本质》，上海远东出版社 2003 年版。

计和生产，在众多企业的实验和竞争中有利于好的创新脱颖而出。每个设计者只要遵守共同的设计规则，确保模块之间能够正确地发挥作用，就可以自由、广泛地尝试各种方法。IT 产业技术的不确定性程度高，有时甚至不知道哪个是最好的解决途径，在此过程中，试验开展得越多，形式越灵活，就越有可能早日实现产业的升级和换代。图 3－1 描述了模块化是如何产生有价值选择余地的过程。①

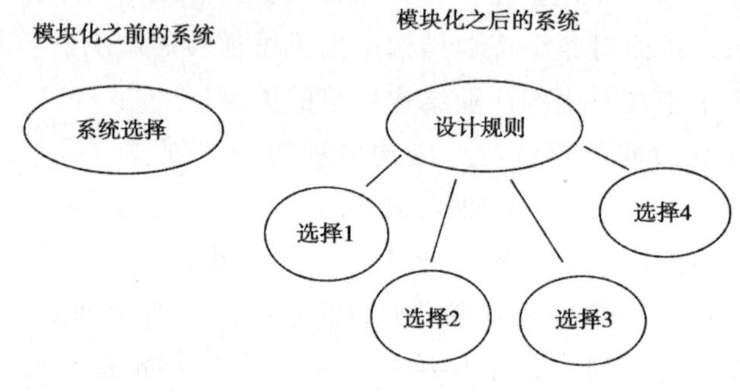

图 3－1　模块化产生选择余地示意图

图 3－1 描述了从相互依赖的单一系统向模块化系统的转变过程。在此过程中，系统从只有一种选择（要或不要）的状态转变为具有很多选择余地（用或不用某个模块）的状态。系统内的每个模块至少有一个、大多数都有好几个选择余地。模块化就这样扩大了系统内有价值的选择范围。同时，模块化把决策方式从集中管理转变为对每个模块的管理。于是，就有可能形成各子系统独立发展的分散型体系。

（3）模块化结构的建立能够促进分工的深化和有效协作关系的建立，使人们可以处理更加复杂的事务，并对专业化活动进行有效的协调。在本质上，模块化是把一个复杂的大系统分解为许多相对独立的子系统的过程。因而，通过模块化，我们可以把设计和制造任务分配给不同的队伍，让他们独立操作。一个良好运转的模块化结构包括三个组织部分：结构、共同界面和设计规则。这三个组成部分明确了什么是一个相对独立的模

① 青木昌彦、安藤晴彦编著：《模块时代：新产业结构的本质》，上海远东出版社 2003 年版。

块，模块之间是如何相互作用的和如何评价模块的功能和表现。它们共同决定了模块之间的相互兼容性，使诸多模块在整合之后能够作为一个整体发挥功能和作用。在整个模块的分解和整合过程中，作为评价体系的设计规则起到了至关重要的作用，它确保整个系统的协同运转。

正是上述三个方面的作用，使模块化成为企业构建动态能力、实现持续创新和柔性生产的关键因素。由于模块化能够把一个复杂的大系统分解为许多子系统，并通过相应的设计规则有效地协调和整合这些子系统，从而使整个产品的生产表现为非纵向一体化或网络化的过程。通过内部和外部的网络化，模块化实现了“专业化和网络化”和“持续创新和柔性生产”。

二、来自 IT 产业的经典模块化案例

1964 年，IBM 公司使用模块化设计和生产方法推出了其 360 系统电脑。在该系统电脑出现之前，IBM 和其他主机制造商的电脑机型都是相互独立的，不存在所谓的通用性或兼容性。即使同一公司生产的不同机型，其操作系统、处理器、周边设备、应用软件等也都是相互独立的。每当企业进行技术革新推出新的电脑系统时，都需要开发相应的软件和硬件。终端用户如果需更换新的电脑系统，就要重新改写程序。在软件的更换过程中，稍有差错，就有可能失去原系统里宝贵的数据。为此，很多顾客对购买或租赁新电脑持消极态度。

360 系统的设计就是针对上述问题而展开的。该系统的设计者提出了电脑“家族”的概念，对不同用途、不同大小的电脑设定统一的执行指令，使得这些电脑能够使用同样的周边机器。为了保持这种兼容性，在设计上采用了模块化的原则，即 360 系统的设计者把处理器和周边设备的设计信息分解为“看得见的”和“看不见的”两类。为此，IBM 设立了中央处理器管理部，构筑并实施了不同装置的模块能够互相正确发挥作用的明确的、概括性的设计规则。而分散在全世界的几十支设计队伍在完全服从上述设计规则的前提下，对子模块进行独立开发和制造。模块化设计方法在 360 系统的开发过程中获得了巨大的成功，但是，对 IBM 公司而言，这种方法的更大成功则表现在个人计算机的设计和生产过程中。

1981年，当IBM公司制造第一台个人计算机时，进一步选择了将所有的主要部件的生产都分包出去的做法。通过利用其他公司的生产能力，IBM公司仅用了15个月就将第一个产品投向市场。微处理器（8088）是从英特尔购买的，而操作系统则是从刚刚出道的微软公司购买的。实际上，通过模块化方法，IBM的个人计算机是一种完全开放的系统，它以广泛使用的标准和部件为基础。强大的市场激励可以协调零部件生产商和软件商的关系。IBM成功地将其开放式系统提升到与上百个应用软件和硬件兼容，只要这种产品能够增加市场对其个人计算机的需求。

不仅设计和生产，IBM公司还依靠市场来分销其产品。虽然它建立了自己的IBM产品中心作为零售店，并且也拥有自己面向大公司客户的直销队伍，但其产品的大部分还是依靠独立的零售商销售，最初是计算机园地公司和西尔斯公司。经过若干年的发展，目前其零售网点已发展到2000多家。

通过外部硬件商、软件商和分销商的合作，IBM公司大大降低了其将个人计算机推向市场的投资额。更重要的是，那些建立关系的商家协助IBM向曾经占据市场先机的苹果公司发起进攻。IBM公司是早期利用模块化进行设计、生产和销售的成功者，正是它的成功形成了整个微机行业早期的IBM占主导的市场结构。1984年，也就是该公司推出个人计算机的3年后，IBM公司已经占有美国个人计算机市场份额26%，从而取代苹果公司，成为排名第一的微机供应商。到1985年，IBM公司的市场份额已经增加到41%。

值得重视的是，尽管从长远来看，模块化侵蚀了IBM帝国，但最终却促进了美国整个IT产业的迅速发展。因为这种开放的系统及其销售商的自治，引导了整个设计的改变以及IBM兼容机制造商的进入。开始，竞争者们争相与IBM系统实现兼容。但是，几年以后兼容机在这个行业中开始出现。由于零部件和软件的兼容性，制造商能够从英特尔公司买到同样的CPU，从微软买到同样的操作系统，运行同样的应用软件，通过同样的分销渠道进行销售。在这种情况下，IBM公司赖以生存的竞争优势几乎丧失殆尽。

为了维持技术上的领导地位，IBM公司决定升级个人计算机系统。但是，要做到这一点，IBM 公司必须协调整个系统的互相关联的几乎所有组成部分，这是一种系统型的技术协调工作。但是，曾经帮助建立起最初的那种系统的第三方硬件和软件供应商没有服从 IBM 的指挥。在 IBM 推出 OS/2 操作系统的时候，微软推出了视窗软件。而且，第三方硬件和软件公司还投资拓展了最初的个人计算机系统。同样，1986 年，英特尔帮助康柏偷袭了 IBM，使康柏顺利推出了其第一台以英特尔 80386 微处理器为基础的个人计算机。尽管当时 IBM 拥有英特尔 12% 的股份，但是，这并没有能阻止英特尔与康柏共同实施在市场上打败 IBM 的计划。

到 1995 年的第三季度，IBM 公司的个人计算机市场份额已滑落到 7.3%，落后于康柏公司 10.5% 的市场份额。从目前的经营情况看，在激烈的市场竞争面前 IBM 的个人计算机业务至多不过是略有盈利而已，其个人计算机系统的利润大多已经转移给上游的微处理器和操作系统供应商以及外部应用软件的制造商手里。但是，模块化在削弱 IBM 的同时，却带来了美国 IT 产业的长期繁荣。

三、模块化生产的机制、条件和结果

青木昌彦把模块定义为半自律的子系统，它可以通过和其他同样的子系统按照一定的规则相互联系而构成更加复杂的系统或过程。将一个复杂的系统或过程按照一定的联系规则分解为可进行独立设计和生产的半自律性的子系统的行为，称为模块的分解。而按照某种联系规则将可进行独立设计和生产的子系统统一起来，构成更加复杂的系统或过程的行为，称为模块的集中。模块化的操作包括模块的分解和集中。

模块化操作在本质上是把相互依赖的系统转化为模块化系统的过程，其中，排除子系统的相互依赖性使其转化为半独立的子系统，并把相互依赖的参数转变为明确的设计规则。因而，模块化操作的具体步骤包括：找出各个子系统或零部件之间的相互依赖性，把它们分配到设计规则的集合里；创立新的浓缩化的零部件集合或隐形的模块；建立系统集成与检测模块，解决各个组件装配成整体系统后可能产生的问题。

因而，一个模块化的结构由三个有特色的部分构成：一是“设计规则”，这些规则或标准是负责每个模块设计和生产的团队都必须清楚和遵守的；二是隐形模块。虽然它依赖于设计规则和其他模块发生联系，但是，其具体的操作却是独立进行的；三是“系统集成与检测模块”，其功能是在多个隐形模块被组装成系统后，解决各模块之间遗留下来的小矛盾。

图 3－2 对上述模块化操作过程进行了描述。① 在这里，我们只用一个两层次的模块化结构说明模块化的过程，而实际中的模块化结构比这要复杂得多。整个系统包括四个隐形模块和系统集成与检测模块。从 A、B、C、D 的设计者的立场来看，系统集成与检测模块只不过是其他模块之一。他们只要遵守整体的设计规则，甚至不用知道在相应阶段是如何进行检测的。

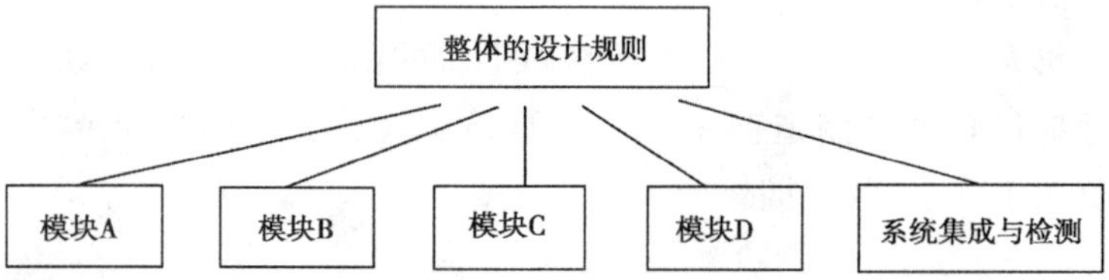

图 3－2　模块化的结构示意图

卡利斯·Y. 鲍德温进一步把模块化操作划分为六个步骤：分离模块；用更新的模块设计来替代旧的模块设计；去除某个模块；增加迄今为止没有的模块，扩大系统；从多个模块中归纳出共同的要素，然后将它们组织起来，形成设计层次中的一个新层次；为模块创造一个外壳，使它成为可以在原来设计的系统之外也能发挥作用的模块。

青木昌彦把系统信息的处理者称为“舵手”，并根据“舵手”如何处理系统信息和实现模块集中化的步骤上的差异，把模块的集中化划分为三种基本形式。

1. 金字塔型分割

“舵手”负责处理专业的、排他的系统信息，事先决定模块的联系规

① 青木昌彦、安藤晴彦编著：《模块时代：新产业机构的本质》，上海远东出版社 2003 年版。

则。各模块的活动开始后，即使系统环境发生了很大的变化，也只有“舵手”有权决定是否改变联系规则。就是说“舵手”起系统设计师的作用。各模块在“舵手”发出的看得见的信息的指导下，负责处理各自活动所必须的个别信息。

2. 信息同化型联系

在“舵手”的领导下，“舵手”与模块之间不断地交换经常发生变化的系统信息，各模块的活动开始后，联系规则也会作出细微的调整，即看得见的信息在“舵手”与模块之间来回流动，被两个方面所共同利用。丰田公司的精益生产是这种协调方式的典型。

3. 信息异化型或进化型联系

在硅谷模式中，存在着多个模块主体同时进行的重复性活动，而且也存在多个“舵手”。各模块主体独立于其他模块，负责处理个别信息和有限的系统信息。于是，各模块发出的看得见的信息不一定是相同的。但是，这种异化的信息由“舵手”对它从“舵手”本身所处的系统环境角度加以解释后以简练的形式再反馈到整个系统。于是，各子系统的活动主体对系统信息的处理就包括对反馈过来的异化信息的比较、解释、选择等活动。通过这种分散的信息处理、传达、交换，使单一的模块之间的联系规则不断被筛选，从而实现从原有层次向新层次的进化。“舵手”通过事后对整体规则的整合，指出最合适的模块组合，并形成生产系统。在这里，“舵手”的功能说起来就是找出路径的人。

四、模块化中的知识积累和创造

模块化之所以在今天受到如此广泛的关注，是因为在不确定性经营条件下模块化有利于持续的专业化知识的积累和创新。青木昌彦强调模块化从三个方面促进专业化知识积累和持续创新。[①]

（1）与亚当·斯密所描述的古典分工理论不同，通过模块化分解复杂的系统后得到的模块本身仍然是复杂的系统。在亚当·斯密的古典分工

① 青木昌彦、安藤晴彦编著：《模块时代：新产业机构的本质》，上海远东出版社 2003 年版。

理论当中，将构成大头针的制造过程的一个个步骤归结为极其简单的作业。但是，现代的设计和生产过程的每个模块本身都是复杂的。以笔记本电脑的设计和生产为例。它可以分解为驱动系统、主板、液晶显示屏、操作系统、沟通装置等模块，这些模块可以通过一定的界面规则联系起来，但各模块的设计本身就相当复杂。在这种情况下，模块本身又可以分解为小模块，这样，就形成了更为复杂的系统。而且，相当复杂的操作能够形成一个封闭的模块，是因为各种模块的操作主体的信息处理能力和操作能力有了很大的提高。

（2）模块的联系规则本身是不断发展和演进的。在 Baldwin and Clark 研究 IBM/360 型电脑的设计中，系统设计的模块化和每个模块的设计所必须遵循的联系规则的定型是由中央集权式地构思出来的。每个模块的设计都必须严格按照既定的规则展开。从这个意义上，我们可以说整体的系统是事先构思好的。但是，无论你有多么天才的头脑，对联系规则事先进行中央集权式的规划都无法完全预测今后在各模块的详细设计过程中可能发生的不确定性和必须解决的问题，以及由于模块的联系而产生的各种外部效果等等。随着系统的复杂化，联系规则不可能一成不变，必须在设计过程中对其进行修改乃至调整，而且，通过上级系统的设计者与个别模块的设计者之间的信息交流，或通过各模块的设计者之间水平的信息交流能够开展这样的试验。

（3）模块之间联系的规则一旦确定，每个模块的设计和改进都会独立于其他模块的设计和改进。模块的独立性包括两个方面的含义：一方面模块化更有利于专业化知识的积累，因为，在相互联系的规则既定的条件下，专业化知识积累本身不受它们之间相互联系的影响或约束；另一方面同一模块可以由不同的团队或企业承担并展开激烈的创新竞赛。由于优胜者可能获得巨大的现实利益和未来收益，使得模块的创新具有强大的动力。事实上，模块化过程通过使上述两方面的有机结合，实现了创新的持续性，从而使企业甚至整个产业充分利用了不确定性带来的机遇和挑战。这是因为，创新一方面表现为专业化知识的积累，另一方面表现为对多样性的专业化知识积累的选择。在这两方面中，对知识积累的选择是今天研究模块化是如何促进持续创新最值得关注的内容。而这种健全的选择机制是硅谷高科技取得成功的关键。

正是基于这一点，安藤晴彦指出，模块化在硅谷之所以取得如此巨大的成功是因为硅谷是创业者精神、风险投资以及各种专家的聚集地。①为了描述硅谷的创新能力，他把硅谷比喻为：

在最尖端的高技术领域进行技术创新的过程中，不断涌现“模块”这种有限制的“小型战场”。深谙该领域最尖端技术的工程师、科学家们以自己的创意为基础，戴上“头盔”（专业的首席执行官和首席财务官等经营班子），穿上“防护衣”（专家提供的专利策略等各种专业管理方法），大量补充蛋白质、维生素（“天使”投资者、风险投资者提供的资金），作为勇敢的美式橄榄球选手或强大的机械战警，在小型战场上角逐锦标。胜者会获得股票上市、被大企业并购等荣誉和奖金。而整个产业则获得了有价值的技术和产品。

五、模块化的条件

切斯布朗和提斯通过 IBM 公司的案例指出，从某个公司的角度看，模块化可能是一个陷阱。②因为模块化导致的创新的扩散可能使引发创新的公司本身丧失行业领导者的地位。如何有效地利用模块化设计和生产，关键是要看创新的类型，并根据不同的创新类型选择适当的组织形式。

某些创新是“自治型”的，也就是说，它们可以独立于其他创新而进行。而另一些创新则是系统型的，它们的价值只有在与有关的补充性创新相结合时才能得以实现。自治型创新和系统型创新之间的区别是选择组织设计的基础不同。如果创新项目是自治型的，分散化的虚拟组织就完全可以控制好整个开发和商业化活动。如果创新项目是系统型的，那么虚拟组织的成员之间就要相互依赖，漏掉谁都会失去控制力。无论是哪种创新类型，错误的组织选择都会付出高昂的代价。

---

① 青木昌彦、安藤晴彦编著：《模块时代：新产业机构的本质》，上海远东出版社 2003 年版。

② 加里·W. 切斯布拉夫、戴维·J. 提斯：“虚拟组织何时有效效力：为创新而组织起来”，原载《高技术产业管理》，中国人民大学出版社 2002 年版。

之所以出现以上情况，是因为自治型创新与现有技术整合化所必需的信息通常能被人们透彻的理解，并且能以产业标准对这种信息加以规范化编辑。另一方面，系统型创新将面对一系列独特的有关信息交流的管理挑战。出于其独特的性质，系统型创新需要整个生产系统实现信息共享和协调。而这正是以市场为基础的、模块化的创新方法造成严重战略危险的主要原因。靠短期合同联系在一起的没有结成战略联盟的公司通常不能达成充分的协调。每个公司都希望别的公司做得更多些，同时每个公司又都在寻找从创新项目中实现最大利润的途径，即在别人费用支出的基础上得到最多的利益。在大多数情况下，推动系统型创新项目的公开信息在一个公司内交流会比跨公司交流更容易、更安全。由系统型创新开发所引起的不可避免的冲突和选择，最好能用一个一体化公司的内部管理程序去解决。

图 3－3 描述了如何选择与不同的创新类型相匹配的组织形式。当创新是自治类型而且其他公司存在相应技术时，创新可以采取模块化的方式。而当创新是系统型的，即使外部存在所需要的知识，为了在竞争中获得优势，公司也应当立足于在内部进行创新或与其他企业进行谨慎的结盟。

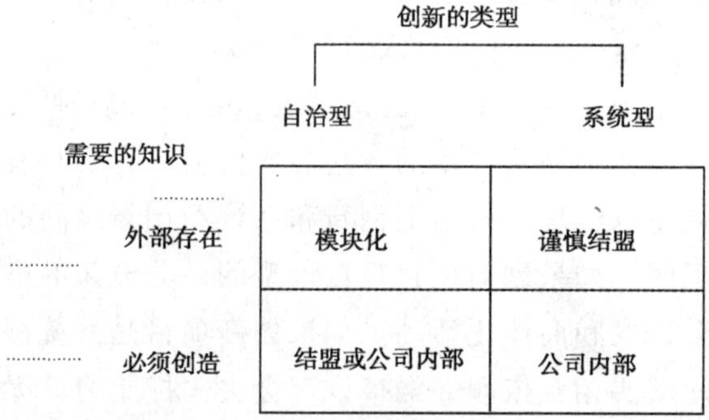

图 3－3 组织和创新的匹配示意图

资料来源：加里·W. 切斯布拉夫，戴维·J. 提斯：“虚拟组织何时有效效力：为创新而组织起来”，原载《高技术产业管理》，中国人民大学出版社 2002 年版。

鲍德温同样指出，尽管模块化能够导致持续的创新，但是它同样是有成本的。① 一方面由于模块化的数量和实验的数量是共同发挥作用的，所以当你增加了模块数，为了获得最好的结果，必须增加实验或研究开发的数量。这需要花费巨额的成本。此外，还存在所谓的潜在的创新成本。工程师为了对付事物的复杂性，非常频繁地尝试将系统模块化，另一方面，现在还很少有人考虑到模块化所包含的系统内部的创新和实验价值。但是，如果想进行模块化的企业经营者忽视了创新的价值，就会大大刺激其他公司凭借创新的模块加入市场。IBM 的兴衰足以说明这种潜在的创新成本。

由于模块化，参与设计制造 360 系统电脑的工程师和他们的继承者们，非常敏锐地认识到了模块的选择价值，又熟知整体系统的设计规则。于是，当 IBM 的最高管理层不肯为工程师们的项目出资时，他们就在公司外实施这个项目。模块化在创造公司价值的同时也创造出一大批竞争者。

正是从这个角度看，模块化并不是无条件地适用于所有行业和企业，关键是要把握创新的类型及其实施模块化战略的条件。模块化既是创新经济的一种表现形式，又是创新经济形成和发展的重要推动力。通过模块化，一方面使得设计和制造的信息被划分为两个部分：明确的规则和隐藏的规则。这为在保持系统良好运转的同时，进行子系统的内部创新提供了有效率的协调；另一方面，制造环节和工艺的模块化使企业可以通过相应规则的设定以外包的方式有效地整合外部资源。因而，在某种意义上说，模块化本身就是网络化或网络化的根源。而在现有的研究中，学者们更看重的不是模块化在柔性生产中的作用，而是模块化对持续创新的影响。

① 青木昌彦、安藤晴彦编著：《模块时代：新产业机构的本质》，上海远东出版社 2003 年版。

第四章

产业发展的阶段性和企业创新方式的演化

如何通过自主创新启动和发展战略性新兴产业、提升现有产业的国际竞争力，是中国从制造经济向创新经济转型的重要环节。企业创新行为方式对战略性新兴产业的发展和现有产业国际竞争力的提升都具有十分重要的意义。

在产业发展的不同阶段，占主导的企业行为及其创新方式是不一样的，企业会面临不同的创新路径。一般而言，根据是以产品创新还是以工艺创新为主导，企业的创新活动可以划分为突变式创新和渐进式创新，而与之相对应的则是创新主体与企业规模的差异。因为处于不同产业发展阶段，不同产业之间的企业创新活动及其主体存在差异。在新兴产业中，企业以产品创新为主。随时间的推移，工艺创新活动逐渐增加。而在现有成熟产业中，企业则以工艺创新为主。对产业发展不同阶段创新活动及其主体差异的分析，有助于我们考察后发国家企业和产业如何通过创新活动的引进来提升国际竞争力。例如，在汽车产业的发展中，后发国家面对的是发达国家成熟产业的技术转移，可以从技术引进、工艺模仿和创新开始，通过模仿和创新拥有自己的专有产品和自主品牌，然后再通过产品创新最终提升企业和产业的国际竞争优势。在探索中国特色的自主创新道路中，企业应当根据所要进入或所在产业的不同发展阶段，选择适当的创新模式。

第一节 产业发展的阶段性和企业创新行为的差异

现有的产业不是静态的，而是一个动态演进和发展的过程。在产业的发展过程中，企业的创新活动发挥着至关重要的作用，企业创新行为的差异使产业发展呈现出阶段性特征。

以汽车产业的发展为例，1893 年杜里埃兄弟研制的第一辆单缸轿车面市时，汽车给人的印象是一种价格昂贵的奢侈品。当作为一种奢侈品销售时，定制生产是几乎所有汽车制造商采用的生产方式，而产品创新是定制生产的典型特征。到了 1908 年，福特通过工艺流程创新，在生产流水线上生产出色彩和型号单一的“标准化”的 T 型车，福特制生产方式在汽车生产领域内被广泛使用。生产工艺流程的逐步完善、生产的标准化和成本的大规模降低使汽车逐渐代替马车成为美国首要的交通工具。而到 20 世纪 70 年代，以丰田为代表的日本汽车产业进一步通过产品和工艺流程创新挑战美国汽车产业，创造了著名的精益生产方式。产品的持续创新和柔性生产、使日本汽车产业超越美国成为世界的主流，汽车产业逐渐进入新的“后福特制”发展阶段，更加个性化和定制生产的汽车成为未来汽车产业新的竞争优势来源。

一、企业创新行为的不同类型

熊彼特指出，创新是实现“生产要素新的组合”，并形成一个新的生产函数的过程。在熊彼特看来，创新包括以下五种方式：引入新的产品或提供产品的新质量；采用新的生产技术、生产方法和工艺过程；开拓原材料的新供应源；开辟新的市场；采用新的组织管理方式。根据熊彼特对创新的界定，可以将创新划分为三种类型：技术创新、市场创新和组织创新。

企业的技术创新是指企业对已有技术的消化、吸收和再加工，通过组织、生产和扩散以实现经济效益。企业技术创新包括工艺创新和产品创新。

经济全球化已经改变了竞争的游戏规则，市场竞争已经由强调资源投入转向新知识的创造和利用。根据市场创新的程度可以把创新划分为原始创新、改进创新和模仿创新。在不同的市场环境条件下，企业可以根据创新能力、知识控制力、市场控制能力、创新效益、企业创新风险承受能力等相关要素选择创新的类型。当企业实现了原始创新后，应该在突破性创新成果的基础上，展开一系列改进创新，实现创新的系列化和持续性，以填补细分市场的空白。因而，原始创新企业在取得突破性创新成果后，可以构建相应的创新平台，在原来的基础上不断进行改进创新，取得系列创新成果和持续竞争优势是市场竞争的重要途径。

在市场竞争中，企业要获得和保持长期竞争优势，必须建立和依托自己的核心能力，并把核心能力转化为能够持续应对市场变化的动态能力。其中，组织创新是动态能力的基础。组织创新是组织依据市场和产业环境的变化所作出的自我更新，即组织创新能力。柔性、灵活的组织结构能够促进企业核心技术与市场的有效协同，促进核心能力的形成和发展。良好的创新能力有助于企业动态能力的建立，帮助企业应对外界的竞争，建立独特的竞争优势。

二、产业周期中的企业创新行为差异

20 世纪 70 年代以来的经济发展证明，持续的创新是企业和产业国际竞争力提升的根本途径，企业的创新活动已经成为推动产业发展和演化的基本驱动因素。正是在这一背景下，创新成为经济理论研究的重要内容之一。但是对创新方式的研究更多地是从宏观的角度展开的，例如，理论界对以美国为代表的高校和科研机构主导的创新模式和以日本为代表的企业

为主导的创新模式的讨论。而从微观的角度看，企业究竟采取什么样的创新行为或方式取决于其所处的产业发展阶段。

近期的学术研究表明，在产业发展的不同阶段，占主导的企业创新行为及其方式是不同的。例如，在新兴产业发展的阶段，企业的创新主要表现为产品创新，而在产业发展的成熟阶段，企业的创新更多地表现为工艺流程创新。企业究竟采取什么样的创新行为或方式，取决于不同产业发展阶段企业的产业生态环境。

根据现实中产业发展不同阶段企业创新行为表现出来的差异，企业创新可以划分为系统性创新和渐进式创新，两种创新类型的重心分别是产品创新和工艺流程创新。更为重要的是，两种创新方式对应的创新主体是不同的，在产业发展的初期和早期阶段，从事产业创新的是大量的中小企业，它们通过创新网络的形式从事系统性创新。而在产业发展的中期和成熟期，创新的主体逐渐演化为大企业，主要从事的是渐进式的工艺流程创新。

第二节

从熊彼特假设到对创新主体的重新认识

企业创新不仅是企业竞争优势的来源，也是决定一个国家创新能力和经济活力的重要因素。但在不同类型的企业中，究竟哪些企业更偏好于创新，是创新活动的主体，承担最主要的创新工作？这个问题一直是创新理论争论的焦点之一，至今没有明确的结论。在本节中，笔者主要沿熊彼特假设的支持与不支持两条线索，梳理相关理论文献，并对该问题的近期讨论进行综述和评价。

一、熊彼特假设及其非现实性

1942 年，熊彼特在其《资本主义、社会主义和民主主义》一书中指出，追求规模和范围经济的大企业是经济发展的原动力，也是现代产业重大技术的创造发明者。在这一判断的基础上，他进一步指出，企业技术创新活动的规模将超过企业生产规模，存在着创新活动的递增效果①。理论界把熊彼特关于创新活动以大企业为主的判断，称为“熊彼特假设”。

根据“熊彼特假设”，大企业是创新主体，中小企业则处于创新的边缘。企业技术创新是否真的存在规模递增效果，学术界对此开展了激烈的讨论。一批学者对这一理论假设进行了完善与补充，力图以不同的方式证明“熊彼特假设”的存在。美国学者 Galbraith 是“熊彼特假设”支持者的代表，他在分析美国资本主义经济发展过程时，分别用理论研究和实证研究论证了“熊彼特假说”的成立，并根据“熊彼特的假说”进一步提出大企业是“完美”创新主体的观点②；Arrow 同样赞同“熊彼特假设”，他从风险和所有权的角度考虑企业规模与技术创新关系问题，提出了具有垄断能力的大公司有更大的创新动力③；Subrahmanian 在对印度的化工行业的实证研究中，先是发现研发强度和企业规模之间并不存在正相关关系，但在其后来的研究中，他利用相同的数据，在综合考虑了利润、保留收入、折旧、总投资和滞后研发支出等因素后，得出全部研发支出、滞后研发支出、折旧等都与企业规模成正向相关关系的结论，对“熊彼特假设”提供了支持依据④；Lau 对 100 家印度公司的数据进行了分析和研究，证明企业的研发强度与它们的规模有着正向依赖关系；Bound 等通过对美国企业的相关数据研究后发现，大企业的研发强度随着规模的上升而上升，而小企业的研发强度随着规模上升有轻微的下降；Kumar and Saqib 用 291 家印度制造企业的数据证明企业规模和研发的概率呈倒 U 型关系，而研发强度却和企业规模呈正向线性关系⑤；Pradhan 对印度医药企业数

① Schumpeter, J. Capitalism, Socialism, and Democracy. *Harper and Row*. New York, 1942.

② Galbraith. J. K. *The Affluent Society*, London: Hamish Hamilton Ltd, 1958.

③ Arrow, K. *Economic Welfare and the Allocation of Resources for Innovation*, 1962, in Nelson, editor, The Rate and Direction of Inventive Activity.

④ Subrahmanian. K. K. Market Structure and R&D Activity: A Case Study of the Chemical Industry. *Economic and Political Weekly*. August, 1971: M115 - 118.

⑤ Kumar, N. and Saqib. M. (1996). Firm size, *opportunities for adaptation and in - house R&D activity in Developing Countries: the case of Indian Manufacturing.*

据的研究表明企业规模对研发行为具有正向作用，但是到达一定极限后这种作用开始下降。

与“熊彼特假设”的结论不同，许多学者对企业创新主体持不同看法，集中表现为以下几类观点：

1. 不同产业的创新主体是不同的，难以定量分析

Worley 用研究开发活动作为技术创新的评价指标①，假设企业从业人员（S）作为企业规模的变量、R&D 人员数量（RN）为因变量，建立了模型（$RN = \partial_0 S^{\partial_1}$），用美国 8 个行业、198 家企业的数据进行回归分析。结果显示，炼油行业 $\partial_1 = 1.229$（5% 的 t 检验显著），电气行业 $\partial_1 = 1.285$（10% 的 t 检验显著），说明技术创新人才投入是企业规模的递增函数。但是，其他 6 个行业均为 $0 < \partial_1 < 1$，说明在这些行业不存在技术创新活动随规模而递增的趋势，不支持“熊彼特假设”；Scherer 对 Worley 的模型作了修正②，选取美国《财富》杂志 500 强企业为样本，并在自己的模型中有针对性地用两个不变量同时反映中小企业和大企业，变线性模型为有折点的分段线性模型。但是，Scherer 的分析仍然缺乏足够的中小企业样本，没有找到能够证明企业规模和技术创新之间存在确定关系的充分证据。Acs and Audretsch 做了更进一步的实证研究③，突出特点是选取的样本数量更多，对大、中、小企业样本做了细致的区分，并作了比较分析。他们所选取的样本包括 1695 家企业，其中从业人员在 500 人以下的中小企业有 862 家。在这些数据的基础上，Acs and Audretsch 对不同规模企业技术创新的比较分析被公认为比较全面的。他们的研究结果显示，在不同产业，企业技术创新程度与规模存在着不同的关系：在高新技术产业中，企业技术创新活动存在规模递减现象，而在低技术产业中，企业技术创新程度随企业规模扩大存在递增现象。

① Worley James, Industrial Research&the New Competition, *Journal of Political Economy*. 1961, 69: 183—86.

② Scherer F. M. Firm Size, Market Structure, Opportunity, and output of Patent Inventions. *American Economic Review*. 1965. 55: 1097—1123.

③ Acs and Audretsch, Innovation and size at the firm level, *Southern Economic Journal*. 1991, 37 (3): 738—441; Audretsch David B. Innovation, Growth & Survival. *International Journal of Industrial Organization*. 1995, 13: 441—457.

持相同观点的学者认为，在不同产业，企业技术创新与企业规模存在不同特征，但是实证模型分析无法推导出企业规模与企业技术创新之间存在确定性关系的结合。F. M. Scherer 在进一步分析其原因时指出，在分析企业技术创新与企业规模之间关系时遇到的困境是难以找到一个全面而正确反映企业技术创新的指标。具体包括：

（1）专利成果数量无法作为企业技术创新的评价指标。第一，专利分为实用新型专利和发明创造专利，两者的性质有着本质的差异，仅仅用专利数量来衡量往往会出现鱼龙混杂的结果；第二，即使属于同一类型的专利，其技术水平也可能存在很大差异；第三，实用新型专利的数量并不能反映企业的技术创新水平，其技术重要程度受到部分学者的质疑。①

（2）R&D 经费也难以作为技术创新的评价指标。第一，R&D 经费集中在少数大中型企业（Manisfield，1988）：日本 1991 年资本金在 10 亿日元以上大企业的 R&D 经费支出占全国的 91.6%，在英国 1978 年排在前 100 位的大企业的 R&D 经费占 90%，1970 年美国排名前 100 位的大企业的 R&D 经费占 79%（Freeman，1982）；第二，R&D 经费的定义很模糊，各类企业对 R&D 经费的认识也不一致，可能利用的数据缺乏可比性；第三，R&D 人员的标准同样存在模糊问题，容易量化但难以质化，企业之间缺乏可比性；第四，不同行业 R&D 的性质差异很大，同样缺乏可比性。

（3）新产品的产出同样无法作为技术创新的评价指标。第一，新产品没有严格的、统一的划分标准，一些新产品并不能反映企业技术创新的含量；第二，不同产业之间新产品产出没有可比性；第三，企业技术创新包含产品创新和工艺创新，其中工艺创新并不能从新产品的产值中反映出来。

综合上述观点，由于经济环境的复杂性、产业之间的差异性及其企业技术创新活动与其成果的难以量化性，仅仅从计量模型分析，很难找到技

① ［日］土井敬之："研究开发与企业规模：日本的制造业"，《关西学院大学经济研究》，1993 年第 4 期，第 1—30 页。

术创新与企业规模之间的确定性关系，只能从定性角度比较中小企业和大企业技术创新的优势与劣势。

2. 中小企业技术创新力度更大

与“熊彼特假设”截然相反，部分学者提出了中小企业的技术创新力度高于大企业的观点。

Eherer 对 448 家企业的数据进行研究后，证明在达到某一规模之前，小企业规模增长的速度要快于创新增加的速度，而大公司的研发强度则倾向于减弱。Demsetz 的研究同样表明，小企业承担了更多的技术创新。Scomanor 从 21 个行业中，选取了 387 家企业进行考察，发现研发人员数量对企业规模的弹性从没有超过 1，21 个行业的弹性都小于 1/7，研发人员数量对企业规模的计量经济分析表明并非企业越大研发人员越多。Muener 整理了 67 家企业的数据，并用四个计量经济学模型加以分析，结果证明企业研发强度与企业规模恰恰呈现负相关关系。Mansfield 反对用研发人员的数量衡量创新，主张用企业发布的研发支出总量来衡量创新，他对 10 家化工企业，8 家医药行业企业，7 家钢铁行业企业和 4 家玻璃行业企业进行实证分析，发现除了化工行业之外，在其他行业，大企业并没有比小企业投入更多的研发费用。

3. 企业规模与创新策略的对应关系

研究者认为，大企业和中小企业在创新过程中承担着不同的角色。Charles ferguson 对高新技术产业的分析指出，中小企业更侧重于产品创新，尤其是高新技术中小企业，它们是高新技术产品创新的主要力量。Utterback and Abernathy and F. M. Scherer 的研究表明，工艺创新与企业销售收入规模存在着正相关，即企业销售收入越多、工艺创新的比重越大。Edwin Hansfield 在分析日本排名前 50 家的大企业时发现，R&D 预算的 64% 是用于内部工艺开发和改进。Keith pavitt 在比较英国制造业的 4000 个工艺创新项目时，发现随着企业规模的增加，工艺创新的比重上升，并且两者之间存在正的相关性。

R. N. Belson 从美国 SIC 工业分类标准中筛选出具有技术创新代表性的 200 个行业，对 448 家大公司进行横向一体化分析，表明多元化率（代表横向一体化的程度）与企业销售额、企业专利发明数、单位销售额的专利发明数以及单位 R&D 经费的专利数等均呈正相关。R. N. Belson, F. M. Schere, H. G. Grabowski 的研究也表明，大企业从事多领域的研究开发工作往往比从事单一领域的研究开发更有效率，即多领域的技术创新活动成功的概率高于专业化技术创新活动成功的概率，原因是多领域研究开发能够促进研究开发人员的技术边缘交叉，提高研究开发人员的工作效率。Kline and Rosenberg 认为企业规模对技术创新的风险效应呈递减趋势，大企业具有较强的风险承受能力。从技术创新角度研究产业演化，比较具有代表性。

在上述研究中，我们认为最具说服力的是美国哈佛大学的 Abernathy 和麻省理工学院的 Utterback。他们提出的 A – U 模型表明：企业的产品创新和工艺创新是相互关联的，在产业成长的不同阶段，对两者的侧重有所不同，企业创新类型和创新频率取决于产业成长和发展的不同阶段。

在企业技术创新主体的研究上，“熊彼特假设”的支持者与反对者分别从多个角度论证了自己的观点，但是更多的学者对“熊彼特假设”态度不是单纯的支持或者反对，他们在研究过程中发现企业规模和技术创新之间还存在着其他关系，并从新的角度对这一问题展开研究。这些研究给予我们许多启发，本章仅简要列举以下三种观点：①倒 U 型函数关系：Worley 对 198 家企业的数据进行了系统分析，研究结果表明中等规模的企业更倾向于研发和创新，企业技术创新程度与企业规模呈现倒 U 型函数关系特征；②U 型函数关系：Siddharthan 选取了 1982 至 1985 年间 166 家制造业企业的数据进行分析，发现企业技术创新程度和企业规模呈现 U 型函数关系：企业初创时研发强度较大，随着企业规模扩大技术，创新强度开始递减，直到以销售收入衡量的企业规模达到某一点后，研发程度开始随销售量的增加而增加；③S 型函数关系：Kumar and Agarwal 对大样本数据进行的计量检验结果发现，企业规模和企业技术创新程度之间呈现水平的 S 型特征，技术创新程度随着企业规模的扩大呈现周期性变化的特点。

二、对创新主体的近期讨论

目前，对创新主体究竟是何种规模企业的讨论，尽管取得了丰硕的成果，但仍然存在着严重的分歧，产生这种状况的主要原因包括：①大多数学者没有对企业创新活动本身和创新者的不同类型进行区分，并展开更深入的研究；②就创新主体而研究创新主体，没有能够跳出企业创新的范畴，而将创新主体放到一个完整的产业发展生命周期的动态环境下进行考察，并将不同企业创新模式与产业发展周期的不同阶段进行对应研究，使研究复杂化；③没有结合特定国家产业发展的实际，在合理区分新兴产业和传统产业的基础上，对企业产业进入的不同创新模式分别加以研究。

A－U 模型反映了诸多产业成长发展过程中创新主体的分布规律，其理论基础是产业生命周期理论。然而，A－U 模型理论同样存在以下问题：

第一，它过于绝对化，并不适用于某些特定产业的成长和发展过程，即企业进入产业周期并非一定从产品创新开始，例如，当企业进入电子和钢铁行业时，并不需要遵循从产品创新开始的一般规律。同时，在不同国家和不同行业，企业选择进入某一产业周期的某个阶段的时机不尽相同。

第二，它将产品创新和工艺创新两种创新模式进行了正确的划分，但是两种创新模式与产业发展阶段的对应分析不够细化，没有认识到产品创新的前期基础研发阶段和工艺创新后期产业链完善阶段在产业升级中的作用。

第三，某些产业在一国的发展壮大并非一定从产品创新开始，现实经验证明，战后日本、韩国以及改革开放以来的中国，后发国家的诸多产业的发展是从仿制、改装等工艺创新开始的，自主创新则是产业发展到一定阶段的结果。同样，众多企业进入某个产业的具体情况也不尽相同，根据所进入的产业究竟是新兴产业还是传统产业，企业是从产品创新阶段进入还是从工艺创新阶段进入，都有待实际经验数据的支持。

第三节

创新活动类型与创新主体的对应

一、产品创新和工艺流程创新的替代

目前学术界对技术创新进行了不同分类，例如，以技术变革程度为标准，将企业创新划分为重大技术创新和渐进技术创新；以技术和市场的关系为依据，将企业创新分为连续性创新和不连续创新；以技术与组织的关系为依据，将企业技术创新分为破坏性技术创新和持续性技术创新；以技术创新的动力来源为依据，将企业创新分为“需求诱致”型技术创新和“技术推动”型技术创新。

就企业规模和技术创新之间的关系而言，Utterback 等人提出的有关产品创新和工艺流程创新的分类对本章的研究具有十分重要的启示。[①]

产品创新以研发新产品满足消费者新的需求为目标。从技术角度看，产品创新蕴含着新技术对旧技术的替代，是运用一种新技术或多种技术组合满足消费者新的市场需求。

从新产品的诞生到新产品的市场发育和标准化，再到市场退出，是一个不断演化的过程。对产品演化过程或周期的分析和把握，是考察产品创新的前提和基础。从现有的理论研究看，产品的演化或生命周期一般表现出以下几个方面的特征：

在产品的初创阶段，在消费者需求拉动或者企业技术推动下，产品创新关注的是性能的研发，多样化和差异化的新产品或产品的全新功能是至关重要的。

在产品的市场扩张阶段，随着新产品逐步为消费者所接受，生产厂商

---

① Abernathy. W. J, Utterback. J. M. Pattern of industrial innovation. *Technology Review*. 1978: 6 - 7.

越来越多，单个工厂的生产规模也逐渐扩大，产品逐步稳定化，产品的生产标准逐步统一。

在产品的成熟阶段，产品已经被广大消费者所接受，拥有足够大的市场规模，此时产品的发展定位将是成本最小化，以便在激烈的市场竞争中获取持续的高额利润。一个成功的企业在发展的初始阶段，往往试图成为行业中第一个推出新产品的企业。在企业推出新产品之后，遇到同类产品的竞争时，企业会使新产品差异化，以吸引消费者，提高市场占有率。随着市场份额的增加和竞争的加剧，企业将通过产品的标准化生产和工艺流程创新，降低成本，通过占有更大的市场份额获取利润。

根据产品发展过程中不同阶段的企业行为特征，本章把产品的演化和生命周期划分为以下三个阶段：

产品的性能最大化阶段。在产品生命周期发展的早期阶段，产品的变化很大。在这个阶段，企业往往强调产品的独创性、新颖性和产品的高性能，以赢得消费者的青睐，赢得产品在市场上的立足之地。处于这个阶段的企业，其产品在功能、性能方面的新颖性和独创性，往往成为吸引消费者需求的关键点。

销售最大化阶段。在这个阶段，随着产品的市场扩张，生产者逐渐掌握了产品的规模化生产技术，消费者也加深了对该产品的认知。同时，在产品已经获得消费者的肯定与喜好的条件下，企业提升产品性能的愿望将会弱化，扩大新产品的销售量成为企业追求的目标。同时，随着生产者和消费者对产品认知水平的提高，同类产品的生产企业会增加，不同企业产品的差异会使竞争进一步加剧，因而，通过产品的设计和产品性能的改进来增加销售量，成为企业关注的焦点。

成本最小化阶段。随着产品的进一步演化，产品设计逐渐趋向成熟，产品的变化程度降低，产品生产过程中的各项技术逐步标准化和统一化。在这个阶段，企业间竞争的焦点开始转向产品价格，谁能以更低的价格向消费者提供性能相近的产品，将决定谁能在市场竞争中获得优势。在这个阶段，产业往往很容易就形成寡头垄断的市场结构。价格竞争的加剧，将不断提高产品生产过程的资本密集度，企业逐渐将创新的重点放在如何使用低成本的生产要素。

工艺流程创新是渐进式创新的典型形式，其目的是改进现有产品的生产工艺以提高生产效率和降低成本。在工艺流程创新中，新技术不是替代原有技术，而是对原有技术的完善和补充。具体来说，工艺流程创新是运用生产设备、劳动力、各种任务的规范和标准化、信息流以及其他要素投入，改进和完善已有产品和服务的系统。工艺流程的创新和发展具有以下趋势和特征：资本密集程度和劳动生产率的提高，生产过程中要素组合的复杂化，产品设计的标准化，工艺流程改进投入占整个研发投入比重的加大和生产力的提升。

根据工艺流程创新的上述特征，本章把产品生命周期中的工艺流程创新过程划分为以下三个阶段：

不稳定阶段。在产业发展过程的早期阶段，产品创新和工艺改进同样刚刚开始，产品的市场定位尚不明确，市场扩张受到消费者认可程度的限制，产品和工艺变化程度高，竞争者之间的产品差异大。在这个阶段，生产过程主要依靠的是手工或者非通用设备，差别巨大，生产过程本身缺乏统一的标准和规范。因而，这一发展阶段，工艺生产是不稳定的，生产流程中各要素的联系也是不稳定的和松散的，甚至存在大量无效率的要素组合方式，并导致低效率或无效率。

部门化阶段。当一个产业和产品较为成熟之后，价格竞争开始变得剧烈，为了提高效率和降低成本，产品的生产系统逐渐标准化。为了保证生产效率，生产流程中各种要素的组合开始逐渐变得稳定，机械运转和生产任务呈现出专门化特征，大部分生产过程受到统一的要素组合和规范的操作步骤控制。这个阶段的部分生产过程可能因为特殊的技术条件依然依赖手工制造或者非通用设备，但是整体上将趋于产品的精心制作，通过自动化设备的采用，使之与严密的过程控制相结合。因而，在这个阶段，生产过程存在着向专业化和部门化发展的趋势。当然，在产品成熟到拥有足够的市场销量且拥有稳定的产品设计之前，大规模和高度系统化的生产流程不可能出现。

体系化阶段。随着产品的进一步成熟、生产规模和投资规模的扩大，生产过程中的各种要素组合高度一致，生产流程逐渐成熟。在这个阶段，生产过程各要素组合的改变和效率的提高已经变得十分困难。因为生产过程中各种要素的组合已经十分紧密，以至于生产系统中的任何改动都只会增加成本，进而导致产品设计的改变。生产流程创新的设计开始变得缓慢，但是这并不排除新技术的发明或者市场需求的转换会促进生产体系的重新设计和改进。

通过对产品创新和工艺流程创新之间关系的考察，我们可以得出两点重要结论：

第一，企业技术创新表现为新产品的引进或生产系统的改进，与之相对应的分别是产品创新和流程创新。在产业发展初期，产品创新占据主导地位。但是随着产业的发展，产品的设计和性能逐渐稳定，随着消费者群体的扩大，产品创新的程度逐渐降低，致力于工艺改进和扩大产量的流程创新逐渐增加，生产过程逐渐标准化。当产业成熟后，企业主要通过成本最小化战略降低成本，试图在市场份额既定的条件下获取高额利润，产品创新的重要程度远远低于流程创新，生产过程高度标准化和统一化。参见图 4－1。

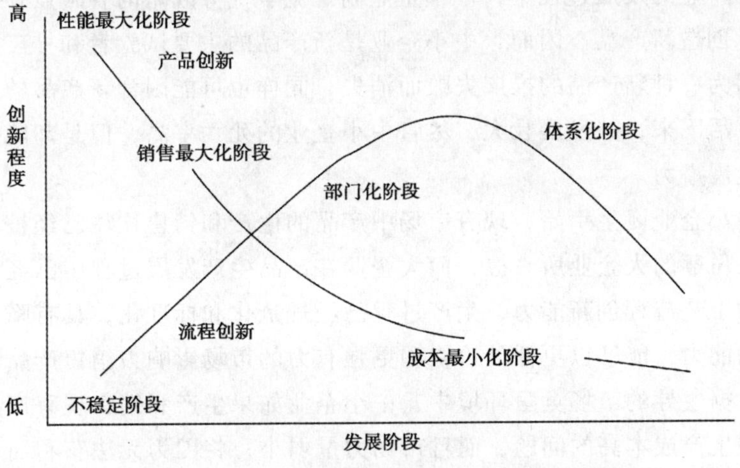

图 4－1　产品创新与过程创新关系示意图

资料来源：James M. Utterback, William J. Abernathy, A Dynamic Model of Process and Product Innovation. *OMEGA*, 1975, Vol. 3, No. 6, 645.

第二，无论是产品创新还是工艺流程创新对企业利润的贡献都是一样的，关键是根据产业发展的不同阶段实施不同的创新战略，其中流程创新发挥着更加重要的作用。产业发展的历史经验表明，企业超过50%的收益来源于微小的和渐增的工艺流程改进。其中的原因是：①与产品创新相比较，工艺的改进更常见，而且是为了实现规模经济，在产品质量改进的同时会降低生产成本；②在工艺流程创新中，不仅会伴随大量次要工艺改进的产生，而且会带来大量的产品创新，这会启发或者直接导致新的产品创新，例如，在快速变化的半导体和电脑等高新技术产业领域，虽然流程创新远不如产品创新重要，流程创新仍然是企业和产业重要的竞争优势来源，更为重要的是，这类产业中的产品创新更多地受到流程创新的驱动。

二、创新者的规模

创新者即企业创新主体，如果按创新型中小企业和现有大企业进行分类，它们分别代表了创新主体的两端。

在产业的发展过程中，中小企业制定竞争优势战略的着眼点往往是引入或者创造新产品。因而，中小企业是新产品的主要试验者和推广者，很容易因为一种新产品的推广失败而消失，同样也可能因为新产品的成功推广而存活下来，并发展壮大，尽管中小企业的死亡率高，但是却隐藏着巨大的发展潜力。

中小企业诞生伊始，现有市场中产品的生产和销售往往已经被占据市场较大份额的大企业所掌握，而大企业在产品生产发展过程中已经积累了强大的工艺流程创新能力，生产过程已经规范化和标准化，具有降低生产成本的能力，能够以更低的价格和更强有力的市场影响力销售产品。在大企业占据主导的市场竞争环境中，中小企业如果生产和销售现有产品，不仅存在生产成本高的问题，而且市场力量弱小，将因为无法获利而难以生存。在这种情况下，中小企业要生存和发展，就必须突破原有技术发展路径，创造性地引入新产品，获得新的消费群体或者新的消费需求，在大企业的产品市场之外开辟新市场。总之，中小企业发展和盈利的方式是通过产品的创新突破原有技术发展路径，在新的市场上逐步扩大消费群体和增加产量，赢得生存机会和发展空间。

而市场中现有的大企业，因为产品在市场中占有较高份额，拥有生产成本优势，在市场竞争中占据优势，这类企业依靠现有市场占有率和低成本生产能力便能够获取高额利润，引入或者创造新产品的激励不足，产品的变化主要依靠于工艺流程的改进，属于渐进式的工艺流程创新。大企业的主要着眼点是立足原有产品的高额市场占有率，通过完善、精细其生产工艺实现成本最小化，维持或者扩大高额利润。

因而，现有的大企业具有足够的动力依赖现有技术维持高市场份额和高利润回报率，这种盈利模式在获取稳定利润的同时，会使技术创新进入“锁定”状态。这种情况下，已经成为市场垄断者的大企业往往不愿意通过创新打破现有的游戏规则，产品创新难以成为大企业的技术发展路径。

三、创新活动类型与创新者

在前面的论述中，我们分别考察了企业技术创新的两种模式和两类创新企业的特征及其发展路径。学术界对企业技术创新和不同企业类型之间关系的讨论长期处于争论状态，由于论证过程过于复杂，难以形成一致的结论。其中的主要原因是没有对企业创新模式和不同创新主体进行分析定位，而是采取单纯的实证分析探索两者之间的相关性，并验证各自假说的合理性。

在下面的分析中，我们将从完全竞争市场环境条件假设出发，构建一个简单的理论模型，描述产业演化过程中创新活动和创新主体的分布模式，试图得出关于企业技术创新和不同类型企业主体之间的对应关系。

基于前面的分析，我们提出以下三点假设，并作为下面讨论问题的前提：

假设1：工艺流程创新降低企业产品的单位平均成本，而企业的总产量与平均成本的降低程度成正比。因而，工艺流程创新的程度与企业产品的总需求量成正比例关系；

假设2：产品创新的目的在于开发具有新功能或性能的产品，以满足消费者新的市场需求，与之相对应，市场上新需求的出现同样会刺激新的产品创新。因而，产品的创新程度与新的消费者需求成正比例关系；

假设3：产品创新和工艺流程创新都与消费者市场需求有关，市场需求绝对量的增加将推动工艺创新，而市场需求条件的变化将推动产品创新。

在一个拥有许多生产类似替代产品的现有企业和潜在进入企业的市场环境中，考察企业 n，其在时期 t 的企业技术创新投入为 K_{nt}。其中，用于产品创新的投入计为 K_{nt}^1，以期开发出市场上的新产品；用于工艺创新的投入计为 K_{nt}^2，以期降低企业目前单位产品的生产成本。二者关系为：

$$K_{nt} = K_{nt}^1 + K_{nt}^2$$

企业产品创新成功的概率对产品创新的效果和企业效益是至关重要的，是企业、尤其是中小企业生存或者消亡的关键。它与两个因素有关，一是企业的技术创新能力，二是产品创新的投入力度。假设前者为 I_n，后者为 K_{nt}^1。因此，企业 n 在时期 t 的产品创新成功概率为 λ（I_n，K_{nt}^1），I_n 表示企业技术创新能力水平越高，企业产品创新成功概率越大，同时，K_{nt}^1表示产品创新投入力度越大，企业产品创新成功概率越大。

企业开发新产品会产生新的生产成本，用 m（Δq_{nt}）表示，Δq_{nt}为企业 n 在时期 t 推出新产品的产量，m（Δq_{nt}）满足函数关系：

$$m(0) = 0,\ m'(\Delta q_{nt}) > 0,\ m''(\Delta q_{nt}) > 0$$

企业基于成功的产品创新，引入具有新功能或性能的新产品后，为补偿研发成本，其新产品价格一般高于企业目前产品的价格。企业推出的新产品价格计为 P_t^1。

综上所述，企业产品创新给企业 n 在时期 t 所带来的收入可表示为：

$$\lambda(I_n, K_{nt}^1) \cdot P_t^1 \cdot \Delta q_{nt} - K_{nt}^1 - m(\Delta q_{nt})$$

接下来从市场需求角度分析企业 n 在时期 t 的产量。设 t 时期对目前产品的总体需求为 Q_t，有 $Q_t = f_t$（P_t），其中 P_t为目前产品的市场价格。

当市场总体需求量由 Q_{t-1} 增加至 Q_t 时，企业 n 在时期 t 的产量也相应增加。同时，由于消费者的消费惯性，继续购买相同产品对消费者而言是一种最优选择。因而，企业 n 在时期 t 的产量 Q_{nt}由两部分组成，一部分为企业目前产品的产量，另一部分为企业新产品的产量，其公式为：

$$Q_{nt} = Q_{n,t-1} \cdot (Q_t / Q_{t-1}) + \Delta q_{nt}$$

前面已经假设企业 n 在时期 t 对工艺创新的投入力度为 K_{nt}^2，工艺创新导致企业目前已有产品的单位成本 c 降低为 $c-\eta\ (K_{nt}^2)$，单位成本降低程度为 $\eta\ (K_{nt}^2)$，显然：

$$\eta'\ (K_{nt}^2)\ >0,\ \eta''\ (K_{nt}^2)\ <0$$

即工艺创新投入 K_{nt}^2 越大，成本降低程度 $\eta\ (K_{nt}^2)$ 越大，且边际收益递减。

产品工艺创新给企业 n 在时期 t 带来的收入可表示为：

$$Q_{n,t-1}\cdot\ (Q_t/Q_{t-1})\ \cdot\ [P_t+\ (c-\eta\ (K_{nt}^2))]\ -K_{nt}^2$$

所以，企业 n 在时期 t 的期望利润为：

$$E\ (\pi_{nt})\ =\lambda\ (I_n,\ K_{nt}^1)\ \cdot P_t^1\cdot\Delta q_{nt}-K_{nt}^1-m\ (\Delta q_{nt})\ +Q_{n,t-1}\cdot(Q_t/Q_{t-1})\ \cdot\ [P_t+\ (c-\eta\ (K_{nt}^2))]\ -K_{nt}^2$$

将企业 n 在时期 t 利润最大化条件下相应变量取值表示为 $K_{nt}^{1\ *}$、$K_{nt}^{2\ *}$、$\Delta q_{nt}^{\ *}$，最大期望利润为 $E\ (\pi_{nt}^{\ *})$。

对市场现有企业而言，当 $E\ (\pi_{nt}^{\ *})\ >0$ 时，在位企业将继续留在市场之中；当 $E\ (\pi_{nt}^{\ *})\ =0$ 时，企业留在市场之中或者退出市场并无差异；当 $E\ (\pi_{nt}^{\ *})\ <0$ 时，企业将退出市场，失去市场份额。

对潜在进入企业而言，$Q_{n,t-1}=0$，当 $E\ (\pi_{nt}^{\ *})\ >0$ 时，企业将进入市场；当 $E\ (\pi_{nt}^{\ *})\ =0$ 时，企业进入市场或者退出市场并无差异；当 $E\ (\pi_{nt}^{\ *})\ <0$时，企业将不会进入市场。

在完全竞争的市场环境中，企业是市场价格的接受者。假设市场已有产品和新产品的价格分别已定，同时市场上的企业不能操纵市场价格。考虑期望利润最大化的状态，可以得到以下三个最优化的一阶条件：

$$\frac{\partial E\ (\pi_{nt})}{\partial K_{nt}^1}=\frac{\partial\lambda\ (I_n,\ K_{nt}^1)}{\partial K_{nt}^1}\cdot P_t^1\cdot\Delta q_{n,t-1}-1=0$$

$$\frac{\partial E\ (\pi_{nt})}{\partial K_{nt}^2}=Q_{n,t-1}\cdot\ (Q_t/Q_{n,t-1})\ \cdot\eta'\ (K_{nt}^2)\ -1=0$$

$$\frac{\partial E\ (\pi_{nt})}{\partial\Delta q_{nt}}=\lambda\ (I_n,\ K_{nt}^1)\ \cdot P_t^1-m'\ (\Delta q_{nt})\ =0$$

求解可得期望利润最大化时，K_{nt}^{1*}、K_{nt}^{2*}、$\Delta q_{nt}^{\ *}$ 满足以下条件：

$$\frac{\partial\lambda\ (I_n,\ K_{nt}^1)}{\partial\ K_{nt}^1}\cdot P_t^1\cdot\Delta\ q_{n,t-1}^*=1 \tag{1}$$

$$Q_{n,t-1} \cdot (Q_t/Q_{t-1}) \cdot \eta'(K^{2*}_{nt}) = 1 \tag{2}$$

$$\lambda(I_n, K^{1*}_{nt}) \cdot P^1_t = m'(\Delta q^*_{nt}) \tag{3}$$

根据以上分析，由于在时期 t，企业 n 的 P^1_t 和 Δq_{nt} 与 t 无关，那么如果（1）式满足，则存在 $K^1_{nt} = K^1_{n,t-1}$

假定产量存在不断扩大的趋势，因此 $Q_{n,t-1} \cdot (Q_t/Q_{t-1}) > Q_{n,t-2} \cdot (Q_{t-1}/Q_{t-2})$

根据（2）式，有 $\eta'(K^{2*}_{nt}) < \eta'(K^{2*}_{n,t-1})$

由于 $\eta''(K^2_{nt}) < 0$，所以 $K^2_{nt} > K^2_{n,t-1}$

因此，$K^2_{nt}/K^1_{nt} > K^2_{n,t-1}/K^1_{n,t-1}$

所以，有推论 1：对于时期 t，在市场上的企业 n 满足关系 $K^2_{nt}/K^1_{nt} > K^2_{n,t-1}/K^1_{n,t-1}$，即随着时间的延续，企业规模的日益扩大，企业对工艺创新的投入比例会逐渐变大。

根据（1）式，由于$\Delta q_{nt}{}^*$增加，P^1_t 不变，则$\frac{\partial\lambda(I_n, K^1_{nt})}{\partial K^1_{nt}}$减少，根据 $\lambda(I_n, K^1_{nt})$ 的属性，$\frac{\partial\lambda^2(I_n, K^1_{nt})}{\partial K^2_{nt}} \leqslant 0$，所以 K^1_{nt}增加。

所以，有推论 2：对于时期 t 在市场上的企业 n，新产品需求越大，则企业对产品创新的投入越大。

根据（3）式，如果 P^1_t，则 $m'(\Delta q_{nt})$ 减少，由于 $m''(\Delta q_{nt}) > 0$，所以$\Delta q_{nt}{}^*$也随之下降，而市场需求 Q_t 随着时间的延续而增加，所以市场份额的变化率$\frac{\Delta q_{nt}}{Q_t}$会随着时间的延续而降低。

所以，有推论 3：随着时间的延续和企业规模的扩大，新产品市场份额的变化率$\frac{\Delta q_{nt}}{Q_t}$会逐渐降低。

在以上分析的基础上，我们可以归纳以下三点结论：

第一，在企业的发展过程中，随着时间的推移和规模的扩大，企业对产品创新的投入水平逐渐降低并趋于稳定，对工艺创新的投入则会逐渐增加。因而，企业规模越大，企业投入工艺创新的比例越高，即越来越倾向于工艺创新；相反，企业规模越小，越来越倾向于产品创新。

第二，在产业的发展过程中，由于产业发展初期，企业规模较小，企业对技术创新的投入相对较低，其中产品创新投入相对较多，工艺创新投入相对较少。随着时间的推移，工艺创新比例越来越高，即在产业发展的早期企业重在产品创新，随时间推移，逐渐转向工艺创新。

第三，企业通过成功的产品创新推出新产品后，满足或者创造了新的消费者需求，将获得良好的市场前景。新产品的示范效应会刺激其他企业的模仿行为，伴随着技术的扩散，市场竞争的加剧，将导致新产品市场份额增加逐渐下降，市场趋于稳定，企业的创新活动将从产品创新逐渐转向工艺流程创新。

四、产业发展过程中创新路径选择的一般模式及其经验背离

从产业发展和演化过程的角度考察企业技术创新与创新主体的对应关系，是较为现实的选择。尽管学术界的现有理论探索给了我们诸多启示，但是因为囿于缺乏产业发展和演化的视野，仅仅从企业或者产品的视角展开研究，使研究复杂化，难以得到符合现实的结论。

产业的发展和演化包括初创、成长、成熟和衰落过程，在一个产业周期存续的几十年到几百年中，产品创新和工艺流程创新常常是交替出现的，呈螺旋式交替上升的发展状态。其中，不同规模的企业在产业发展和演化中发挥着不同的作用，在产业发展的不同时期，创新主体和创新模式是截然不同。

图 4 - 2 描述了在产业发展和演化过程中企业技术创新的两种模式——产品创新、工艺流程创新的动态交替发展过程及其创新模式与创新主体的对应关系。

纵轴表示创新程度，横轴表示时间的延续，A 表示成功的产品创新所引入的新产品，随着新产品的市场化，工艺创新逐渐取代产品创新成为创新的主导，而工艺创新高度发展的结果会引发一系列新的次要产品创新，$A' \cdots\cdots A^n$ 表示这些新的次要产品创新所重新引入的第 2……n 种新产品。

在前面的分析中，我们曾经指出，企业的创新可以划分为诸多种类，方式各种各样，但是从产业发展和演化的角度分析，依据创新行为的特

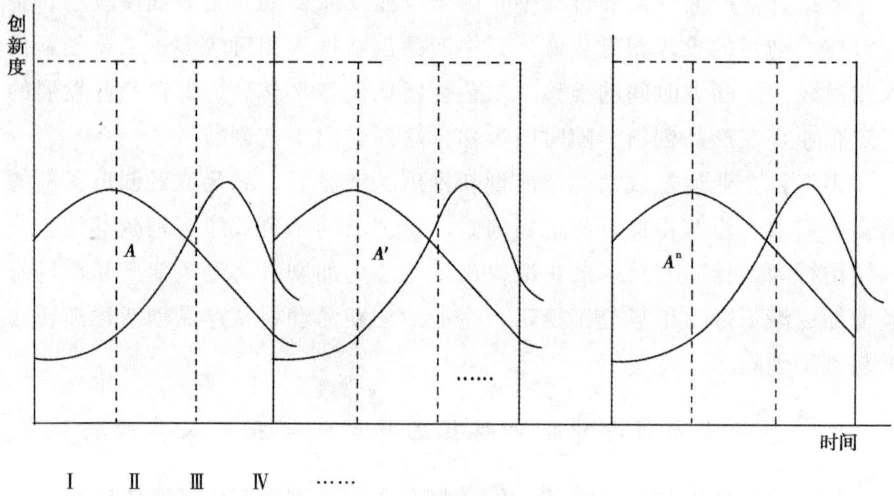

图 4-2　产业发展模式示意图

征，企业创新遵循如下步骤：

步骤Ⅰ，新产品 A 的引入。

新产品的引入，主要受两种动因驱动：消费者的需求驱动和企业的技术创新驱动。引入新产品的第一个前提条件是存在特殊消费者需求。有了特殊消费群体的消费需求，才会产生与之相适应的新产品的引入。此外，企业技术创新的成果也会内生地创造新的消费者需求。在这个阶段，新产品 A 作为新生事物，其性能和生产标准是模糊的，市场上尚未形成有针对性的、统一的性能规范。其中，企业家的个人行为对引入新产品具有重要作用。结合不同创新主体的技术发展路径对创新的影响，新产品的引入主体往往是新兴的中小企业，而不是现有的大企业。新兴中小企业引入新产品的动机，远远高于市场在位的大企业。因而，在产业发展和演化的第Ⅰ阶段，产业发展的主要特征是以产品创新为主导，产品创新程度高，产品创新的主体主要为新兴的中小企业。新兴中小企业的产品创新成为推动产业发展的主导力量。

步骤Ⅱ，过渡阶段。

在前一步骤中所引入的众多新产品中，那些适应消费者需求、为消费者所接受的新产品（图中产品 A）将存留下来，这种产品创新被市场证明是成功的；而那些无法适应消费者需求、未被消费者接受的新产品会逐渐消亡，这种产品创新是失败的。这是市场中不断有创新型中小企业逐渐做大做强，同样也存在新兴中小企业不断消亡的原因。

随着前一类新产品 A 逐渐为消费者所接受，市场影响力逐渐提高，市场份额逐渐扩大。在这种情况下，伴随着 A 产品产量的增加，产品的标准逐渐明晰和统一，企业创新的重点由新产品的创造逐渐转移到对如何标准化地生产新产品的工艺流程改进。在第Ⅱ阶段，针对 A 的产品创新逐渐退居次要地位，工艺流程创新程度大大提高，工艺流程创新开始取代产品创新成为推动企业发展和产业发展的主要动力。

步骤Ⅲ，专业化阶段。

随着引入产品 A 的产量进一步增加和生产的进一步标准化，产品逐渐走向成熟，产业也发展到一个新的阶段。在第Ⅲ阶段，产品 A 开始在行业内占据主流地位，逐渐成为某种日常用品。在这个阶段，企业针对产品性能和质量的改进，空间已经非常狭小，主要的精力将聚焦在成本最小化上，即通过工艺流程的进一步创新与改进最大限度地降低成本。现有的实证研究为该阶段企业创新特征提供了有力的佐证：自 1936 年至 1950 年间，空中客车设计中的基本设计占据主流，在容量、功效和舒适度上仅仅略有提高，并没有根本的改变，而每英里的运行成本在这段时间中减少了 50%。这表明，在产品进入成熟阶段后，企业创新走向专业化、标准化，工艺创新占据主导，创新的目的是最大限度地降低生产成本，而不是追求产品性能的提高和改进。在这一阶段中，众多行业的领军企业将形成寡头垄断的市场结构，成本最小化的创新目标推动产业进入到相对稳定的发展状态。

步骤Ⅳ，新产品 A'引入。

在产业发展的第Ⅲ阶段，A 产品已经成熟，在市场中，A 产品已经从新产品转变为市场的主流产品，被消费者广泛认可和接受。A 产品的生产已经表现出专业化和标准化的特征，整体的创新程度在下降。这是因为，在各类创新环节，创新要素之间的组合已经稳固化、标准化，任何环节、任何要素的创新都很容易引起其他创新环节和创新要素的改变，从而使创新成本增加。尽管企业整体创新程度下降，但是旨在最大限度降低成本的工艺创新依然占据主导地位，因为工艺创新可以进一步降低生产成本，提高企业的盈利水平。当然，高度发达的工艺创新可能导致两个结果的出现，一是大量次要工艺创新被引入；二是可能引发新的产品创新。

在工艺创新引致的次要产品创新中，可能引致新产品A'的出现，A'产品主要基于企业技术创新，但它会可能创造出新的消费者需求，逐渐在市场上立足，从而引发新一轮产品创新和工艺创新的动态发展。启动新产品A'的产品创新活动的主体，可能是现有大企业，表现为企业的横向一体化和企业边界的扩张；但是新兴中小企业也可能成为产品创新的引入者，新兴中小企业则是通过先发现市场，再进行产品创新，因而具有更大的突破性。我们认为，在实现经济发展过程中新兴中小企业拥有承接A'产品创新的更大激励，是启动和承接新一轮产品创新的主导者，即新一轮产品的创新主体。

基于上述分析可以看出，产业发展过程中企业技术创新有以下几个方面的特点：

第一，创新活动随着产业的发展阶段而变化。在工艺流程创新的“不稳定阶段”，关键投入不是技术，而是对新的市场需求的洞察力。而在“体系化阶段”，工艺流程创新逐渐取得主导地位，需要复杂的生产技术解决产量提高问题，创新者逐渐转变为能够使用复杂技术解决问题的主体。为了刺激创新，对产品和流程创新活动的区分是十分重要的，可以更好地识别创新活动所需要的关键资源，并进行积累和培育。

第二，无论是简单技术还是复杂技术，无论是产品创新还是工艺创新，创新的成功与否取决于不同产业发展和演化阶段的创新战略。在“不稳定阶段”，大部分技术应用领域是与产品性能相关的部门，只有少量的技术力量应用于工艺流程的改进。在工艺流程尚未标准化时，针对工艺流程的复杂技术应用是没有效率的，也是不必要的。而在系统化阶段，却恰恰相反，当已选择的生产环节处于系统化阶段时，单独的产品创新，甚至是非常重要的产品创新，都很少被考虑，因为它们可能导致系统的稳定和成本的增加。随着生产系统化的实现，独立的创新需要被整合。因而，对创新类型的评价，以及它们应该何时和如何被引进，取决于企业家对将要接受它们的生产过程的理解和洞察。

第三，创新过程中存在的一系列障碍，和与之相适应的创新类型一样，将随着产业周期发展阶段的变化而变化。在“不稳定阶段”，创新活动关注的焦点是产品创新是否奏效或是否满足消费者的需求。而在“体系化阶段”，产品创新的阻碍主要来源于对创新成本特征的认识，工艺流程创新被广泛接受是因为它们可以在维持消费者既定偏好的基础上降低成本，从而避免出现使现有购买被中断的现象。

第四，新兴中小企业往往是新技术产业化的探索者，是新兴产业的先驱，例如，索尼和微软都是在中小企业时期就成为行业先驱的。新兴中小企业在取得产品开发的成功后，无论是新兴中小企业成长为大企业还是现有的大企业都可能通过工艺改进和制造系统的完善，最终取得市场的主导地位。

因而，在产业发展和演化的早期阶段，产品创新是主导。当产业进入成长和成熟阶段后，企业会致力于降低成本的工艺创新以维持竞争优势。现实经济发展的经验表明，中小企业往往是新技术和新产品的捕捉者，而大企业则是生产的完善者。当中小企业成长为大企业后，将注重工艺创新，逐渐失去对新技术和新产品的捕捉能力。

五、不同产业企业创新的模式选择

国内外的相关实证研究表明，企业选择进入某一产业时，在发展的初期并不是都采取以产品创新的方式进入，甚至有的企业采取了截然相反的工艺创新模式。前面的结论似乎与这些实证研究相背离。

日本钢铁工业的发展过程验证了上述背离现象的存在。第二次世界大战结束之后，日本钢铁产业几乎陷入毁灭状态，但在短短的二三十年间，就在废墟之上开始重建，并一跃成为世界钢铁强国，其中创新模式选择对日本钢铁产业的重新振兴具有十分重要的意义。

20 世纪 70 年代之前，日本钢铁工业的技术创新重心是工艺创新。由于在这一时期钢铁制品需求的大幅度增加，极大地刺激了钢铁企业对工艺创新的追求。随着这一阶段钢铁业展开的一系列工艺创新，有力地推动了日本钢铁业的集约化发展，奠定了日本在世界钢铁业中的主导地位。战后日本钢铁产业的成功首先在于LD转炉技术的运用，它的引进和完善是日本钢铁工业发展史上的一个里程碑。① 在此基础上，日本钢铁工业进行了一系列重要的技术创新，例如，连续铸造技术、复合吹炼技术、计算机控制技术、大型高炉建设技术等等，这些工艺流程创新使其在较短的时间内达到了世界先进水平。

然而，石油危机发生后，由于传统行业（机械、造船业）的产品市场需求开始出现萎缩，同时因为汽车和机械电子产业的快速发展，日本钢铁工业的市场需求发生了变化，对高品质表面处理钢板和特种钢铁的市场需求增加。钢铁业在进行新的工艺创新的同时，开始关注产品创新，产品创新起到了与工艺创新相同的作用。高张力钢和表面处理钢板等陆续出现，它们是产品创新的代表，从而大大推动了日本钢铁工业的发展。

从图4-3可以看出，日本企业进入钢铁业时首先采取的是工艺创新模式，随着时间的延续，产品创新的比重逐渐上升。从日本钢铁产业的发展历程看，前面所述的理论模型难以给出满意的解释。其中的主要原因是忽视了企业进入的产业类型差异。因而，对产业的分类研究是破解上述背离现象的关键。从全球视角看，日本钢铁企业在进入钢铁产业时，在全球范围内钢铁产业已经是成熟产业。如图4-2所示，*A*以代表钢铁产品，日本钢铁企业并没有选择阶段Ⅰ进入该产业，而是在钢铁产业发展中的第Ⅲ阶段进入，因而工艺创新在企业发展初期处于绝对主导地位，但是随着时间的延续，产品创新比重逐渐提高。

当企业进入的产业是新兴产业时，由于该产业处于初创阶段，企业则是从第Ⅰ阶段进入，企业的发展初期和进入该产业的初期同时又是产业发展周期的初期。在这种情况下，企业技术创新遵循的是产品创新主导——工艺创新主导的模式。如图4-4所示，伴随产业生命周期曲线，企业在第Ⅰ阶段进入产业，其技术创新路径如下：

第一，基础研究阶段。基础研究阶段是产业孕育发展的前奏，它的承担都主要是国家基础实验室、工程研究院、大学重点实验室和大企业的

① 张仲梁："日本企业的技术积累模式研究"，南开大学博士学位论文1994年。

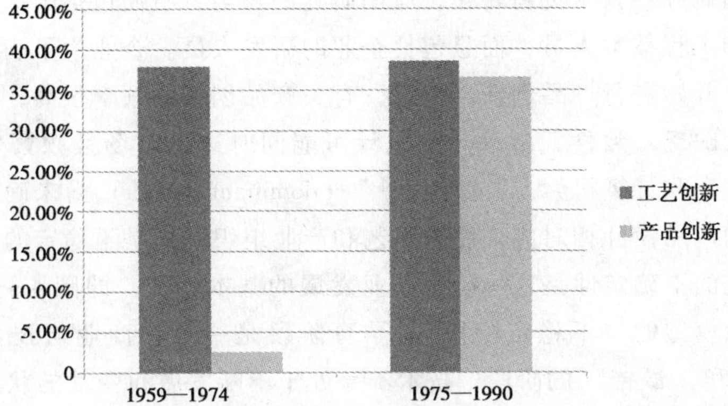

图 4－3　第二次世界大战之后日本钢铁工业创新类型的比较示意图

资料来源：张仲梁："日本企业的。技术积累模式研究"，南开大学博士学位论文 1994 年。

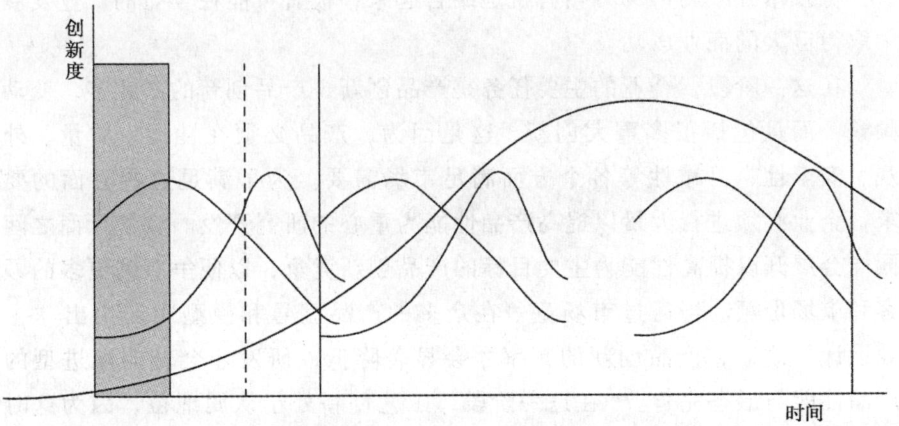

图 4－4　企业进入新兴产业发展路径示意图

研究部门。在国际上，受到国家资金支持的大公司也参与基础研究，中国的大公司对于基础研究的投入较少，主要依靠的是政府投入。基础研究主要是对自然规律的探索性活动，带有明显的科学研究性质。

第二，孕育阶段。当基础研究获得了重大发明和发现之后，它的应用就预示着新兴产业的诞生。为了培育新兴产业，国家实验室的基础研究开始向应用研究和技术创新转化，应用研究的参与者不仅包括国家实验室的科学家和工程技术人员，而且包括企业的研发人员。企业为了满足潜在用户的需要开始进行产品创新，此时，有关产品创新的频率很高，由于在设计思想上缺乏一致性，多种产品设计可能同时进入市场且频繁变动（如早期的汽车和计算机），“主导设计”（dominant design）尚未确定。与不断变化的产品设计相对应，制造工艺和产业组织同样是不稳定的。产品和生产工艺的不确定性是这一阶段产业发展的基本特征，即图 4－2 中所描述的理论模型的“不稳定阶段”。孕育阶段是一个在商业与技术上不断“尝试”和“试错”的阶段，技术本身处于不断发展和变动的状态，且变化速度快。技术的潜在市场尚不明确，产品功能有待完善，产品市场有待开发①。对于一个从事创新的企业来说，这一阶段的 R&D 支出比较高，但却难以产生很高的经济效益。当然，对于那些具有企业家的洞察力和较强技术鉴别及开发能力的企业来说，如果能准确把握技术方向与市场机会，将技术开发与市场开拓有机地结合起来，极有可能在今后的产业发展中取得巨大的商业成功。

在这一阶段，企业的主要任务是产品创新，产品创新的次数多，变动频繁，而且包括很多重大创新。这是因为，产品必须在性能、质量、外观、安全性、可靠性等各个方面满足市场需要。为了满足这些方面的要求，企业必须进行大量以提高产品性能为重心的研究开发。竞争厂商之间同样会展开以提高性能为主要目标的产品创新竞争，以便争取到更多的顾客和市场份额。当通过市场竞争在众多的产品型号和模型中诞生出“主导设计”之后，产品创新的频率才会显著降低，研发才会转向渐进型的产品性能与形态完善。② 在这一阶段，工艺创新处于从属地位，因为这时生产工艺一般因陋就简，并不追求效率，只追求能够最经济地把产品的原样试制出来，这时的工艺路线主要是依靠拥有高超手艺的技术工人和尽可能使用通用化的设备和工具。

---

① William J Abernathy, James M. Utterback, Patterns of Industrial Innovation. *Technology Review*. 1978, 80: 7.

② Darren Filson. The Nature and Effects of Technological Change over the Industry L ife Cycle. *Review of Economic Dynamics*. 2001, 4 (4): 460—494.

第三，成长阶段。经过孕育阶段的不断“尝试”和“试错”，会逐渐产生一个将技术资源与市场需要结合起来的优秀产品主导设计，例如，汽车产业发展过程中的福特“T”型车和计算机产业发展过程中的IBM 360。主导设计为产业的发展提供了一个“标准”，降低了市场的不确定性。在主导设计确定后，产品创新频率急剧下降，产品基本稳定，要想大规模生产，关键是解决生产工艺。在这种情况下，创新的重点从产品创新转移到工艺创新。这时候，只要解决了工艺创新，即专用设备和工具开发、生产流程、制造工艺等，大规模生产就会成为可能，产业将会进入快速成长阶段。①

在这一阶段，将主导设计推向市场且成功解决生产工艺规模化的企业将赢得明显的竞争优势，但是这并不意味着这些企业能够形成市场垄断。因为，其他的拥有较强技术实力和独特资源的企业可能在产品性能和可靠性等方面对主导设计进行改进，通过加强市场开发，改善售后服务，获得巨大的商业利益。

第四，成熟阶段。经过成长阶段的快速发展，产业的发展进入到成熟阶段。在这一阶段，产品创新和工艺创新都趋向稳定。产品设计、生产程序与生产工艺日趋标准化，市场需求稳定。大规模生产使制造效率大大提高，规模经济开始起支配作用。企业创新的重点是以降低成本和提高质量为目标的渐进式产品创新和工艺创新。生产过程和企业组织日趋专业化和纵向一体化，产品的零部件通常由某些能够控制市场的企业集团下属的专业化公司或独立的供应商供给。

产业一旦发展到稳定阶段，产业创新的动力开始减弱，主导企业开始坐享因技术领先所带来的垄断利润。垄断企业的组织会呈现出越来越强的刚性，组织内部会产生一种强烈的抵制重大创新的力量。因为，技术革新可能会使现有工厂的设备过时，产生大量沉没成本，大多数员工会担心变化会给他们的职业生涯带来威胁。因此，产业和企业内部都可能对产业技术的重大变化设置障碍。

---

① Darren Filson. Product and p rocess innovations in the life cycle of an industry. *Journal of Economic Behavior &Organization*. 2002, 49 (9) : 97—112.

如果上述情况发生在发达国家，对于后发国家的企业而言，极有可能会利用这种机会迅速赶上发达国家。当然，发达国家也不会完全不思进取。迫于竞争压力，他们同样会不断进行技术创新，或由于外部因素刺激而不得不进行技术创新，例如，环保法的出台和强制实施，或与之相关的某种新技术的强制推行等等。

实际上，如果产业发展到成熟期后，创新出现停滞，这会缩短产业的成熟期。而从产业发展的实际情况看，现实产业的成熟期都维持一个相当长的时期。其中的基本原因是，产业内部企业的激烈竞争引发了持续的产品创新和工艺创新。传统的 A - U 模型仅仅描述了一个特定技术轨道上的产品创新和工艺创新的分布规律和一般过程，即以某一代产品的发展为前提考察技术生命周期内创新和产业发展之间的关系。其中一代产品是指依托相同核心技术原理的产品。传统 A - U 模型中所描述的三个发展阶段，仅仅是产业发展某个阶段同一代产品技术生命周期内的三个阶段。正因如此，我们可以称传统的 A - U 模型为一种短期的 A - U 模型。事实上，产业的发展和演化是一代接一代的具有各自不同生命周期的产品演化过程的集合。一代产品技术生命周期的完结，并不代表一个产业的完结。在产业的发展过程中，往往因为根本性技术创新的出现使产业获得质的提升，由原来的技术轨道跃迁到了一个新的技术轨道，新一代产品将替代老一代产品，沿着新的技术轨道开始新一轮的产品技术生命周期。这种交替出现的一代又一代产品技术生命周期的有序组合，构成了产品发展的长期历史轨迹。①

第五，衰退阶段。产业发展出现衰退的根本原因，是市场需求的持续下降，这是经济发展过程中产业发展周期更替的必然结果。衰退阶段的最主要特征是产品的市场需求下降，产品逐渐从市场退出，企业没有动力从事产品的更新换代，根本性创新中断。

但是同一产业在不同国家可能处于不同的发展阶段，例如，第二次世界大战之后的钢铁产业，对美国和欧洲先进国家而言属于成熟产业，但是

---

① 刘友金、黄鲁成："技术创新与产业的跨越式发展"，《中国软科学》，2001 年第 2 期，第 37—41 页。

对日本而言则处于初创阶段。在这种背景下，后发国家发展该产业并不具备比较优势，进入该产业的企业处于被动地位。当后发国家的企业从第Ⅲ阶段进入该产业时，在企业和产业发展的初期，企业的技术创新遵循工艺流程创新主导——产品创新主导的发展路径。这种发展路径在初始阶段强调从模仿开始，通过技术和生产设备的引进提升产业的工艺创新水平，随着时间的延续，再引入产品创新。历史经验证明，这种发展路径是后发国家赶超发达国家的重要策略选择。如图4－5所示，沿着产业生命周期曲线，企业在第Ⅲ阶段进入产业，发展路径表现为工艺流程创新主导—产品创新主导的轨迹。

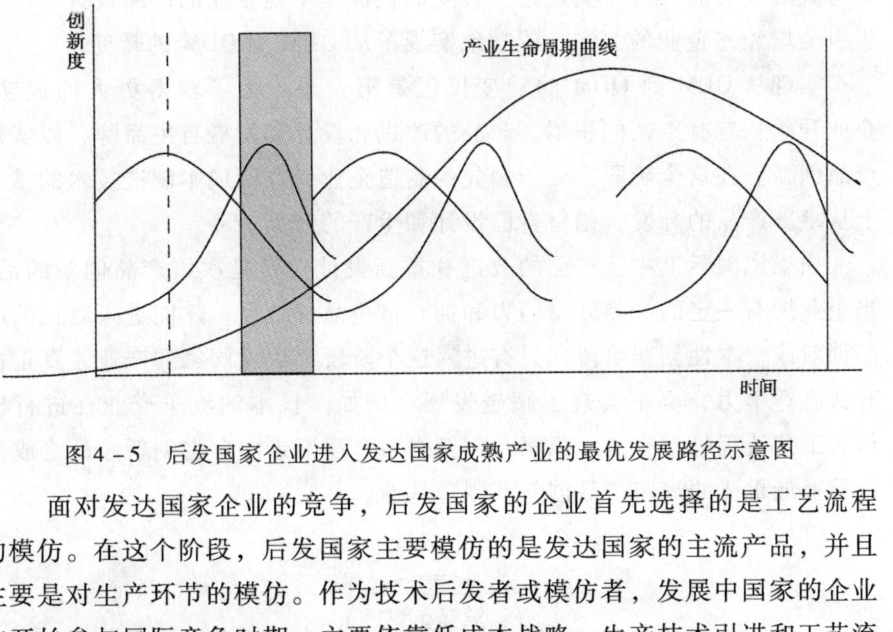

图4－5　后发国家企业进入发达国家成熟产业的最优发展路径示意图

面对发达国家企业的竞争，后发国家的企业首先选择的是工艺流程的模仿。在这个阶段，后发国家主要模仿的是发达国家的主流产品，并且主要是对生产环节的模仿。作为技术后发者或模仿者，发展中国家的企业在开始参与国际竞争时期，主要依靠低成本战略，生产技术引进和工艺流程模仿是成功实施低成本战略的关键。

当工艺流程的模仿达到一定程度后，后发国家企业开始工艺的创新。在这个阶段，后发国家企业开始从简单的生产模仿进而转向积累和发展适应本国要素和市场的专有工艺技术和流程，实现制造工艺的升级，增加产品的附加值。例如，目前全球最大的制鞋企业台湾宝成集团，在进入产业的早期一直定位于生产制造，做全球品牌OEM制造商，现已成为Nike，

Adidas，Reebok，New Balance，Asics Tiger，Timberland，Rocksport 等全球30 多个鞋业品牌的 OEM 生产商。因为拥有全球最具优势的制造成本和物流效率以及“品牌商最好的合作伙伴”，宝成集团能够比一般鞋业制造商提供更高的附加值，并与品牌商建立了共生共荣的协作关系。

当企业已经积累了一定的专有工艺流程技术之后，工艺流程的完善开始支持企业改进和设计产品。在这个阶段，通过工艺流程的模仿和创新，企业已经成功进入要发展的产业，在市场上赢得了立足之地，要提升企业的竞争力，必须致力于改进和设计产品，通过产品的差异化获得国际竞争优势。20 世纪 80 年代，创造“东亚奇迹”的企业是通过改进和设计产品获得成功发展的典范。实现这一转变的关键是本地企业的产品设计和改进吸引全球领先企业的关注，成功地实现了从 OEM 到 ODM 的转变。

实现从 OEM 到 ODM 的转变仅仅是第一步，为了获得更大的成功，企业开始从专有工艺的积累、产品的改进和设计到发展自主品牌，以实现产品创新。在这个阶段，处于领先的制造企业，在低成本制造技术的基础上从事新产品的开发，销售自已设计和生产的产品。

如果说国际上主流产品的改进和重新设计仅仅是次级产品创新的话，当企业拥有一定的产品开发能力和拥有自主品牌之后，才能进入真正的产品创新或根本性创新阶段。只有进入这个阶段，后发国家的产业才真正拥有核心竞争力，真正实现了超越发展。例如，日本的汽车产业在进行模仿、工艺流程的专有技术积累和创新之后，逐渐走向自主创新，最终成为世界上最重要的汽车产品创新和制造基地。

第四节

总结和政策建议

本章的内容表明，以企业为主体的创新是产业发展和国际竞争力提升的根本途径，但是企业在进入某一产业时究竟选择什么样的创新模式或策略，取决于企业所进入产业的发展阶段。由于产业发展在国际之间存在差异，后发国家和发达国家在企业进入某一产业的创新模式上同样存在差异。如何有效选择企业创新模式是提升企业和产业国际竞争力的关键。

在未来中国的产业发展中，情况是相当复杂的。例如，中国企业的自主创新不仅包括传统产业的工艺创新，而且包括启动和发展战略性新兴产业所需要的原始创新。对于企业而言，关键是根据自身的情况，制定正确的创新战略。

尽管创新活动与创新主体之间存在着复杂的对应关系，但是大企业以工艺流程创新为主，新兴中小企业以产品创新为主，这是创新活动的重要规律。尤其是在战略性新兴产业的启动和发展过程中，中小企业的创新型创业活动将起到举足轻重的作用。无论是中小企业的创新型创业还是大企业的二次创业，对政府而言，为它们构建有效率的创业环境是中国经济第二次经济转型中的重要职能。从企业的角度看，创新战略的选择主要取决于所要进入或所在的产业发展阶段。

在战略性新兴产业的孕育阶段，企业进入的机会是均等的，率先进入是重要的创新策略。对于许多基础性研究而言，在研究的开始阶段，究竟会形成什么样的产业，是不确定性的。例如，美国“曼哈顿计划”催生了计算机产业，“阿波罗计划”催生了通讯产业。当国家的基础研究取得重大技术突破时，往往孕育着新兴产业的诞生和发展。因而，对重大技术突破的预测，是洞察新兴产业启动和发展的关键。

Abernathy and Utterback 在实证研究中发现，在每一个产业发展的初期，都会有许多公司进入，但是仅有少数公司能够生存下来。这些生存下来的公司的共同特点，是在某个“偶然”的时候探索和采纳了后来的“主导设计”，并通过纵向一体化和大规模标准化生产取得最终的成功。因而，如果试图通过技术创新推动企业和产业发展，首先要把握和选择好产品的“主导设计”。如果在产品的“主导设计”出现之前进入某个产业，成功的关键是随时注意产业技术的发展趋势，瞄准“主导设计”出现的可能方向，并争取率先推出“主导设计”，掌握主动权。如果是在主导设计出现之后进入某个产业，就应该准确地辨识和把握好已经出现的“主导设计”，对“主导设计”进行补充、完善和改进。

作为现有成熟产业的进入者，逆向赶超和后来居上是重要的创新策略选择。面对发达国家已经成熟的产业，后发国家的产业技术创新首先要依靠引进、消化和吸收国外前沿技术，通过模仿、模仿创新积累自己的技术能力，然后依靠自主创新构建企业和产业的核心竞争力。

在后发国家的产业发展中，引进技术是为了创新，最终实现技术的赶超。没有创新就没有赶超和突破，没有创新的技术引进必然陷入“引进—落后—再引进—再落后”的怪圈。同时，没有创新，引进技术就无法真正大面积地实现本土化。技术引进的过程是外部的先进技术在本土消化和扩散推广的过程。在这一过程中，自主创新是关键。

此外，要把引进的技术作为新的平台，通过创新发展新技术以及与其他技术进行集成和融合，形成自主知识产权，避开跨国公司的“专利壁垒”，赋予引进技术新的生命力。

第五章

破坏性技术创新：技术变革的新模式

20世纪90年代以来，随着知识经济的到来和技术更新的速度加快，某些具有孕育和创造新行业或改变原有行业竞争规则的新技术强烈地冲击着行业的老牌领先者。在这一背景下，面对新的技术创新，越是管理良好的大公司越显得无能为力，从而导致利润的下降，市场领先地位的丧失，甚至是破产倒闭。在新的经济条件下，大企业遭遇挫折的根本原因是一种有利于中小企业的新的创新模式——破坏性技术创新的出现。

与渐进性技术创新存在着强烈的路径依赖不同，破坏性技术创新脱离了原来的技术发展轨迹，在技术路径上“另辟蹊径”，并表现为对原有技术的跨越和替代。破坏性技术创新立足新的技术突破，形成新的技术标准，改变了原有市场竞争的基础，在技术的成熟阶段，形成新的市场规则和行业标准。破坏性技术创新常常使习惯于渐进性技术创新思维模式的企业家陷入困境。从另外一个角度看，破坏性技术创新的率先性和新颖性使它具有某种独特的价值，为后发国家、地区和企业找到了一条与技术发达国家、地区和企业在同一起跑线上竞争甚至赶超他们的机会。

本章试图在现有研究的基础上，对破坏性技术创新展开深入的讨论。通过对克里斯坦森两个破坏性技术创新模型的考察，指出破坏性技术创新的独特价值和面临的困境。针对破坏性技术创新过程中面临的困难，明确企业如何把自己塑造为破坏者的战略思路，针对中国技术创新的实际情况，从技术的角度明确自主创新的含义，指出破坏性技术创新是中国企业展开自主技术创新的有效途径。

第一节

破坏性技术创新理论

一、破坏性技术创新概念的引入

作为经济理论研究的传统，经济学家总是把技术创新与熊彼特联系在一起。其实在熊彼特之前，无论是亚当·斯密还是马克思都十分重视技术进步在经济发展中的作用。亚当·斯密在《国富论》中提出，技术进步是除资本和劳动力之外又一个促进经济增长的重要因素。但是因为历史条件的限制，亚当·斯密的讨论仅仅针对的是农业和传统手工制造业。在《国富论》发表90年之后，马克思在《资本论》中集中阐述了生产力和生产关系的辩证关系，用历史唯物主义的观点分析了技术进步对资本主义经济和社会的深刻影响，他指出，“资产阶级除非使生产工具，从而使生产关系，从而使全部社会关系不断地革命化，否则就不能生存下去”。[①]虽然马克思没有明确使用技术创新的概念，但却从哲学的高度阐述了技术创新的基本思想，并对科学发明和技术创新在社会经济发展中的重要作用

① 《马克思恩格斯全集》第23卷，人民出版社1995年版，第254页。

进行了精辟的论述。

美籍奥地利经济学家熊彼特继承了古典经济学家的思想传统，在1934年出版的《经济发展理论》[①]一书中，首次使用了“创新”（innovation）一词，并在1939年出版的《商业周期》一书中较为全面和系统地提出了创新理论。根据熊彼特的观点，创新就是“建立一种新的生产函数”，即企业家实行对生产要素的重新组合。从熊彼特对创新的论述可以看出，他所界定的“创新”具有以下几个方面的特征：第一，创新不一定与技术直接相关，也不局限某一特定领域，不仅包括产品创新、工艺创新，还包括市场创新和组织创新；第二，创新在资本主义经济发展过程中具有十分重要的推动作用；第三，创新是经济周期性变化的根源。

熊彼特去世之后，西方经济学者对技术创新的内涵、过程、动力机制和运作模式等展开了深入的讨论。由于不同学者在创新理论研究中的视角、范围、内容和方法都存在着较大的差异，产生了诸多不同的理论流派，不同理论流派之间的争论丰富和发展了创新理论。例如，美国经济学家罗斯把熊彼特的创新称为“技术创新”，爱德华·曼斯菲尔德、比尔科克·维尔金斯和卡曼·施瓦茨等在此基础上专门从技术的角度研究创新，把技术创新与市场紧密结合起来，从而形成了著名的技术创新经济学派，因与熊彼特之间存在着重要的传承关系，被称为新熊彼特主义。而兰斯·戴维斯和道格拉斯·诺斯等人把熊彼特的创新理论与制度变迁紧密结合，形成了制度创新学派。

在创新理论中，对后发国家的技术创新的研究是主要内容之一。20世纪90年代之前，对于后发国家技术创新的研究认为，由于技术能力落后以及资金的不足，发展中国家应该积极引进发达国家的先进技术，然后进行消化和吸收，并通过二次创新实现国家的跨越式发展，赶超发达国家。尽管后发国家的这一技术创新模式，充分利用了后发优势，成为第二

① 熊彼特认为没有“创新”，就没有资本主义，更没有资本主义的产生及发展；同时认为“创新”是一个“内在的因素”，“经济发展”也是“来自内部自身创造性”的一种变动；把“企业家”看作是资本主义的“灵魂”，是“创新”、生产要素“新组合”以及“经济发展”的主要组织者和推动者。

次世界大战之后日本经济崛起和“东亚奇迹”的重要支撑，但是进入20世纪90年代，随着经济全球化和知识经济的发展，发展中国家越来越意识到基于后发优势的渐进式技术创新很难实现地区和国家的跨越式发展。经济发展的实践证明，在引进和模仿为主导的渐进式创新模式支配下，许多发展中国家已经不情愿地陷入到“引进—落后—再引进—再落后”的“陷阱”，不仅没有实现地区和国家的跨越式发展，反而加剧了对发达国家的技术依赖。出现这种情况的根本原因是，发达国家跨国公司把技术转让当做是一种不得已而为之的权变选择。在这种情况下，后发国家和地区开始积极寻求技术创新的新途径，希望探索新的技术创新方式，实现技术的跨越和经济的赶超。

20世纪90年代后期，尤其是21世纪以来，某些具有创造新行业或改变现有行业发展潜力的新技术，不断冲击老牌的产业领导者，改变着航空、汽车、银行、零售、信用卡、证券和娱乐行业，深刻地影响着人们关于技术创新的理念和管理方法。面对这些新技术及其创新模式，传统创新理论无法做出科学的解释。企业面对新的技术创新，往往不知所措，不仅造成利润下降和市场份额减少，甚至导致公司倒闭。21世纪产业发展的经验证明，渐进式创新仅仅只能维持企业现有产品的竞争力，当市场出现拥有破坏性技术成果的竞争对手时，现有的大公司可能丧失市场领导地位。例如，柯达可携式摄像机淘汰了家庭电影器械产业，施乐在复印机行业的霸主地位被后起之秀佳能所取代，美国Sears公司零售业霸主地位的衰落和沃尔玛的兴起，IBM在个人微型计算机市场上领导地位的丧失和戴尔的快速崛起。这些案例说明，渐进式技术创新尽管可以保持已有产品的竞争优势，但是这种优势容易在技术变革迅猛的今天被破坏性技术创新所吞噬。

20世纪90年代以来创新模式的变革，导致对破坏性技术创新的关注和研究。例如，发展中国家更加关注如何摆脱对发达国家的技术依赖，在激烈的市场竞争中获得新的发展机遇，实现经济的快速发展；那些管理良好的大公司面对新技术，如何应对新进入者的攻击，避免在激烈的市场竞争中被淘汰；那些缺乏资金和技术优势的中小企业，如何在竞争中寻求新的技术突破点，获得与大企业相竞争的优势。

破坏性技术创新所释放出的巨大力量，让发达国家和大企业感到恐慌的同时，却让发展中国家和中小企业看到了希望。在后发国家技术创新的冲击下，发达国家开始对破坏性技术创新重视起来。美国产业研究协会、斯隆基金会联合资助以 Rensselaer 教授为首的研究小组，于 1995 年开始进行大规模的破坏性技术创新的研究，其中包括 IBM 公司在内的数十家公司参与了该项目的研究与实验，并取得了很大的成功。在发达国家，人们关注如何避免破坏性技术创新对现有企业或产业的破坏和摧毁，而对于发展中国家，则可以利用其新的竞争模式，通过自主创新，实现经济的跨越式发展。因而，破坏性技术创新的研究对中国的经济发展和自主创新道路的探索具有极其重要的借鉴意义。

二、破坏性技术创新的含义和特征

（一）破坏性技术创新的概念

破坏性技术创新（radical technology innovation/disruptive technology innovation/destroying technology innovation）是相对于渐进式技术创新（incremental technology innovation/sustaining technology innovation）而言的。渐进式技术创新是指沿着已有技术发展轨迹展开的技术创新活动，而破坏性技术创新则是指对已有技术发展轨迹的突破，对已有的技术发展轨迹而言，是破坏性的。从技术的演进过程来看，出现破坏性技术创新，通过不断地改进和完善，会改变现有技术的发展路径，并带动相关技术的产生和发展，成为产业的主导，最终改变现有的技术标准、竞争规则和行业准则，甚至使整个产业瓦解。从企业层面上看，许多技术成熟的大企业面对破坏性技术创新时，传统的组织结构、管理模式和价值观念将会阻碍企业进行和接受破坏性技术创新，使企业丧失创新机遇，最终导致企业市场领先地位的丧失，甚至被淘汰出局。

对于什么是破坏性技术创新，国内外学者存在不同的看法，到目前为止，尚未形成一个大家都认可的严格定义。由于研究的视角存在差异，对破坏性技术创新的定义也是不同的。

在熊彼特看来，所谓的破坏性创新（突破性创新）是运用与从前完全不同的科学技术与经营模式，以创新的产品、生产方式以及竞争形态，对市场与产业做出翻天覆地的改造。①

Henderson and Clark 认为，当把某项技术创新定义为破坏性创新时，必须满足以下两个条件：全新的产品概念和产品核心部件之间联系的重大改变。②

Dess and Bear 指出，破坏性创新建立在一整套不同的工程和科学原理之上，它常常能启动新的市场和新的应用领域。③ 破坏性创新常常给现有企业带来巨大的困难，但它却常常是新企业成功进入市场的基础和前提，并可能导致整个产业的重新洗牌。

陈劲认为，破坏性创新是指基于破坏性技术的创新，是那些并不按照公司主流用户的需求性能改进轨道上进行改进的创新，也可能是暂时还不能满足公司主流用户需求的创新。

克里斯坦森（Clayton Christensen）在《创新者的窘境——新技术导致卓越企业失败》一书中，从企业价值网络的角度定义了渐进式创新与破坏性创新。他认为，渐进式技术的共同特征是沿着企业主流市场主要顾客的需求曲线提高已定型产品性能的技术，某一行业中大多数技术的进步都有这样的特点，而破坏性技术则至少在短期内降低产品性能，同时使组织原有价值网络结构发生变化的技术。④

（二）破坏性技术创新的特点

尽管国内外学者对破坏性创新的定义不同，但对破坏性技术创新的理解存在着许多共同认识：

1. 破坏性技术创新是相对于渐进式创新的一个概念

渐进式创新对现有产品的改变仅仅是边际的，能充分发挥现有技术的潜能，能够增强现有企业的竞争优势，特别是强化现有企业的组织能力。而破坏性技术创新则不同，它常常改变现有的技术与经济规则，给现存的

---

① ［美］熊彼特：《经济发展理论》，商务印书馆 1990 年版。

② Henderson RM, Clark KB. Architectural innovation: the reconfiguration of existing product technologies and the failure of established firms. *Administrative Science Quarterly* 1990; 35: 9—30.

③ Gregory G. Dess and Donald W. Beard, Dimensions of Organizational Task Environments, *Administrative Science Quarterly*, Vol. 29, No. 1 (Mar., 1984): 52—73.

④ ［美］克雷顿·克理斯坦森著，吴潜龙译：《创新者的窘境》，江苏人民出版社 2001 年版。

企业带来巨大灾难，甚至导致整个产业消亡。

从技术、市场和组织的角度看，对于现有的主流技术、主流客户和已定型的公司，一旦破坏性创新产品的性能超越了现有渐进式创新的产品性能，就可以形成新的性能改进轨道，进而转变为渐进式技术创新。在技术创新的不断演进过程中，随着现有公司和新加入公司的更替，破坏性创新与渐进式创新同样也在不断更替。对一家公司具有破坏性的创新可能对另一家公司具有渐进式的影响。例如，互联网销售对戴尔的电话直销模式而言是渐进式创新，而对康柏、惠普和 IBM 的销售渠道来说则是破坏性的。

2. 高度的不确定性

阿罗 1962 年提出了技术创新过程中的不确定性，“任何创新都具有不确定性，创新的程度越高，不确定性就越大。创新的实现与扩散过程，也就是创新不确定性逐步消除的过程。”① 破坏性创新技术的一个重要特征就是高度的不确定性，主要表现在技术上的不确定性和市场上的不确定性。由于破坏性技术是沿着一种新的技术轨道发展，因而用来规范和评价渐进式技术的标准很难适应破坏性技术。因为没有现有的标准做出规范与评价，破坏性技术究竟如何发展和向何处发展，往往是不确定性的。

渐进式技术创新面对的是已经成熟的市场和现有的主流用户，是对企业现有产品性能的改进，是在主流用户所要求的性能轨道上发展的，因而市场风险很小，获利水平较为稳定。而破坏性技术创新则不同，它并不按照公司主流用户的需求性能改进轨道进行改进。破坏性技术创新的产品往往不符合企业现有客户的需要，开始引起关注的往往是涉及产品性能某个方面的细分市场，通常经历一个从低端市场向高端市场发展的历程，产品最终能否被市场接受，需要市场的实际检验，风险也较大。

3. 破坏性

从技术轨道概念去理解②，破坏性技术创新探索的是新的技术轨道，

---

① 转引自陈伟：《创新管理》，科学出版社 1995 年版，第 14—15 页。

② 技术轨道概念是 G. Dosi 1984 年提出来的，他把技术轨道定义为“由范式决定的‘常规的’解决问题的活动”。它是一组可能的技术方向，而它的外部边界则由技术范式本身的性质确定。

它不像渐进式技术创新那样，是原有技术轨道的延伸与拓展。破坏性技术创新强调突破技术的间断点，从一条技术曲线跳跃到另一条技术曲线，这需要应用新的科学原理，并导致创新成果的成组出现，产生技术含量高的突破性创新，常常能够启动新的市场和潜在的应用领域。例如，历史上的晶体管取代电子管、集成电路取代晶体管以及 VCD 的出现等等。

破坏性技术创新改变了现有的技术标准，颠覆了传统的竞争规则，它的技术标准和生产流程同样会改变。例如，数字移动通信技术的出现改变了模拟移动通信技术的标准，原有的模拟移动通信运营商在新的技术标准下不得不更新自己的技术和设备，并对现有企业的组织模式进行变革，以适应新的市场竞争。此外，破坏性技术创新也会改变现有的商业模式和企业发展战略。例如，互联网的出现改变了航空公司传统的订票方式，生物技术的进步改造了传统的医药化工公司，迫使它们之间进行重组、建立新联盟和制定新的发展战略。

三、破坏性技术创新和渐进式技术创新的比较

按照不同的分类标准，技术创新可以划分为不同的类型。例如，根据创新的内容可以划分为产品创新、工艺创新、服务创新和组织创新；以生产要素为基础，可以划分为劳动密集型、资本密集型型和劳动—资本密集型技术创新；根据技术创新的来源，可以划分为自主创新和模仿创新。近年来，以克里斯坦森为代表的创新研究，强调以创新的技术路径是否变革为标准，提出了“渐进式创新”和“破坏性创新”的分类。

根据克里斯坦森的观点，渐进式技术创新是指沿着企业主流市场中主要顾客的需求曲线提高已定型产品性能的技术变化路径。现实中，行业中的大多数技术进步都具有渐进特征。而破坏性技术则不同，尽管可能在发生和发展的初始阶段产品的性能比主流市场已定型的产品要差，但是它们拥有细分市场（一般是新的市场）用户偏好的其他特性，针对这一新的市场需求的技术开发，可能很快超越原有技术，并最终完成对原有技术的替代。渐进式技术创新的发生与发展是在已有的规范、标

准基础上进行的，不需要改变现有的标准，而破坏性技术创新则是建立在新知识的基础上，常常与现有的相关行业标准和技术标准“格格不入”。

破坏性技术创新和渐进式技术创新可以通过 Dosi 的技术轨道曲线来理解，如图 5-1 所示。

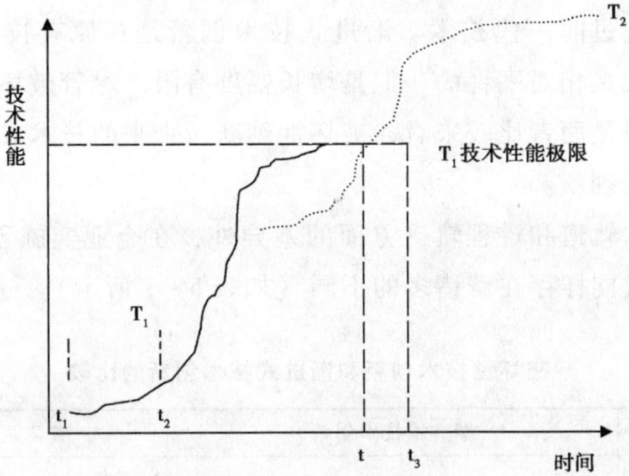

图 5-1　技术性能的 S 曲线示意图

资料来源：[美] 克雷顿·克理斯坦森著，吴潜龙译：《创新者的窘境》，江苏人民出版社 2001 年版。

根据 Dosi 对技术曲线的解释，技术发展轨迹总是经过“缓慢上升—迅速上升—缓慢上升—技术极限”的过程。在技术创新初期的 t_1—t_2 阶段，企业对新技术的了解不够，技术 T_1 的技术性能提高缓慢，当企业增加投资后，技术 T_1 的性能会迅速提高，但是到了某一点以后（如图中的 t_3 时刻），企业会发现无论怎样努力，技术性能只能稍微提高或者根本无法再提高，这说明技术已经发展到了它的极限，也就是说，在这一点，它的边际性能为零，而边际成本却很高。当破坏性技术 T_2 出现时，开始或许并未表现出较高的技术性能，处于 T_1 技术曲线下方，但是随着企业投资和技术的发展，技术 T_2 的产品性能将会迅速提高，在 T_2 的技术轨道上开始类似于 T_1 的逻辑发展轨迹，直到性能稳定，技术趋于成熟，这个时候的企业将会再次进入渐进式创新，直到第二次破坏性技术创新的出现。

与渐进式技术创新相比，破坏性技术创新不仅在技术发展轨道上不同，而且在技术水平变化的轨迹上也存在很大的不同。破坏性创新由于过程的不确定性，它的变化轨迹存在明显的波动，并且在初期，它的技术水平可能低于前一代技术，但是随着时间的推移，破坏性技术会出现长足的进步，远远超过前一代技术。渐进式技术创新是在原有技术水平上的改进，它的增长是相对平稳的，但是增长幅度有限。尽管破坏性创新存在着不确定性，但是两者比较来看，破坏性创新所带来的技术或产品服务会远远超过渐进式创新。

除了技术轨道和过程轨迹方面的差异外，在企业实施创新的过程中，两种创新方式同样存在着诸多的不同（如表 5 - 1 所示）。

表 5 - 1　　破坏性技术创新和渐进式技术创新的比较

比较项目	渐进式技术创新	破坏性技术创新
技术	成熟、容易识别、沿续现有的技术轨道改进且速度慢	开始不成熟、难以识别、破坏或重新规定技术轨道，发展速度快
市场	主流用户群、高端、规模大、容易预测	全新用户群、低端、规模小、难以预测
产生和识别	在前一创新末期产生	偶发于整个生命周期
产品	性能好、结构复杂、价格昂贵、使用麻烦	性能差、结构简单、价格低、难以预测
价值和用途	确定和清楚	不确定、模糊
不确定性	低	高
能力	提高	创新、破坏
投资	大	小
成本	高	低
获利率	高	低

续表

比较项目	渐进式技术创新	破坏性技术创新
竞争基础	适应现行的价值网络	适应另一新的价值网络
优势	在位者	进攻者
策略	听取营销人员和主流用户意见，改进技术以适应已知市场	依据技术人员意见，成立独立的组织，寻找需要该技术属性的新用户或新市场

资料来源：付玉秀、张洪石："突破性创新：概念界定与比较"，《数量经济技术经济研究》，2004年第3期，第78页。

第二节

破坏性技术创新模型

一、破坏性技术创新的二维模型：低端破坏

克里斯坦森在《创新者的窘境》一书中通过考察磁盘驱动器工业，构建了破坏性创新模型的基本框架—二维模型，如图5-2所示。为了验证该模型的有效性，他进一步研究了其他行业，例如，机械挖掘机、钢铁、零售、摩托车、会计软件、动力控制、糖尿病护理和计算机。研究的结果证实，破坏性创新理论具有广泛的适应性。

该理论模型确立了三个关键性的破坏要素：

第一，每个市场上都存在一个顾客可以利用或吸收的改进率，在图中以虚线表示，该曲线略为向上倾斜，围绕这一中位线存在一个消费者分布：市场中存在许多这样的层级，其中它的范围可以通过右侧的分布区域来表示。位于最高层次上的消费者有可能对市场上存在的最好产品从来就没有满意过，而位于最底层的消费者可能已经对较低性能的产品感到非常满意了。虚线本身代表了"足够好"的技术，它能够满足主流消费者的需要。

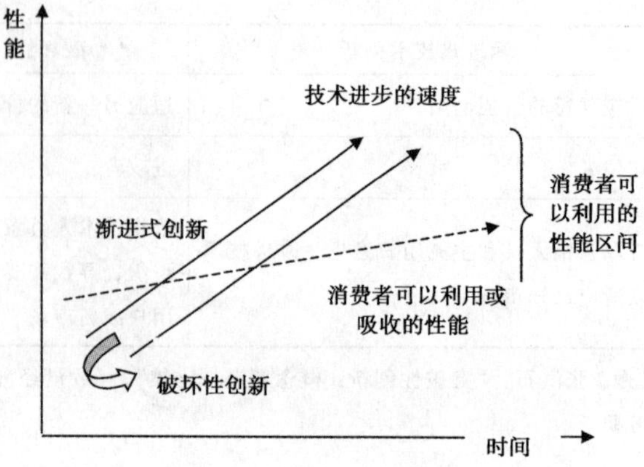

图 5－2　破坏性创新的二维模型示意图

资料来源：［美］克雷顿·克理斯坦森著，吴潜龙译：《创新者的窘境》，江苏人民出版社 2001 年版。

第二，每个市场上都存在完全不同的改进轨迹，这些改进是在创新者引入新型和改进型产品时带来的。在图 5－2 中用更加陡峭的实线来表示，技术进步的速度几乎总是超过该技术在应用市场上给定层级的消费者的能力。因而，将产品定位于主流消费者现有需求的公司，可能提供了超越主流消费者需要的产品性能。

第三，渐进式创新和破坏性创新的区别。渐进式创新以高端消费者为目标，而破坏性创新往往以现有市场的低端消费者为目标，他们提供比较简单，更加便捷与廉价的产品。

事实上，很少有某种技术或商业创意在本质上具有维持性或破坏性。相反，它们是否产生破坏性必须与战略决策相匹配，即管理者必须将创意转变为计划，并且能够成功地实施。成功的破坏者会清楚地知道，破坏性战略将极大地增加企业竞争成功的概率。一旦破坏性产品在新的或低端市场上确立了自己的地位，新的改进循环就开始了。同时，由于技术进步的速度超过了消费者使用技术的能力，因而过去尚不够完善的技术最终会得到充分的改进和完善，符合更挑剔消费者的需求，在这种情况下，破坏者就变成新的市场领先者。虽然行业现有的领先者似乎总是能获得渐进式创新方面的竞争优势，但是新进入企业更容易取得破坏性创新战略的领先优势。破坏性创新对现有的行业领先企业可能造成毁灭性的打击，因为现有的行业领先者在资源配置上更强调渐进式创新。行业现有的领先者的市场目标是维持和提升高端市场的份额，没有动力在破坏者认为有吸引力的新的或低端市场上进行防卫。

例如，20 世纪 50 年代，IBM 公司 San Jose 实验室发明了世界上第一台磁盘驱动器（RAMAC）（容量为 5MB，体积近冰箱大小），但是 50 年之后，磁盘驱动器的容量和体积发生了革命性的变化。在这个过程中，破坏性技术创新起到决定性作用。其技术的变革过程如图 5－3 所示。

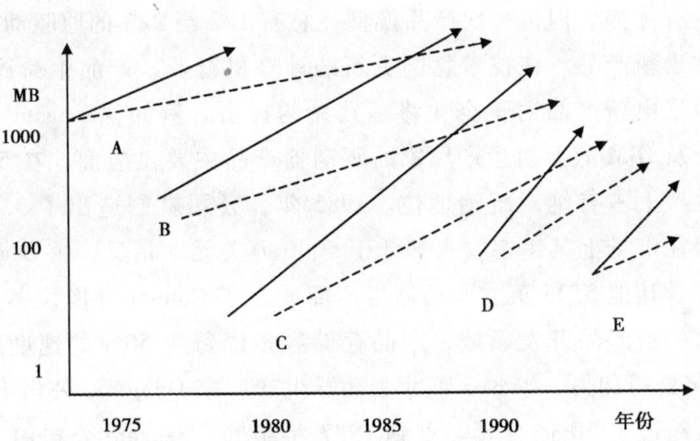

图 5－3　磁盘驱动器技术进化轨迹示意图

图 5－3 中的水平坐标表示年份，纵轴表示磁盘驱动器容量（单位 MB），实线部分从 A 点到 E 点依次代表 14 英寸、8 英寸、5.25 英寸、3.5 英寸、2.5 英寸磁盘驱动器技术发展轨迹；相应的虚线部分从 A 点到 E 点则分别代表当时的主流市场、微型计算机市场、台式 PC 机市场、可移动计算机市场、笔记本微机市场的需求曲线。

从 1976—1992 年，100MB 驱动器体积从 540 立方英寸缩小到 8 立方英寸，而成本从 560 美元降到 5 美元（单位 MB），由于该行业技术进步速度快，多数厂家没有实现对破坏性创新的及时响应，1976 年以前的驱动器生产商目前基本荡然无存，硬盘驱动器行业技术进步的轨迹是：14英寸——→8英寸——→5.25英寸——→3.5英寸——→2.5英寸。

值得注意的是，在驱动器直径从14英寸—2.5英寸的变化过程中，在每一种新结构诞生的初期，都出现存储容量小于老结构系统所能提供的存储容量的情况。例如8英寸系统刚上市时，其容量为8MB，而14英寸系统其时平均容量已达200MB。虽然在新型驱动器上市之初，其存储容量较小，但提供了附加的新颖性能。例如，从70年代末期到80年代中期，伴随着8英寸、5.25英寸、3.5英寸和2.5英寸驱动器的使用，推出了小型机，台式PC机和笔记本电脑的出现。

在每一种新型结构产品推出时，在位的主导厂商在资金和技术上都比新厂家占有优势。但每一次产品换型，总有1/2至2/3的原驱动器厂商不能及时推出新产品。在技术急剧更新的计算机行业，产品生命周期很短，不能及时推出新产品对于企业将是致命的打击。例如，Seagate公司作为IBM公司及IBM兼容机生产厂家的驱动器产品主要供应商，在5.25英寸驱动器生产上占有绝对统治地位。1985年，公司就制造出了3.5英寸驱动器，但在市场上其销售收入却低于5000万美元。相反，由Seagate公司前雇员联合其他5.25英寸驱动器生产商成立了Conner外围设备公司，积极投身这一新产品开发领域，产品存储容量以每年50%的速度递增，结果Conner公司和另一家3.5英寸驱动器生产厂家Quantum公司1994年年度总收入超过了50亿美元。直到1987年年底，Seagate公司由于竞争压力才开始进入3.5英寸驱动器生产领域，但为时已晚，结果不得不在1990年斥巨资收购CDC公司，使自己原有的生产和销售经验和CDC技术结合，以维持竞争优势。

从磁盘驱动器工业创新的历史中可以看出：

第一，破坏性技术创新在技术上并不存在绝对的困难，并且出现之初，面对的是技术和经济上的非主流用户。

第二，渐进式技术创新以现有的主流用户为目标，总是维持既定的性能改进轨道：向性能较高、获利点较高的区域接近。这种技术改进和创新尽管可能存在着困难，但不是破坏性的。因而，渐进式创新总是由在位的主导企业实施，不会出现突然的市场份额下滑或者失败。

第三，尽管现有公司通过渐进式技术创新中表现出技术上的卓越性，但在开发和采用破坏性技术的案例中，走在行业前端的公司却常常是新进入者，而不是原来的领先者。

二、破坏性技术创新的三维模型：新市场破坏

在《困境与出路》一书中，克里斯坦森和雷纳对破坏性创新的二维模型进行补充和完善，引入代表新的用户和新的消费环境的第三个轴，描述两种不同类型的破坏，破坏性创新的二维模型扩展为三维模型（如图5-4所示）。

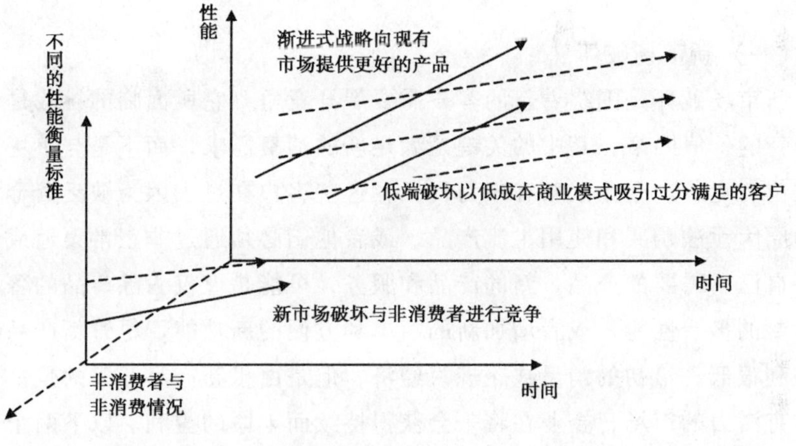

图5-4　破坏性技术创新的三维模型示意图

资料来源：克雷顿·M. 克理斯坦森，迈克尔·E. 雷纳著：《困境与出路》，中信出版社2005年版。

在图5-4中，除产品性能和时间以外的第三个维度代表了新的价值网络（value network）。所谓价值网络是指产业发展的生态环境，其中，客户是价值网络的重要节点，企业的成本结构和经营流程由特定的价值网络决定。新的价值网络的构建是为了满足新的客户需求，即过去由于缺少资金或技术购买和使用相关产品的消费者，或者代表现有产品的不同应用领域。为了对新的客户需要作出反应，企业需要与供应商和销售商进行新的合作。通过构建新的价值网络，使产品的性能、生产成本与新的市场需

求相适应。

价值网络重构的概念是克里斯坦森首先提出的，罗森布鲁姆（R. S. Rosen bloom）做出了进一步的论证，[①] 克里斯坦森在《创新者的窘境》第二章“价值网络与创新动机”中进行了阐释和分析。不同的价值网络可以沿着第三个坐标轴，在与原来图表不同位置出现。因而，现实中存在两种不同类型的破坏。第三个轴上产生新价值网络的破坏称之为新市场破坏（new - market disruptions），即围绕着新的市场重新构建价值网络。与之相对应，二维模型所描述的低端破坏（low - end disruptions）是指在原有价值网络的最低端对最无利可图、服务要求最低的市场发起攻击的破坏。

（一）新市场破坏

新市场破坏是围绕着新的客户需要展开竞争，它所面临的挑战是创建一个新的价值网络，其中的关键是满足新的消费需求，而不是与市场现有的在位者竞争。企业以新客户为目标，这些客户在过去因为缺乏资金和技术的原因无法购买和使用主流产品，或者他们必须通过非正常渠道或地点购买自己所需要的产品。新的产品和服务，可能是仅仅去除产品的奢华和不需要的多余性能，或者增加新的简单和方便的新功能，尽管新产品的单位毛利很低，最初的销量缺乏规模经济，但是由于新产品开辟的是一个新的富有潜力的市场，企业在将来会获得持续而丰厚的盈利。以下两个例子证明，价值网络的重构是创造新产品市场的重要途径。

案例 1：格兰仕公司生产的微波炉体积小、耗电少，价格更便宜，非常适合中国和第三世界国家的家庭，让许多家庭第一次享受到了微波炉带来的生活便利。在格兰仕所创造的新的价值网络中，赢得了新的客户，企业获得了最终的成功。

案例 2：娃哈哈公司的“非常可乐”成功占领广大的城镇市场，利用的也是新市场的技术创新。在非常可乐之前，城镇或农村消费者很少购买

① Christensen, C. M., and R. S. Rosenbloom. Explaining the Attacker's Advantage: Technological Paradigms, Organizational Dynamics, and the Value Network. *Research Policy* 24, no. 2 (March 1995).

可口可乐或百事可乐，一方面是价格的原因，另一方面也是因为两个知名可乐企业未将城镇和农村作为值得关注的市场，而娃哈哈则以“足够好”而价格低得多的非常可乐服务这些低端市场，并且获得了可观的利润回报。

（二）低端破坏

低端破坏是指依托原有的价值网络或以主流产品的生产和研发为中心的价值网络，针对市场非主流产品和服务的客户，通过改善企业的产品生产、销售和服务流程，以最低成本生产出质量和性能可靠的产品。为此，企业将利用新的经营方式或新的成本结构，使企业在低价格的基础上仍然能获得丰厚的利润。随着企业产品性能的改善，破坏者在向高端或主流产品市场的进攻过程中，逐步以新的产品结构和经营方式，占领整个市场。

低端破坏的力量来源于某种与高端产品的生产和研发相反的创新思维。高端产品的创新是正向思维：是对现有产品和服务性能的锦上添花，对产品性能的改进以某种“摊大饼”的方式展开，随着性能的逐渐增多，产品和服务的边际效用递减和产品功能的奢华趋势日益明显，但是产品的竞争力却逐渐被削弱。而低端技术破坏则遵循的是某种“逆向创新”。它不是从产品性能的提高出发，而是从实际的客户需求和客户价值出发决定产品性能的取舍，通过对产品性能的“删繁就简”，以最低成本提供大部分客户实际需要的功能。低端破坏提供的是低价格产品和服务，但是低价格不是来自于廉价的劳动力，也不是以质量的降低为代价，而是来自于对客户需求的精细把握，以远低于同行业企业的价格销售产品和服务，并获得丰厚的利润。

例如，“纳爱斯”是中国日用品的本土品牌，它依靠自主品牌、自有知识产权，利用技术、管理、规模、渠道的优势，突破了洗衣粉陈旧的成本框架，整合出一个新的洗衣粉市场天地，以价廉物美著称。看似低价的产品，收益却居于市场价值链高端，成为这个行业获利最高的企业。与之相类似，东软集团成功地进入医疗器械的 CT 市场领域，也是得益于破坏性创新的低端市场破坏。凭借在信息技术方面的优势，东软集团针对中国市场开发了质量和性能足够好而价格低廉的 CT 产品，为大量客户提供了原本可望不可及的产品。与此相反，GE 公司曾经开发出技术先进、扫描质量优异的 CT 设备，但是由于要求病人接受更长时间的扫描而受到抵制，对这项技术改进最终以失败告终。参见表5-2。

表5-2　　破坏性技术创新的成功案例

	渐进性技术创新	破坏性技术创新	
		低端市场破坏	新市场破坏
客户	服务于现有市场中的最有利可图的客户 联想携手皮尔金投资中国玻璃	为低端市场客户提供简单的产品和服务 携程网投资如家经济型酒店	吸引新客户 史玉柱投资“脑白金”服务中老年消费者
技术	为现有客户改进现有产品和技术 春兰集团以相同的价格提供更好的卡车	以低价格提供足够好的性能 东软投资医疗设备	持续改进简洁方便等特性，服务新客户 UT斯达康成功经营小灵通
业务模式	以相近的业务模式，提高毛利润 海尔投资物流	新的财务或运营模式，低价格高利润 纳爱斯突破成本结构，低价格高收益	新市场、新的分销模式和盈利模式 娃哈哈的“非常可乐”成功占领城镇市场

资料来源：［美］克雷顿·M. 克理斯坦森，迈克尔·E. 雷纳著：《困境与出路》，中信出版社2005年版。

第三节
破坏性技术创新的独特价值和面临的困难

一、破坏性技术创新的优势

（一）破坏性技术创新和企业的竞争优势

竞争优势是竞争性市场中企业绩效的基本来源。许多学者对于竞争优势作出了不同的解释，但是基本内涵大体一致，即竞争优势是指相对于竞争对手，企业为消费者提供的产品或服务具有附加价值，能够获得超过行业平均水平的盈利。

学术界的理论研究表明，竞争优势主要来源于三方面：产品差别性、专有产品或服务与克服竞争障碍的能力。产品差别，是指企业生产的产品或提供的服务是差别化的，而实现产品差别化的主要途径是：品牌形象、技术特点、性能特点、顾客服务和商业网络等方面的独特性。专有的产品或服务，是指企业专攻某个特殊的顾客群体，某个产品线或服务部门的细化。克服竞争的障碍，是指克服来自经济、管理、制度和资源方面的阻碍。

破坏性技术创新对于竞争优势的形成具有以下几方面的影响：

1. 为顾客创造附加价值

企业竞争优势的重要表现是能够比竞争对手更有效地为客户创造附加价值，获得持续盈利和成长的综合能力。谁创造了符合顾客需要的产品，谁就获得了市场。迈克尔·波特认为，企业的竞争力在于为顾客创造价值。无论是差异化战略还是低成本战略，都为了更好地满足顾客的多样化和个性化需求，为顾客创造更多的剩余价值。因而，竞争优势的根本来源是对顾客价值的持续关注。

顾客是市场的根本，谁赢得了顾客，谁就赢得了市场。顾客的需求是一个不断变化的动态过程，因而产品服务的更新换代，是企业赢得竞争优势的关键。破坏性技术创新以顾客已有或潜在的需求为目标，改善产品性能，为顾客提供更经济的产品和服务。持续的破坏性技术创新，使产品不断的更新换代，并形成新的市场，是企业保持持续竞争优势的关键。

2. 先发优势

（1）从技术方面上说，破坏性技术创新摆脱了原有的技术轨道，破坏性产品率先进入市场，重塑行业或相关行业的技术标准和技术规范，对后进者形成技术锁定，巩固在该行业中的领导地位。而后进者对技术的解密、消化和模仿需要一定的时间，从投资到形成生产能力都需要一定的时间，在一段时间内，创新者必然会形成对技术的垄断，控制着产品或工艺的技术核心，在一定程度上能够左右行业或产品技术发展的进程和方向。

（2）从顾客的角度看，破坏性技术创新有利于获得顾客的品牌忠诚度。品牌常常是某种心理定位，很多产品市场都会出现“先入为主”的现象，最先出现在市场上的产品往往得到较高的客户忠诚度。此外，破坏性技术创新增加了顾客的转换成本，起到了巩固现有企业市场地位的作用。一旦消费者购买了某一产品，就形成了某种转换成本，因为，他必须购买与之配套的相关产品，否则产品将无法使用。同时，选择替代产品的过程也会产生信息搜寻成本。

(3) 破坏性技术创新可以率先获得使用新技术所需的稀缺资源，并与供应商和分销商建立良好的合作关系。

3. 产品的差异化

从某种意义上说，创造产品就是创造差异，产品差异是市场需求的基础。因而，差异化是企业竞争优势的重要来源。企业要想获得持续的竞争优势，就必须通过制定和实施差异化战略形成压倒竞争对手的独特气质。

产品的差异化战略，即通过提供与众不同的产品和服务，满足顾客的特殊需求，从而形成竞争优势。产品的差异化战略可以表现在许多方面：设计或品牌形象、技术特点、外观特征、客户服务、经销网络和其他方面的独特性，最理想的情况是企业使自己能够同时在几个方面都标新立异。如果一个企业可以为顾客提供某种具有独特性的产品，而不仅仅是价格低廉时，他就拥有了把自己与竞争对手区别开来的垄断优势。

破坏性技术创新所创造的差异性主要表现在以下几个方面：

(1) 技术上的不可模仿性。破坏性技术创新在技术发展上另辟蹊径，建立在一套不同的科学原理之上，具有独创性、突破性和新颖性。因为破坏性技术创新改变了原有的技术标准，因此所带来的竞争结果难以让竞争对手模仿。

(2) 隐性知识的不可替代性。隐性知识（tacit knowledge）是迈克尔·波兰尼（Michael Polanyi）1958 年提出的。[①] 他把知识划分为两类：隐性知识和显性知识。按照波兰尼的解释，显性知识是能够被人类以一定符码系统（最典型的是语言，也包括数学公式、各类图表、盲文、手势语、旗

① 转引自郁振华：“波兰尼的默会知识论”，《自然辩证法研究》，2001 年第 8 期，第 5—10 页。

语等诸种符号形式）加以完整表述的知识。而隐性知识则属于个人思维或者 know – how 的东西。它深深地融于一个组织的经营实践之中，是看不见摸不着的，是“某一特定环境下的行为方式”。[①] 隐性知识包括关系、价值、规范、标准化经营过程等等，它极难细分、复制和传播，因而是竞争优势的基本源泉。破坏性技术确立了新的价值规范和竞争规则，在创新过程中所积累起来的隐性知识，是竞争对手难以模仿的。因而，由隐性知识所创造的竞争优势，才是企业实现差异化战略的根本来源。

（3）破坏性技术创新不仅涉及技术标准的改变，还涉及企业内部组织有形和“无形”结构的改变，其中的“无形”组织结构是指企业组织成员的价值判断、内部价值网络。例如，企业内部的利益分配、激励原则、价值取向和标准等。企业内部价值网络隐藏的企业文化、价值标准和创新动力，是其他企业难以模仿的。

（二）破坏性技术创新和技术跨越

技术跨越是指，跨越现有技术发展的某些阶段，直接开发、应用新技术和新产品提高产品竞争力的过程。在经济全球化条件下，产品的竞争根源于技术的竞争，技术的原始创新能力是企业参与国家竞争的基础。而技术跨越为技术落后国家、地区、企业获得与技术领先国家、地区、企业在同一起跑线上竞争甚至于超越它们的有效途径。

20 世纪 50 年代以来，日本和亚洲“四小龙”先后呈雁阵式在技术上追赶欧美，并最终成就了“东亚经济奇迹”，其中最重要的原因就是东亚在技术追赶上实现了技术跨越性发展。在经济全球化条件下，以模仿创新为主的技术跨越模式难以适应现代经济发展的需要。而破坏性技术创新，不仅适应现代技术竞争的需要，而且为后发国家的技术跨越找到一条新的路径。

1. 技术跨越的历史经验

技术跨越促进了人类历史的巨大进步。自第一次产业革命以来，世界科技、经济中心从英国—法国—德国—美国转移的历史事实，无不是科技

① 转引自郁振华：“波兰尼的默会知识论”，《自然辩证法研究》，2001 年第 8 期，第 5—10 页。

进步过程中技术跨越的结果。

在近代科技发展史上，意大利是第一个科技活动的中心。公元 13—16 世纪，意大利的很多中小型企业凭借从东方引进的传统手工技术，通过不断的改进和深化，为规模制造和生产奠定了基础。同时，意大利还创造了与当时的私营手工业作坊相适应的管理制度，极大地提高了生产力水平，实现了历史上的第一次技术跨越，完成了人类文明的中心从东方向西方的转移。

1785 年，英国的诺定昂郡建立了第一座蒸汽纺织厂。由于采用瓦特蒸汽机作为动力，使纺织厂打破了必须建在河谷地区的地理条件限制，纺织业进入到一个新的发展时期。17 世纪—1830 年，英国企业都陆续引进了瓦特蒸汽机，英国率先完成第一次工业革命，工业中心从意大利转移到英国。尽管学术界都把蒸汽机看做原始创新或根本性创新，但是，对于当时的人力和畜力来说，蒸汽动力技术是一种突破性技术。

19 世纪中叶的法国处于了物理学和化学发展的顶峰时代。在科学理论的指导下，法国大力发展以钢铁、化工、机械为主的产业技术，超越英国，取得世界领先水平，实现了经济中心的又一次转移。德国经过 40 年的努力，19 世纪末期，在科学技术和经济发展上超过了英、法、意，完成了第三次技术跨越的转移。而美国因为在电器技术、计算机、信息技术上的快速发展，1920 年开始超越英、法、德、意，成为近代世界上第五个科技创新中心。

第二次世界大战之后，日本大量吸收和引进西方的先进技术，通过反向工程的实施，向国际市场推出具有竞争力的产品，短短 40 年就追赶上了美国，成为世界第二大经济强国。到了 20 世纪 80 年代，亚洲的韩国、新加坡、中国台湾和香港，通过制定和实施技术跨越战略，仅仅用了 20 多年的时间，实现了工业化，赶上并超越了许多欧洲国家（地区）。

事实上，很多发展中国家自觉或不自觉地都在制定和实施技术跨越战略。例如，在电信领域，吉布提、马尔代夫、毛里求斯和卡塔尔等发展中国家都直接采用新技术，它们跨越了金属导线和信号的模拟阶段，快速实现了电信网络的数字化。经济和科技发展的历史表明，技术跨越是一个国家，尤其是后发国家实现经济腾飞的重要途径。同时，一国的技术跨越更多地要依赖企业的技术越轨战略的制定和实施。因为，技术跨越是企业发展的原动力，企业快速发展的助推器。

2. 技术跨越的含义和两种模式

技术跨越概念最早是由荷兰学者 Luc Soete 在 1985 年发表的论文《技术的国际扩散、工业发展与技术跨越》一文中提出的，通过对新兴工业化国家新的技术—经济范式的考察提出并论证了“技术跨越”概念。他认为，“技术跨越是对技术发展路径某些阶段的省略（跳跃），是一种非常规的技术发展方式”①。技术跨越是技术后进者以非连续的飞跃式发展方式，直接跨越技术发展的某些阶段，赶超先行者并接近、达到或超过世界先进技术水平，是技术时空发展不平衡条件下的一种技术跃迁的质变形态。

根据技术生命周期理论，技术开发的边际生产率经历了快速增长到顶峰，随后又下降的过程。技术生命周期在演化过程中遵循所谓的“S－曲线”，一般要经历四个阶段：初始阶段—发展阶段—成熟阶段—衰退阶段。根据技术跨越发展途径的不同，可以把技术跨越划分为渐进式技术创新的技术跨越和破坏性技术创新的技术跨越。渐进式技术创新的技术跨越是指，技术发展阶段的研究、开发和应用时间的缩短，或者从第一阶段直接进入第三阶段。尽管缩短了技术某一阶段的研发、应用的时间或从技术发展的某一阶段直接进入到另一个发展阶段，省略了某一发展阶段，但这种技术跨越模式仍然是在原有的技术轨道上发展，并没有开辟出新的技术发展轨迹。而破坏性技术创新的技术跨越，则是指不遵循原有的技术发展轨迹，采取新的技术方法，开辟一种新的技术发展路径，从而真正实现技术的跨越。

3. 破坏性技术创新的技术跨越日益重要

历史的成功经验表明，渐进式技术创新和破坏性技术创新都可以实现技术跨越的成功。渐进性技术创新之所以能够实现技术跨越，是由技术生命周期的特点决定的。在技术发展的每一个阶段都有不同的特点和表现形

① Luc Soete. International Diffusion of Technology, Industrial Development and Technological Leap-frogging, *Word Development*, 1985, 13 (3): 409—402.

式，要求不同的科技发展环境与之相适应。由于技术在其生命周期的每一阶段都呈现出不同的特点，技术跨越主体可以根据自身的特点，通过有效的资源配置，促进技术的某一发展阶段以超出正常速度的发展速度发展，这样也就实现了这一技术阶段的快速发展，从而实现了技术跨越。

经济的发展具有不平衡性，落后国家和企业可以通过购买先进国家和企业的技术或者技术模仿直接上升到较高的技术发展水平，可以省略某些阶段的资源投入和研究开发的过程。通过有选择地建立新的技术体系，而不需要付出相应的转化成本，实现技术跨越从而实现经济的跨越式发展。例如，第二次世界大战后的日本、20 世纪 80 年代之后东亚的韩国、中国台湾、中国香港和新加坡，都探索出了一条以破坏性技术创新实现技术跨越从而实现经济跨越的发展之路。

在经济发展的初期，落后国家和企业受到资源短缺、资金匮乏和科技人才不足的限制，往往选择渐进式技术创新实现技术跨越，从而实现经济的跨越发展，提高国家的综合国力和综合竞争力。而随着科技和经济的发展，科技发展呈现出一系列新的特征，通过渐进式技术创新实现技术跨越的优势正在被削弱。首先，最为重要的原因是随着现代科学技术的发展，产品的技术生命周期大大缩短，技术更新的速度不断加快。发展中国家往往在技术引进的初始阶段，引进的技术可能就是落后或者被淘汰的技术，从而陷入“引进—模仿—开发—落后—再引进”的恶性循环。其次，发展中国家引进的大多数技术，都是发达国家的一般技术，关键或核心技术掌控在发达国家手中，对关键技术的依赖，制约着发展中国的技术进步和创新。再次，专利保护制度的泛滥，使得发展中国家技术的引进成本大大提高。最后，发展中国家由于受自身经济和科技水平的限制，即使购买到发达国家的高新技术，在有些情况下也难以适应落后国家的发展环境和需要。

因而，仅仅遵循发达国家和领先企业的技术发展轨迹从事渐进式技术创新实现技术跨越，尽管可以实现经济腾飞，缩短与领先者的技术差距，却无法实现赶超，甚至存在着在快速发展的科技进步面前被边缘化的危险。而通过破坏性技术创新实现技术跨越则完全不同，它是利用新的科学原理和新的科学方法开辟某种新的技术发展轨迹，可以摆脱对先进国家和地区的现有技术发展轨迹的依赖，从而使落后国家、地区、企业与先进国家、地区、企业处于同一竞争和发展的起跑线上，这是通过破坏性技术创新实现技术跨越的最大优势。

破坏性技术创新之所以拥有这种优势，是因为它在技术轨道上“另辟蹊径”，面对新的客户开发新的技术。破坏性技术创新不仅存在着很大的不确定性，而且大多数破坏性技术创新需要建立在新的科学和工程技术发展基础之上，因而，对于发展中国家来说，并非易事。但是现代科学技术突飞猛进和快速传播，使发展中国家通过破坏性技术创新实现技术跨越从而实现经济跨越提供了可能。首先，破坏性技术并不一定是尖端技术，技术性能也不一定是最好的，因而，实施破坏性技术创新的成本不一定高。其次，在信息技术革命和知识经济时代，知识在经济发展中的作用越来越大，并成为技术创新的基础。在这种背景下，发达国家、技术领先企业和落后国家、技术落后企业在利用科技知识进行破坏性技术创新的机会是均等的。落后国家、落后企业完全有可能利用知识大爆炸时代涌现的各类科技知识，与发达国家的先进企业一样，从事破坏性技术创新，实现国家和企业的技术跨越和经济发展。再次，在新的技术革命发展中，尤其是在战略性新兴产业的启动和发展中，后发国家没有沉淀成本约束，可能成为率先发展的地区。

二、破坏性技术创新面临的困难

（一）企业识别、选择破坏性技术创新的能力障碍及其原因

1. 技术标准的限制

当一种新技术或产品代替旧的技术和产品时，首先要对两者进行比较和评价。在破坏性技术创新出现的时候，企业很自然地倾向于利用先前的标准评价新技术。但是评价标准却以已有知识为基础，明显地有利于渐进式技术的选择。在初始阶段，当破坏性技术和渐进式技术都被称为“新技术”时，在现有标准衡量下破坏性技术很难被正确评价，以获得充足的发展空间。

企业的技术标准是企业以往技术发展的积累，是惯例化的和相对静态的，仅仅是渐进式技术发展的创新平台。而破坏性技术的产生则是从满足

低端或新的市场需求出发，在一开始常常受到市场的排斥。更重要的是，由于从现有标准看其技术性能是处于劣势的，按照现有的技术标准企业自然会排斥破坏性技术。在这种情况下，如果企业的技术创新活动仍然在原有的价值网络中进行，破坏性技术的发展会遇到相当大的阻碍，因而，建立新的技术标准就成为进行破坏性技术创新的首要任务与困难。

2. 组织惰性

组织架构是企业内部价值网络有效实施的平台。只有借助这个平台，企业员工的思想观点、企业内部的利益关系和企业技术标准才能得到顺利的传递和实现。如果没有一定形式的企业组织架构支撑，企业的内部价值网络就没有存在和正常运行的依据和基础。

在渐进式技术创新条件下，企业被界定为一个独立的实体，通常受到来自集权决策的领导。在创新管理过程中，高级管理者是从组织所有议案中挑选和评估，并最终做出决策，因而，创新是自上而下的，存在着组织惰性。但是这种传统做法无法适应破坏性技术创新，因为破坏性技术创新所使用的资源不仅来自组织内部，而且来自于潜在客户和投资者，因而，由于受到传统的组织惰性影响，破坏性技术创新常常在一开始就被排斥在组织之外。

3. 决策的有限理性

对于高层决策者来说，由于受到个人认知局限性的影响，当面对破坏性技术创新选择时，常常会出现决策的失误，从而丧失了实施破坏性技术创新的机会。这是因为：

（1）对破坏性技术创新的歧视。破坏性技术创新开辟的是一种新的技术轨道，但这种技术最终能够占领高端市场是一个逐步发展和成熟的过程。在开始阶段，这种技术往往是不成熟的，并且产品的性能和质量也不如原有技术完善。而企业管理者往往更关注企业的当前效益，忽视了破坏性技术创新可能带来的未来收益。因而，现有的大公司很可能错失选择破坏性技术的机会，而仅仅从现行的技术中寻求日益减少的边际改进，而不是选择一种新的和更有潜力的新技术代替它。这样做的结果是，新技术的开发者能够在没有竞争者阻碍的条件下开发出新的产品或工艺，使进攻者不断集聚竞争优势，并最终击败现有企业。

（2）市场信号的错误解读。从市场角度来看，破坏性技术创新产品在刚刚进入市场时，受到产品性能和质量的限制，所面对的市场是一个规模狭小的细分市场。而现有的大公司则面对的是一个成熟的主流市场，对利润持续增长的要求，往往使大公司对规模狭小的细分市场无动于衷。当新兴的小规模市场逐渐成熟和规模扩大之后，逐渐占领了高端市场的时候，大公司才意识到新技术产品的重要性，但是此时企业已经处于即将被新兴小企业击败的边缘。此外，因为破坏性技术的市场扩张存在着高度的不确定性，企业很难根据现有的技术标准和评估体系对新兴技术进行评估，这增加了企业对破坏性技术未来市场前景判断的困难。

（3）企业文化的惯例依赖。企业文化包括物质、制度、行为和精神四个层面，是企业长期成长和发展的结晶，对企业的技术管理具有持久性的影响力。因而，当面对破坏性技术创新时，高层管理者会产生某种思维定式和认知障碍，造成对新技术创新的决策失误。而对于专业技术人员来说，专业知识的局限性常常使他们的技术发展思维被局限在传统的技术发展路径当中，缺乏对新技术研发的敏感性。

（二）破坏性技术创新的不确定性

由于破坏性技术创新的特点，与渐进式技术创新相比，破坏性技术创新拥有更大的不确定性和风险，不仅包括技术风险，而且包括市场风险和管理风险。

1. 技术风险

技术风险是指技术开发失败、生产工艺开发的失败和技术效果的不确定性所带来的风险。破坏性技术创新是不属于原有技术发展轨迹的新技术，由于新颖性和独特性，企业受到原有技术发展的约束和知识水平的限制，在有些情况下技术开发的失败是不可避免的。即使开发成功，由于技术的稳定性很难实现，自身的不确定性增大，会导致新技术达不到预期的经营效果。

破坏性技术创新是一种尚不成熟的技术，在技术发展阶段，开发过程会面临技术和知识上的诸多难题，能否克服技术上的难关并取得最终的成功，事先是无法预期和把握的。

为了保密的需要，企业技术研发主要集中在研发机构内部进行，对于外界而言，是一个“黑箱”。企业往往出于自身利益的考虑，不会把专用的技术秘密公之于众。在这种情况下，当企业的技术创新取得了一定的阶段性成果的时候，所研发的技术可能早已成为落后技术。

2. 市场风险

市场风险是指市场接受新产品的时间、产品的市场寿命和产品的市场开发所需的资源投入强度等所导致的技术创新失败。

渐进式技术创新立足于现有的技术产品性能改进，面对的是成熟的市场，市场风险相对较小，而破坏性技术创新面对的则是一个潜在的不成熟市场，市场开发十分困难。首先，新技术和产品的顾客在许多情况下是不确定性的。破坏性技术创新的产品性能和使用方式，同样有别于现有产品，由于消费者惯性的存在，一种新的产品很难立刻被消费者接受。其次，受到企业传统价值体系的影响，利用现有的技术评估和预测体系很难搜寻到破坏性技术创新面临的市场信息，从而导致市场预测的失误。

3. 管理风险

管理风险是指技术创新过程中，由于管理失误而导致技术创新失败的可能性。渐进式技术创新受到现有标准的指导与规范，容易管理和被现有的价值观所接受，而破坏性技术创新脱离现有的技术标准，需要一套有别于渐进式技术创新的管理观念、组织结构和价值判断相匹配，而高层管理人员常常受到公司现有价值观念体系的限制，常常出现决策上的失误，而错失破坏性技术创新的机会。此外，如果市场调研不充分、信息失真，同样会出现创新管理失误，从而导致新技术创新的失败。

4. 资源的不确定性

资源分配的风险是指资源的配置不能及时到位，或不能及时供应，从而导致技术创新无法进行，或创新活动的中断。

技术创新往往需要各种资源的支持，而且每个创新环节都不能中断，必须保证充足的供应，才能保证创新活动的顺利进行。由于管理者短视和认知能力的限制，往往看不到破坏性技术创新的市场潜力，导致资源无法配置到破坏性创新项目。另外，资金短缺和融资渠道的不畅，同样会导致新的技术创新的失败。

三、破坏性技术创新中的若干原则

(1) 新的客户需求是企业破坏性技术创新资源配置的决定因素，如果不能满足新的客户的需求，公司的破坏性技术创新无法取得成功。对于现有的管理良好的企业而言，企业的运营机制和管理体制的建立是为了适应市场的主流客户，而不是新的客户需求。因而，在公司原有组织模式条件下，那些不能满足主流客户需求的创意和新思想往往被“扼杀”掉。这些创意和思想的实施要改变组织现有价值结构，是培育新的组织业务单元的突破性技术的胚胎。客户需求导向使现有组织难以向破坏性技术的开发投入足够的资源，而客户对破坏性技术的需求由隐性转变为显性时，一切都为时已晚。因而，对于一家把成本结构定位在高端市场竞争的公司而言，很难在低端市场上获利。

(2) 现有企业技术发展的高端化，是破坏性技术创新路径选择的契机。高端产品市场的价格高，盈利空间大，现有公司通过渐进式技术改进可以从主流客户的市场高端化方向获得较高的盈利率。而在低端市场产品，由于产品的价格低，市场需求的规模狭小，无法满足大规模生产企业的盈利要求，这为破坏性技术创新者提供了可乘之机。

(3) 由于破坏性技术创新的高度不确定性，现有公司依托渐进式技术创新形成的市场预测失效，是新兴企业通过破坏性技术创新实现快速发展的关键。现有公司常常面对的是已有的市场和客户，试图通过渐进式的技术发展轨道，在持续技术和产品改进中保持市场领先。当市场上出现破坏性技术创新产品时，由于市场前景的高度不确定性和隐蔽性，建立在渐进式技术创新基础上的市场预测方式常常是失效的，现有企业对破坏性技术创新判断的失误，为新兴企业的快速发展提供了充足的空间。

(4) 仅仅为新的客户提供所需的基本功能，是破坏性技术创新的重要起点。现有企业对渐进式技术改进的持续关注，往往使产品的性能改进超过了市场需求，而破坏性技术创新却从客户最基本的产品性能需求开始，通过低价格满足非主流客户的市场，然后逐渐扩张到主流客户。

第四节

打造破坏者

在前面几节中，先后考察了破坏性技术创新的特点、优势和面临的困境。在本节中，我们集中考察企业如何面对破坏性技术创新，如何摆脱创新困境，把握创新机会，充分利用破坏性技术创新的独特价值，在尚没有出现激烈的市场竞争前，把自己塑造成一个成功的破坏性者，最终成为新的市场领导者。

一、破坏性技术创新的衡量标准

打造成功的破坏者的前提，首先是要确定什么样的技术创新具有市场破坏性的潜能。克里斯坦森指出，确定一项技术是否具有破坏性的标准主要包括以下几点①：

（1）能否成为新的市场破坏的标准（至少需要满足其中之一）：

A. 是否很多人因为没有资金、相关设备或技术做这件事，因此，在这种条件下，要么放弃，要么花钱请专业人士替他们做？

B. 客户要使用这种产品或服务，是否要到一个不方便或某个集中的地点或市场购买？

如果该技术能够使那些缺少技术或资金的人可以便利地拥有，或者在便利的地点和情况下使用，那么该技术就具有被塑造成新市场破坏者的潜能。

（2）能否成为低端技术破坏的标准（必须满足两个条件）：

A. 低端市场的顾客是否愿意以更低的价格，购买性能没有主流产品好但质量还不错的产品？

① ［美］克雷顿·克理斯坦森著，吴潜龙译：《创新者的窘境》，江苏人民出版社 2001 年版。

B. 能不能发展一种商业模式，使企业以较低价格吸引那些被过度服务的顾客，但仍然可以获取丰厚的利润？

在很多情况下，低端破坏的技术创新是对制造、服务或商业流程的改进，如果能够通过改进加快资金的周转，将会使企业在毛利率较低的产品中获得丰厚的利润。

(3) 当新的技术通过了上述两个标准，确定是否可以成为新市场或低端市场破坏性技术创新后，仍然需要符合第三个衡量标准，才可能最终实现破坏性技术创新的成功：该技术创新是否对行业内所有重要的市场在位者都具有破坏性？如果对行业中一个或多个市场在位者而言，该技术创新更多地属于渐进式技术创新的条件下，技术创新成功的机会更多地倾向于市场在位者，很难实现商业上的成功。

如果某项技术没有达到上述三项衡量标准，那它就不能被塑造成具有破坏性的技术创新。它可能成为延续性的技术，但对于新进入的企业而言，不能成为企业成功的基础。

二、价值观念的转变

思想观念既是行动的指南，也可能成为创新行为的束缚。对于现有企业而言，现有的价值观念既可能是现有竞争优势的来源，但是当他们面对破坏性技术创新时，却可能成为一种无形的桎梏。破坏性技术创新的成功取决于诸多因素，例如，自身的技术能力、资金状况、对各种要素的整合能力和对市场变化的判断，尤其是对市场变化的判断涉及技术创新价值观念的改变。

（一）要通过价值观念的转变充分认识到破坏性技术创新巨大的潜在市场价值

技术创新是一国实现经济增长的基本推动力，是一个企业竞争优势的基本来源。由于破坏性技术创新的独特性和新颖性，对破坏性技术创新的认识需要一个全新的价值判断。虽然在创新初期，破坏性技术创新尚不成熟，与现有产品相比，产品的性能和质量还有一定的差距，但一旦创新出现并持续下去，就会创造出巨大的发展潜力和破坏性。

（二）企业内部创新管理人员创新意识的转变

推动创新的人首先是企业家，是企业家率先把新产品引入生产体系并推向市场。因而，企业家是创新活动的核心。对于现有企业而言，因为企业内部价值网络的固化，渐进式技术创新拥有很强的能力和惯性，而破坏性技术创新能力却很弱。在这种条件下，企业家的创新精神、创新意识、创新倾向和风险偏好，对破坏性技术创新的成功都是至关重要的。

经济学和管理学的近期研究表明，创新绝不仅仅是一个技术变革过程，而是一个社会过程，不仅仅涉及高层管理，而是整个组织变革的结果。包括企业技术人员在内的组织成员都应当更新观念，打破自身原有的知识的限制，通过与包括外部企业的相关人员在内的组织成员的合作交流，形成创新的氛围，打破破坏性创新的技术和观念障碍。

三、对企业进行适应性组织变革

（一）创建高度独立的破坏性创新组织

破坏性技术创新是一种全新的技术发展模式，是对旧的创新思维、方法和管理方式的挑战，因而，破坏性技术创新很难在一个成熟公司内部进行。越是成熟的大公司，组织和文化的惯性越大，越难以从事破坏性技术创新。破坏性技术创新需要灵活的组织结构，勇于创新的企业文化，强烈进取心的员工队伍，专业化的研发团队和勇于探索、容忍失败的企业创新环境。传统组织模式的战略、组织、文化与员工之间的内部一致性是实现渐进式创新与短期业绩的基本驱动力量，却对破坏性技术创新起到了抵制作用。

为了不扼杀和阻碍破坏性创新思想的产生和实施，企业必须采取相应的“组织措施”，为破坏性技术创新建立相对独立的组织结构。例如，当IBM决定认真对待微型电脑市场时，不是在总部，而是在远离纽约总部的佛罗里达成立了一个独立研发单位进行这项工作。破坏性技术创新越是能够摆脱现有公司的组织惯性、管理和逃避风险的思维方式的阻碍，成功的概率就越大。通过建立独立的研发组织，可以保护破坏性技术创新免受公司现有组织惯例的影响和干扰。

破坏性技术创新组织是一个高度独立的组织，组织结构、战略、管理、文化等都具有高度的独立性，尽量不受现有组织模式的影响。而现有的公司组织则负责满足主流市场客户的需求，促进渐进式技术变革的发展，保持公司的稳定发展。

对于现有的公司而言，实施破坏性技术创新的组织形成是多种多样的，例如，收购孵化从事破坏性技术创新的新兴企业，内部创业，新的事业发展部门的创建，创新小组的建立等等，虽然形式多样，但是都要求高度的独立性。在破坏性技术创新的实施过程中，现有的组织往往通过风险投资的方式对新组织进行控制和管理，通常的情况是，新组织与现有组织之间存在着清晰的边界。图5－5对破坏性创新组织与现有组织的关系做出了描述。

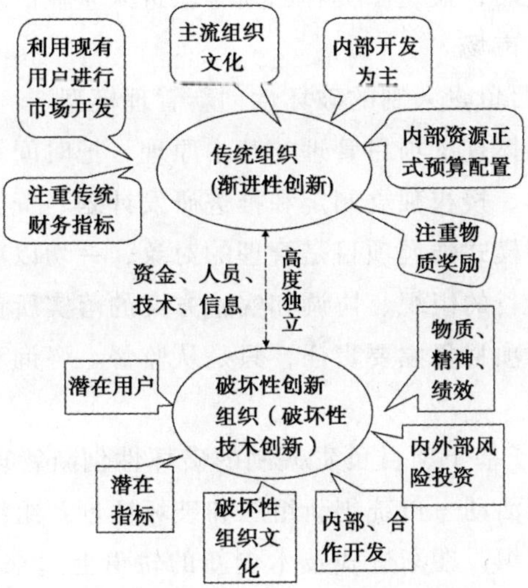

图5－5　破坏性技术创新组织模式示意图

资料来源：栗亮亮“突破性创新管理模式重构及其运作机理分析”，中南大学2006年硕士学位论文，根据图3－2绘制。

累佛等（Leifer，et al）在考察了柯达公司电子成像技术的研发过程后指出，相对于原有的化学成像技术，电子成像技术是一种破坏性技术创新。[①] 刚开始，电子成像技术的研发被柯达在罗切斯特的化学成像工厂的

① Leifer，et al，*Radical Innovation：How Mature Companies Can Outsmart Upstarts*. Harvard Business School Press，2000.

传统技术研发所掩盖，感光胶卷的管理者不断干预电子成像的研发计划，认为它会威胁现有的用户基础。而当时柯达公司的工资政策是，所有的工程师都得到同样的报酬，在这种条件下，很难吸引到期望得到更高报酬的优秀电子工程师。由于数字成像技术散布在公司的各个部门，没有表现出很大的市场潜力。1999 年，当乔治·费雪（George Fisher）担任柯达公司执行总裁时，将所有的数字成像研发计划集中于一个独立部门实施，这个部门摆脱了主流组织惯例的影响和干扰，采取了全新的管理、薪酬和激励机制，专注于开发数字成像产品。2001 年，柯达公司最终开发出令市场轰动的数字成像产品，避免了奥林巴斯等新进入企业的攻击，成功地转型进入数码成像产品市场。

（二）基于项目负责人制的破坏性创新管理模型

项目负责人制体现了项目管理的基本原理，把时间和预算有限的项目委托给项目负责人，授权独立制定和推进研发计划、资源分配、协调和控制。这种创新管理模式强调项目是管理的对象，一切以项目为中心，突出了项目负责人对项目的组织、协调和实施方案的落实所负的责任。而项目之外的组织不再对项目负主要责任，只是从监督、咨询和资金等方面对项目进行监督管理。

图 5－6 给出了基于项目负责人制的破坏性创新管理模型。该模型建立在企业双重组织活动—传统创新组织和破坏性创新组织基础之上。在模型中，企业现有组织，在渐进式技术创新的轨道上追求现有技术的改善，负责企业的日常运行，保持企业在主流客户市场的竞争地位和稳定发展。而破坏性创新组织，则致力于破坏性技术创新，试图实现技术跨越，寻找新的技术突破点和市场立足点。破坏性技术创新具有高度的独立性，在资源、技术和人才方面具有优先权。

基于项目负责人制的破坏性创新管理模型，可以充分发挥项目和职能部门的各自优势：一方面，职能部门可以集中一定的特殊资源，进行有效的统一管理；另一方面，破坏性技术创新项目作为一个跨职能部门的组织，可以集中所需的所有资源展开创新活动，而职能部门则为项目的进行提供必要的支持和服务。

在模型中，项目负责人被赋予足够的权力，负责项目的整体运行。项

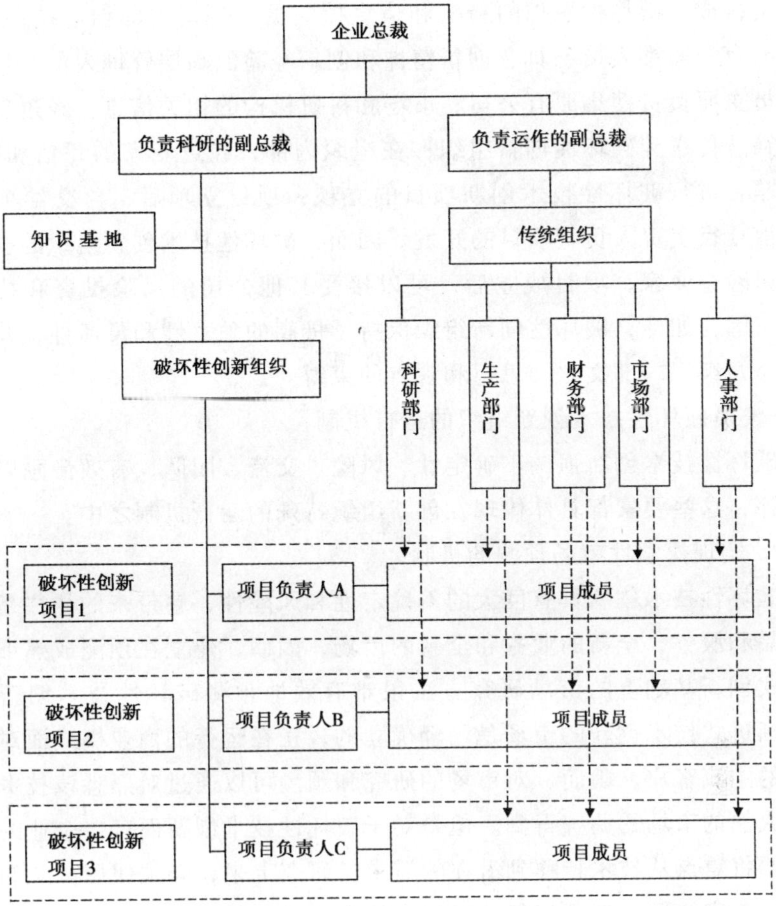

图 5－6　基于项目负责人制的破坏性创新管理模型示意图

资料来源：曹兴、栗亮亮："突破性创新：企业组织管理模式重构及其运行机制"，《科技管理研究》，2007 年第 4 期，第 7—9 页。

目负责人可以优先从职能部门挑选成员，组成项目团队（例如，破坏性项目 1）。项目运行期间，项目组成员仅仅对项目负责人负责。项目结束后，或者被分配到其他项目团队，或者回到原来的职能部门工作。项目小组的组织流程与公司其他职能部门完全不同，为了提高组织成员的积极性和主动性，采取更加灵活和富有弹性的工作机制。

破坏性技术创新部门属于相对松散的组织结构，在组织中，一般有以下成员构成：破坏性思想的猎头和信息搜集员、公司内部创业投资专家、评估专家、监察人员、具有创新精神和创新经验的高层管理人员。信息搜集人员主要负责搜集原有公司、市场和科研机构的相关信息，经过猎头的初步筛选传送到破坏性创新组织；在组织内部，经过专家的评估和审查，决定是否进行破坏性技术创新项目的立项；项目立项后，再交给项目小组，由项目负责人负责项目的开发。因而，破坏性技术创新组织的核心是内部风险企业家，项目成立后，可以接受其他公司的风险投资和技术支持。正因为如此，破坏性创新组织保持了极高的独立性和灵活性，几乎不受大公司组织内部文化、思想和观点的束缚。

（三）破坏性技术创新组织的运行机制

破坏性技术创新强调不确定性、风险、交流、团队、有效激励以及风险测评，这些要素都具体体现在创新组织特殊的运行机制之中。

1. 实现探索性市场预测的机制

破坏性技术创新具有巨大的不确定性和风险性，它带来的往往是全新的产品和服务、全新的业务和全新的市场，因而，建立在预测成熟市场和渐进式创新基础上的市场研究方法很难有效地预测破坏性技术创新的成功。渐进式技术创新的市场是已经确立的，正在运行的商业模式面对的是市场的主流客户，因而，对市场的研究和预测可以通过对熟悉该技术的客户和成熟的市场的调查得到。但是对于破坏性技术创新而言，企业的管理者需要将重点从技术转移到潜在的需求的研究上来，必须使用试验和探索的方法考察市场，而不仅仅是对现有的市场潜力的详细评估。对于破坏性技术创新项目，可以通过非传统的方式进行市场预测和研究。例如，试验的经验；在破坏性技术创新构想和其他创新技术之间进行比较研究；小范围的市场应用试验，在实验中对新技术进行持续的改进和完善；与潜在客户建立建设性的伙伴关系，通过与试用客户的交流与合作，企业可以及时获取市场需求变化的信息；观察客户需求与已经使用产品之间的相互作用，发现客户需求和产品性能之间的差距，识别破坏性技术的潜在市场。

2. 建立沟通交流机制

破坏性技术创新存在着很大的不确定性，需要充分利用大量的信息和资源，尤其需要参加创新项目的各职能部门的沟通和协作，实现信息和资源的共享，共同参与问题的解决，减少或消除冲突。跨部门的横向组织结构，为来自不同部门的工作人员的思想交流和协作提供了便利。同时，由于项目人员来自不同的部门，具有不同的知识背景和技术专长，只有通过不断的沟通和交流，才能完成知识的转化和融合过程，达到知识的扩展和内化，共同寻找突破技术难关的办法和途径。

此外，破坏性创新组织是一个开放的组织，不仅需要大量的内部信息，而且需要大量的外部资源，因而，要充分地利用各种渠道和媒介，建立各种反馈和相互协调机制，以开放的姿态面对外部的信息和资源。

3. 团队合作机制

创造高绩效的创新团队是项目成功的关键。一个优秀的团队是一个具有高度凝聚力、相互信任和对项目具有高度责任感的团队。一个项目的成功不是偶然的，需要在团队建设上投入大量的精力和资源、合理的角色分配和任务分派以及有效的管理程序等诸多方面的共同努力。

在项目团队中，项目负责人的一个重要职责就是进行有效协调，最大程度地调动团队成员的积极性，挖掘成员的创新潜力，最大限度地发挥团队的整体优势。在这里，项目负责人，将成为一个指导者、激励者和监督者。通过项目负责人的引导和团队成员的共同努力，培养出互惠互助的团队文化，处理和协调好竞争与合作的关系。

4. 激励监督机制

有效地激励机制能够增加团队成员的工作热情，朝着组织目标共同努力，最大限度地激发他们的创造力。有效的激励机制要满足员工的多层次需求，既要有物质激励、精神激励，还要关注他们的事业成功、社交和自我实现的需要。最重要的是激励手段与工作业绩相联系，使报酬能够真正体现员工的价值和付出的努力。例如，可以实行项目入股、分红、报酬和项目绩效相结合、培训、出国、职位晋升等多种激励手段，使团队成员的目标和项目目标相一致。

破坏性创新项目组是一个相对独立的松散组织，团队成员具有很强的自主权，有时出于利己目的，可能出现与项目目标不相一致的行为。有效地约束监督机制，不仅可以防范道德风险，还可以带来正面的激励效应。

5. 风险测评机制

破坏性技术创新在技术、市场、资源和组织上具有很强的不确定性，使破坏性创新项目面临着巨大的风险，因而，企业要做好风险评估和风险承担的准备。企业要建立独立的风险预测和评估机构，通过详尽的技术和市场调查，搜集大量的信息，降低不确定性和风险；同时，要充分利用高度发达的信息技术和现代信息设备，对信息进行记录、分类和整理，进行适应性和前瞻性的预测。

四、构建外部支撑体系

成功的创新型组织的一个重要特点，是能够以开放的姿态面对来自外部的新信息。面对主要顾客和关键技术的发展，创新型组织需要有一种外向型的定位，并让这种思想渗透到组织的各个层次中去。企业要成功地进行破坏性技术创新，要充分地关注外部环境对破坏性技术创新的影响，并把有益的外部因素吸纳到企业破坏性创新体系中去。因而，建立有效的外部支撑体系，也是破坏性技术创新成功的重要因素。本节从用户、合作企业和国家三个层面阐述破坏性技术创新外部支撑体系的建立。

（一）用户参与制

破坏性技术创新是技术与市场的有效结合，理解用户、明确市场的发展趋势，对企业的产品和服务创新是不可缺少的。许多企业仅仅关注现有的市场需求，忽略潜在的市场需求。破坏性技术创新关注的不是现有市场主流客户对现有产品性能改进的需求，而是关注一个新的细分市场，是为了满足潜在的市场需求，因而，传统的市场主导型战略不适应破坏性技术创新的需要。

潜在客户是客户群体中创新能力与创新动机最强的组成部分，一方面，潜在客户需求能够较好地体现未来的需求趋势，创新方案的采纳将显著地改善整个消费群体的生存质量；另一方面，这类客户的需求具有很强的市场指导性，充分吸收隐藏其中的创新思想进入创新制造系统，能够有效地提高研发体系与市场需求的匹配程度。因而，创新企业在识别技术与市场发展趋势时，要充分重视潜在客户的作用。

首先，对潜在客户的有效识别。客户的选择和识别，应在充分考虑技术和市场发展趋势的基础上有目的、有计划地进行。对技术和市场发展趋势的把握，以及可能存在的潜在客户的预测，市场的一线人员通常更有发言权。因而，企业要建立长期的外部专家网络和市场调研机构，并与之保持密切接触，以随时了解技术和市场需求变动的信息，确定潜在客户具体的选择标准。此外，潜在客户未必存在于企业现有或潜在的目标用户群之中，因而，企业应扩大创新用户的选择范围。同时，要及时对客户参与创新的动机进行评估。企业应把那些为得到有效满足而具有强烈创新动机的用户纳入到创新体系之中。

其次，对客户创新的吸收和利用。潜在客户需求与创新代表了市场未来需求的发展趋势，企业只有把外部需求和内部资源有效地结合起来，才能把技术创新转化为市场价值。因而，企业应该采取积极有效的措施，准确捕捉有价值的客户需求信息、让客户积极参与到企业的创新活动中来。

对客户创新的吸收和利用是一个复杂的过程。一方面，企业应该关注参与者的权威性和客户资源的代表性；另一方面，对企业而言，除了要关注产品创新信息外，还应当关注潜在用户产品创新解决方案的设想，以便发现有效解决方案，并快速实现其价值；另外，合作创新可能涉及知识产权和利益纠纷，应事先达成协议。

第三，对客户的启发和引导。企业要利用自身的技术、设备优势对所选择的客户进行积极的启发和引导，能够更有效地把握潜在客户的需求信息，也使双方合作成功的可能性增大。同时，还可以激发客户需求，引导潜在市场需求，创造新的创新机会。在获得用户反馈信息时，能够及时调整自身创新系统和市场需求的一致性。

（二）技术的外部合作支撑

合作是现代企业实现供应管理的有效方法。在瑞士洛桑管理学院发表的关于2000年国际竞争力的评价报告中，把企业间的技术合作与联盟、企业与大学及研究机构的交流合作看做是世界性的潮流，对各国科技竞争力的提升具有日益重要的作用。企业通过构建技术创新合作网络，可以获得稀缺资源、分担技术研发成本、降低创新的风险和有效利用技术的外溢性，以较低的成本获得新技术。更为关键的是，企业在技术创新网络中能够培养自己潜在的创新能力，这比技术创新本身更有意义。

1. 合作的原因

破坏性技术创新具有高度的不确定性和风险。日本科学技术与经济会的实际调查表明，“在研发项目从设想到立项阶段，样本企业产品创新的成功率仅为1.7%，失败率则高达98.3%”①，而通过技术合作则可以降低企业突破性创新的风险。

同时，破坏性技术创新需要建立在新的工程和科学原理基础之上，需要大量的研发投入，而且周期长，因而，通过技术合作可以降低单个企业的开发成本和市场进入成本。破坏性技术创新需要大量的技术人才，要求他们具有创新性思维，企业之间的技术合作和交流，可以激发他们的创新灵感，创造新知识，缩短产品的开发周期。破坏性技术创新需要建立新的技术标准和经济规则，通过技术合作同样可以减少企业间的市场竞争，形成战略联盟，共同推行新的行业标准，并在生产中形成规模经济。

2. 合作的形式

企业之间的研发合作可以采用多种多样的形式，例如，研发联盟、战略联盟和创新网络等。

研发联盟是指企业为了分摊研发成本、降低风险、集中稀缺的技术资源和设备，在市场进入之前进行共同研发和制定标准而组成的一种松散的组织形式。联盟的形式同样是多种多样的，其中集中程度最高的形式是将建立共同的研究机构或者新企业，而集中程度最低的则是各成员企业之间展开的外部协同研究。在实际运行中，各企业将结合自身的技术基础、竞争态势和法律环境等因素，采取不同的联盟形式。

战略联盟是指两个或多个企业以协议的方式共同开发新技术或新产品的组织形式。一般情况下，研发联盟注重的是基础研究，而战略联盟则主要从事与市场密切相关的应用研发项目。战略联盟不同于合资企业形式，通常具有具体的最终目标和时间表，而且不会建立独立的新公司。战略联盟的建立，主要是为了通过共同规避风险和利用共同的专业资源进入新的市场领域，通过相互的组织学习获得新的市场开发能力。

---

① 日本科学技术与经济会：《研究开发的技术》，远东出版社2001年版。

创新网络是指企业为了在不断变化的市场环境条件下，实行有效创新，建立起来的一种新型组织结构，是企业正与外部专业资源相结合的一种有效方式。创新网络是一种介于企业层级组织和外部市场组织之间的混合组织形式。

在创新网络内部，企业主要以契约、协议等方式建立的，企业之间不存在相互控制关系，是相对平等的，企业之间的成功合作关键取决于网络内部成员之间的相互信任。网络成员之间往往以价值链为基础进行重构，企业则处于价值链上的各个相关环节进行专业化分工与合作。这种以核心专长为导向的联合方式，使企业网络获得巨大的整体效应。

不同于传统层级组织边界清晰和内外分明，创新网络成员之间的组织边界是模糊的，每个企业都是其他成员组织在功能上的延伸，把组织的概念扩展到组织之外。另外，创新网络中的信息传递是横向而双向的，是一种“多对多”的网络信息交流机制。这种信息交流方式和机制，更有利于企业及时扑捉有价值的信息，使创新体系能够得到及时更新和完善。

3. 合作伙伴的选择

对于企业来说，技术合作是战略性的，寻找合作伙伴，是为了创新活动的战略需要。根据创新活动各个不同阶段的特征，不同阶段需要不同的合作伙伴。具体地说，在技术开发的初期，企业主要面对的是技术和市场的不确定性，合适的合作伙伴将是拥有技术优势的公司、科研院所，其目的是跟踪和汲取技术。而在技术的成长完善阶段，随着技术与市场风险降低，战略合作的伙伴应当有更广泛的选择。在战略定位阶段，是为了赢得市场竞争优势，合作伙伴应当选择具有专业互补性资源的企业，有助于企业达到规模经济和强化市场地位。

合作伙伴的选择，应该注意以下三个原则：第一，战略匹配的原则。合作伙伴的选择要从技术研发的战略需要出发，无论是大型企业，还是中小企业，都要与战略的需要相匹配；第二，知识网络原则。技术创新往往需要多个相互交叉的知识领域，需要多种技术的相互融合。实践中，企业通过与产业内部上下游企业之间、不同产业之间的合作实现知识的融合，构建潜在的知识网络；第三，资源互补原则。一个企业往往处在价值链上的一个或几个环节，与其他企业相互依存。一家企业的核心技术往往是另一家企业核心技术的延伸。一项技术创新往往需要相关领域的合作，企业仅靠自己的力量在相关领域进行开发既不经济也不现实。各具优势的企业联合起来，相互支持，互为补充，不仅可以使每个企业获得开展生产经营活动所需要的资源，而且在生产经营活动中不断强化自身的优势。

（三）国家保障体系

从宏观运行环境看，创新的成功需要国家政策的支持和保障。由于破坏性创新的风险很大，政府政策对于破坏性创新具有重要影响。为了保证企业破坏性技术创新的顺利实现，国家需要制定有效的政策引导机制和激励机制。如果国家缺乏对创新和创业企业的支持和鼓励政策，不利于提高企业创新的积极性，抑制破坏性创新的顺利实现。同时，国家要进一步完善专利等知识产权保护制度，为企业的破坏性创新提供强有力的支持。

国家可以从以下几方面着手构建创业或创新环境：

（1）培育鼓励创新的社会文化环境，转变价值观念。企业采取渐进式技术创新只能维持现有产品的竞争力，存在着相当大的技术和市场局限。而国家要保持经济的持续增长，必须依赖新的经济增长点，破坏性技术创新是国家经济增长新的重要源泉。在认识到破坏性创新的独特价值的基础上，国家要营造勇于创新的文化氛围。

（2）建立新型的国家创新体系。破坏性技术创新打破了传统的行业界限，建立在新的技术规则和经济规则之上，目前的国家创新体系难以适应破坏性技术创新战略的有效实施，迫切需要建立适应破坏性技术创新的新型国家创新系统。

（3）完善适应破坏性技术创新的体制环境。破坏性技术创新具有很大的不确定性，需要一个相对宽松的体制环境。

（4）完善国家立法和政策法规建设，给创新企业以充分的制度和法律保障。

第五节

总结及政策建议

作为20世纪90年代后期兴起的技术创新理论流派，其破坏性创新理论是对发达国家企业竞争和创新实践的总结。由于该理论考察的是后发企业或中小企业技术创新路径，对后发国家企业和产业国际竞争力的提升具有十分重要的借鉴价值。破坏性创新理论不但为我们提供了技术创新研究的新视角，而且全面揭示了新的技术创新机制，为考察和预测后发国家企业技术创新提供了一个新思路。同时，从实践的角度看，破坏性创新也是企业成长的新战略。它不仅衍生出技术创新的新方向，而且会创造市场需求的新内容。而从宏观的高度看，破坏性创新应该成为发展中国家实现跨越式发展的可行战略和政策选择。这是因为，发展中国家拥有破坏性创新理想的试验场——具有广阔前景的低端市场和多种技术选择机会。

在经济全球化条件下，企业和产业的国际竞争本质上是核心技术的竞争，谁掌握了技术优先权，谁就在竞争中占据了有利位置。而企业和产业的核心技术，既不可能通过市场引进和购买，也难以通过简单的学习和模仿获得，根本的途径是不断的学习、模仿和在创新中实现技术的积累和突破。

改革开放30多年来，中国通过引进的方式购买了许多先进技术，有效地促进了经济和科学技术的快速发展。但是由于自主创新不足，至今仍未走出“引进—落后—再引进—再落后”的怪圈。到目前为止，电子信息和汽车等支柱产业的关键技术仍然受制于人。

1985—2005年7月，在国内累积专利申请总量中，发明专利只占19.15%，其余则是实用新型和外观设计专利申请。在国际上申请的PCT专利，中国在2003年之前不足全球申请总量的1%，到2005年，中国虽然跻身世界十强，但仅占全球申请总量的1.8%，相比美国33.6%还有很大差距。由于发明专利更能代表创新程度，因此可以看出，中国在国际上和较高层次上的发明还不足，创新水平还比较低（参见表5-3）。

表5-3　　2005年全球PCT申请最多的国家

排名	国家	申请量（件）	占全球申请量比重（%）
1	美国	45111	33.6
2	日本	25145	18.8
3	德国	15870	11.8
10	中国	2452	1.8

资料来源：中国国家知识产权局网站 *www.sipo.gov.cn* 。

关键技术对国外的依赖，使中国的加工制造仅仅处于国际产业链的低端，贴牌生产绝大部分利润都被技术所有者拿走，加工制造环节所获得的利润只占整个利润的1%—2%。在国际市场的竞争力，只有掌握了核心技术，拥有自己的知识产权，对市场的控制力才能越来越强，才能从根本上提升中国企业和产业的国际竞争力。

对于如何展开自主创新，学者们有不同的建议，其中原始创新属于最为重要的自主创新。但是考虑到中国产业和技术发展的实际，破坏性技术创新是中国自主创新的重要途径。因为，破坏性技术创新是基于对现有技术轨道的“另辟蹊径”的创新模式，它摆脱了对原有技术的依赖。面对新的市场需求，它强调在技术开发和积累过程中，形成自己的技术发展轨迹，并试图改变技术标准和行业规则，提升企业和产业的国际竞争力。

破坏性技术创新之所以在中国具有广泛的推广价值，原因主要表现在以下两个方面：第一，中国存在着对低端产品和新产品广泛的市场需求。由中国的具体国情所决定，中国不仅存在着广阔的低端产品市场，而且存在着新的产品市场需求。满足这些市场需求的适应性技术不一定就是国际市场上的成熟技术，很可能是破坏性技术。从满足中国特殊的市场需求出发，通过破坏性技术创新，探索新的技术路径，是提升中国企业和产业国际竞争力的重要途径。第二，因为破坏性技术不依赖于现有的技术路径，成功的破坏性技术将有助于企业和产业形成新的技术标准和技术壁垒。例如，因为破坏性技术的首创性，可以使企业获得产品成本和质量控制方面的竞争优势，而在技术成长和改善的过程中，可以带动衍生出相关技术和产品，推动战略性新兴产业的发展。

因而，作为中国企业自主创新的重要路径选择，破坏性技术创新一方面可以提高企业自自主创新能力，降低自主创新的成本，形成了企业核心竞争力，增强了企业的竞争优势；另一方面有助于企业形成自己的核心技术和知识产权，摆脱对现有技术轨道的依赖，制定或形成自己的产业标准，尤其是战略性新兴产业的标准。

第六章

技术追赶战略中的路径选择[①]

经过30年的发展，中国汽车产业从封闭走向开放，逐渐发展为汽车产销量排名世界前列的国家。在产销量快速增长的同时，中国汽车产业在产品结构和产业组织结构上都发生了巨大的变化。面对与国外汽车厂商相比的技术差距，中国汽车企业制定和实施了技术追赶战略。在制定和实施技术追赶战略的过程中，中国汽车企业面临两种路径选择：一是“以市场换技术”，通过合资和开放国内市场的方式引进国际先进的汽车生产技术；二是依靠自主创新，在技术引进和消化吸收的基础上，逐渐掌握汽车的研发和制造技术。第一种路径完全是“要素租金”驱动的，而第二种路径在初始阶段强调“要素租金”驱动的同时，更加强调迅速向“创新租金”驱动的转化，试图通过创新引致的后发优势提升企业和产业的国际竞争力。2005年初次国际化的失利，尤其是面对2008年秋季以来全球金融危机的冲击，使中国企业和政府认识到自主创新是提升企业和产业国际竞争力的唯一途径。在这种背景下，处于技术追赶战略两种技术路径中的企业都试图通过战略转型，加快探索中国特色的自主创新道路。但是因为路径依赖，处于

① 本章的研究是以中国汽车产业为例，其中主要指轿车产品的生产和研发。

两种路径中的企业的自主创新战略存在着明显的差异。

以一汽、上汽和东风汽车为代表的国有大型企业，主要选择的是第一种技术追赶路径，而以比亚迪、吉利、长城汽车为代表的自主汽车品牌，则选择了第二种技术追赶路径。由于汽车产业受到政府的高度管制，技术追赶战略及其路径的选择不仅取决于企业，而且深受政府产业政策的影响。本章从政府产业政策演变背景下的企业行为出发，总结中国汽车企业技术追赶战略两种技术路径选择的经验和教训，并对中国汽车产业未来的发展提出政策建议。

作为自主品牌的代表，比亚迪是中国企业自主创新的典范。作为后发企业，无论是电池还是汽车生产，比亚迪都是先消化和吸收国际上的先进生产技术，通过工艺流程创新和模仿，在“要素租金”驱动下充分利用比较优势获得后发优势。以工艺流程创新引致的后发优势为基础，比亚迪不仅在电池产业的国际竞争中胜出，而且顺利进入了汽车产业，并成为自主品牌的领头羊。更为重要的是，比亚迪充分利用现有的技术积累，正在试图通过产品创新进入电动汽车产业，实现真正的“创新租金”驱动。

第一节

新旧汽车产业政策中的两种技术追赶路径

为了应对全球金融危机对中国汽车产业的冲击，2009 年 2 月 9 日，国务院制定并颁布了《汽车产业调整振兴规划细则》（以下简称《规划细则》）。在《规划细则》中，国务院明确提出了汽车产业必须稳定市场需求、调整产品和产业结构的目标和发展方向，充分表达了中国发展汽车产业和壮大自主品牌的决心。

《规划细则》明确了中国未来汽车产业发展战略的三个关键点。第一，稳定和促进中国的汽车消费，力求2009年汽车的产销量超过1000万辆，未来三年的平均增长率达到10%；第二，在产品结构上，重点支持低排量和新能源汽车，要形成50万辆新能源汽车的产能，新能源汽车要占乘用车销量的5%；第三，调整产业结构，在提升产业集中度的同时，提升自主品牌汽车的市场地位，自主品牌乘用车的国内市场份额要达到40%，其中轿车达到30%，自主品牌汽车出口占出口销量的比例要达到10%。

对《规划细则》与1994年和2004年的新旧汽车产业政策的比较分析，可以使我们清楚地看到中国汽车产业政策发展的脉络。两者的核心内容表明了中国政府对汽车产业技术追赶战略及其路径选择的思考。1994年和2004年的产业政策都曾经对中国汽车产业的发展产生过重大影响，对它们在中国汽车产业发展历程中的作用和影响的分析，将有助于我们更深入和全面地探讨中国汽车产业发展的有效机制和路径。

中国的汽车产业始于1953年7月15日，这一天，由毛泽东亲笔题字的"第一汽车制造厂"在吉林省长春市破土动工。在前苏联的技术支持下，1956年7月该厂生产出中国第一辆汽车（解放牌卡车）。1957年5月开始自主设计和制造轿车，1958年生产出第一台轿车（红旗牌轿车）。

经过50年的风雨历程，中国汽车产业在曲折中求发展。20世纪90年代，随着1994年第一个汽车产业政策的出台，中国汽车产业获得了飞速发展。图6－1描述了1953—2008年中国汽车产业产量的增长情况。

从图6－1中可以看到，1953—1992年，经过10年的发展，中国汽车的产量才仅仅达到100万辆，其中主要是商用汽车。而1992—2000年短短8年的时间，中国的汽车产量就达到了200万辆。自2000年以来，中国汽车产业的产销量以更快的速度增长，到2008年，中国汽车的市场销售量已经达到938.1万辆，成为世界汽车销售量排名第二的国家。2009年，中国汽车的累计产销量突破1300万辆，同比增长再创新高，乘用车

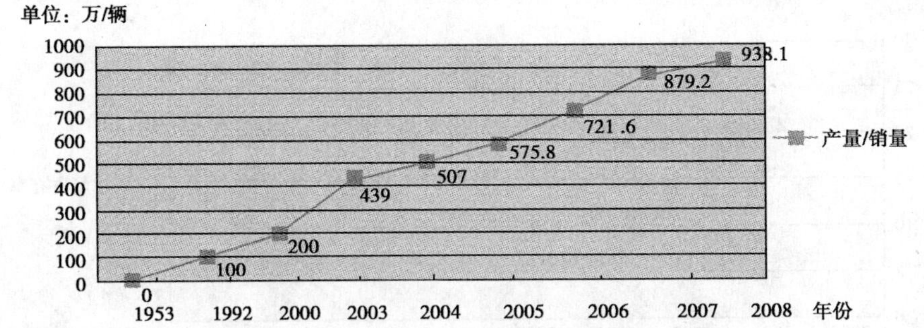

图 6-1　中国汽车产业发展的基本趋势示意图

产销首次超过 1000 万辆，成为世界汽车销售量排名第一的国家。产量和速度只是问题的两个方面，中国汽车产业的发展更重要的表现还是在产品和产业结构上的重大变化。

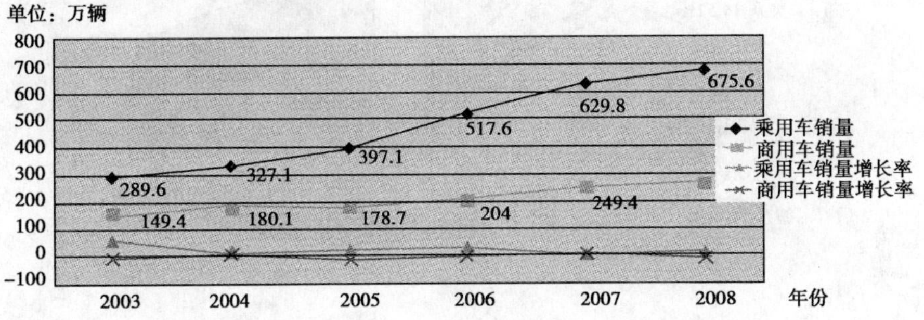

图 6-2　2003—2008 年中国乘用车市场销售变动情况示意图

通过图 6-2 的描述，从中国汽车产业的产品结构看，1990 年以来，以轿车为主的乘用车市场发展的最快。2003 年增长率曾经达到 53%，直到 2008 年下半年，受全球金融危机的影响，增长速度才降为 7.3%。

从产业结构变化的角度看，中国汽车产业首先实现了从封闭走向开放，通过合资和技术引进，中国轿车工业缩短了与国外先进国家的技术差距，实现了产业的技术升级，以一汽、上汽和东风汽车为代表的国有大型企业及其合资企业实现了快速发展；其次表现为 2000 年之后，中国汽车自主品牌的快速崛起，出现了以奇瑞、吉利和比亚迪等为代表的自主品牌

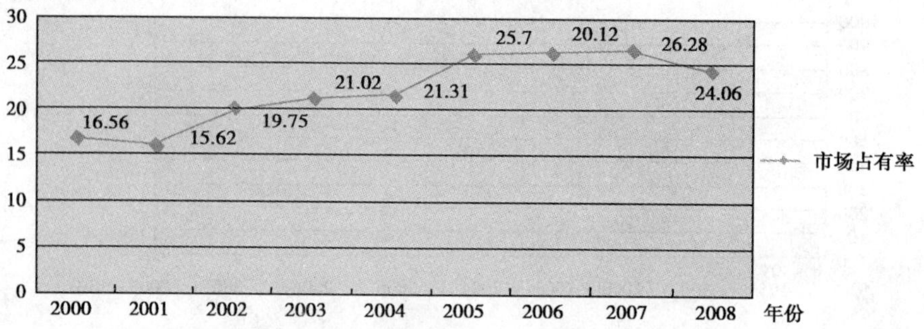

图 6－3　2000—2008 年中国自主品牌汽车市场占有率变动情况示意图

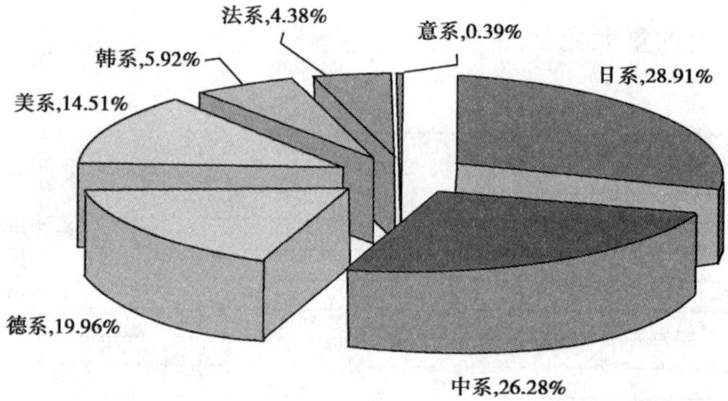

图 6－4　2007 年中国轿车市场各车系的市场份额示意图

企业。可以说，中国汽车产业的技术追赶战略取得了阶段性成果。如何加大自主创新的力度，最终实现中国汽车产业在技术上的赶超，是中国汽车产业能否真正实现国际领先、为国际汽车产业作出自己独特贡献的关键。其中，对新旧汽车产业政策对技术追赶战略的影响的考察，对我们思考中国汽车产业发展的未来具有十分重要的意义。

1. 合资时代的“中国汽车工业政策”和技术引进战略的确定

1978 年，在国门初开的岁月，随着对国外制造业先进技术水平的了解，中国政府逐渐认识到中国汽车产业与世界先进国家之间存在着巨大的技术差距。[①] 同时，随着国内经济的恢复和发展，汽车尤其是轿车的市场需求出现了爆发式的增长，国内的轿车生产能力难以满足市场需求的增长，而进口则受到外汇额度的限制。20世纪80年代中期，国家正式把汽车尤其是轿车产业列为国家重点发展的支柱产业。1986年4月公布的《中华人民共和国国民经济和社会发展第七个五年计划（1986—1990年)》中提到："把汽车制造业作为重要的支柱产业。按照高起点、大批量、专业化和联合发展的原则，以骨干企业为龙头，形成长春第一汽车制造厂、湖北第二汽车制造厂、济南重型汽车制造厂以及军工部门等汽车制造基地，同时改建扩建一批技术比较先进的汽车零部件专业化生产企业。"这是中国政府第一次明确了汽车工业在国民经济中的重要地位。

1987年8月，国务院北戴河会议明确了要建设一汽、二汽和上海三大轿车生产基地的目标，进一步提出轿车生产应按照"高起点、大批量、专业化"的原则进行产业规划。

1988年，国务院在《关于严格控制轿车生产点的通知》中提出，轿车生产布局的"三大三小"战略，即国家只支持一汽、二汽和上汽三大轿车生产基地（三大）和北京、天津、广州三个轿车生产点（三小），不再批准任何其他生产点，唯一的例外是军工系统的奥拓和云雀。1989年3月发布的《产业政策要点》则把已经批准的轿车项目列为国家重点支持项目。此后，1990年国务院颁布的国家产业政策和1994年颁布的《汽车工业产业政策》仍然沿用相同的思路，严格限制定点企业之外的企业进入汽车产业。

1994年颁布的《汽车工业产业政策》的要点包括：第一，强调汽车产业的规模经济要求，明确了中国汽车产业的发展主要依托"三大三小"的国有汽车企业，通过对国有企业的扶持加快汽车产业的发展；第二，强调建立合资企业，通过以"市场换技术"的方式解决中国汽车企业核心

① 在1979年1月25日第一机械部出国考察代表团向国务院的报告中指出，中国制造业的技术水平比西欧、日本落后20多年，并提出了通过快速新技术引进步伐实现技术赶超的战略建议。参见李岚清：《国门初开的岁月》，中央文献出版社2008年版，第60—63页。

技术的缺乏，但是重点不是整车的开发，而是零部件的国产化；第三，计划经济的色彩非常浓厚，与国际脱轨。

在确定“三大三小”汽车产业发展格局的基础上，20世纪90年代，为了弥补核心技术的缺乏，中国政府的产业政策开始不断强化“以市场换技术”的道路。“以市场换技术”开始取代“高、大、专”的汽车产业发展指导思想，政府希望在通过打开国门吸纳更多的市场主体，构建全新的竞争体系同时，能够充分学习国外成熟的管理经验和制造技术。在这一背景下，中国的汽车产业进入了“合资时代”。

2. “以市场换技术”的失败与新政的出台

“以市场换技术”的技术追赶战略的基础是“要素租金”驱动，强调通过优化投资环境吸引国际汽车企业与中国企业创建合资企业，在技术引进和消化吸收中掌握汽车产业的核心技术。但是，“以市场换技术”战略的实施并没有使中国真正掌握汽车生产和研发的核心技术，尤其是研发技术。中国现有的几大企业集团，在技术上都严重依赖跨国公司，例如，上海汽车集团，其技术来源主要是德国的大众和美国的通用，基本上没有自主研发能力。由于“以市场换技术”技术追赶战略及其路径的失败，促使中国政府试图通过新的汽车产业政策的制定和颁布重新思考技术追赶战略的路径选择。2004年和2009年，中国政府出台了新的汽车产业政策。

与1994年版的《汽车工业产业政策》相比，新产业政策的新意主要体现在以下7个方面：第一，取消了与世贸组织规则和我国加入世贸组织所作承诺不一致的内容，如取消了外汇平衡、国产化比例和出口实绩等要求；第二，大幅度减少行政审批，该放的放开，该管的管住，依靠法规和技术标准，引导产业健康发展；第三，提出了品牌战略，鼓励开发具有自主知识产权的产品，为汽车工业的自主发展明确政策导向；第四，引导现有汽车生产企业兼并、重组，促进国内汽车企业集团做大做强；第五，要求汽车生产企业重视建立品牌销售和服务体系，消除消费者的后顾之忧；第六，引导和鼓励发展节能环保型汽车和新型燃料汽车；第七，对创造更好的消费环境提出了指导性意见等。

在新的汽车产业政策中，最重要的是提出了发展自主品牌、自主创新和新的节能环保及新能源汽车开发战略。在新的产业政策的推动下，中国自主品牌和自主创新开始呈现出快速发展的势头。

中国汽车产业的自主品牌基本上都诞生于2001年前后，例如，奇瑞汽车公司直到2001年3月才向市场推出第一款自主品牌轿车——风云，吉利汽车公司则成立于中国加入WTO的前一个月。但是，中国自主汽车品牌企业的发展速度却是惊人的，例如2005年，中国自主品牌汽车的增长速度远远高于合资企业，增长率为53%，比合资企业20%的增长率高出一倍以上，而当年轿车市场的增幅为24%。中国自主品牌企业的轿车市场占有率达到25%，成为中国汽车产业中发展最快和最有活力的一支生力军。

尤其值得关注的是，2007年3月份的数据表明，自主品牌的代表奇瑞汽车以44568辆的成绩获得月销量第一，第二到四名分别是上海通用40071辆、上海大众38627辆、一汽大众37016辆，这四个厂家构成了遥遥领先的第一阵营（参见表6－1）。

表6－1　　2007年3月份中国轿车销量前12名

排序	生产企业	销量（辆）	排序	生产企业	销量（辆）
1	奇瑞	44568	7	北京现代	20008
2	上海通用	40071	8	东风日产	19177
3	上海大众	38627	9	神龙	18688
4	一汽大众	37016	10	吉利	17895
5	广州本田	21700	11	长安福特	16372
6	一汽丰田	21557	12	天津一汽	15635

资料来源：http：//auto. sohu. com/

而2010年3月份的最新统计数据表明，自主品牌的代表比亚迪、吉利、奇瑞汽车的月销量都进入了前10名，尤其是比亚迪以68100辆排名第三，取代奇瑞成为自主品牌的领头羊。但是与合资企业相比，中国的自主汽车品牌仍然处于弱势地位（参见表6－2）。

表 6-2　　2010 年 3 月份中国轿车销量前 10 名

排序	生产企业	销量（辆）	排序	生产企业	销量（辆）
1	上海大众	80900	6	东风日产	53900
2	上海通用	80300	7	一汽丰田	41100
3	比亚迪	68100	8	吉利	37100
4	一汽大众	65400	9	奇瑞	36400
5	北京现代	56600	10	长安福特	36300

资料来源：ZDC 监测：2010 年 3 月中国轿车生产厂商销量排行，http：//lited. com. cn，2010 年 4 月 23 日。

经过近 10 年的时间，自主品牌轿车获得快速的增长和发展，2007 年自主品牌轿车的市场占有率达到 31.39%，曾经一度超过日系车，市场占有率排名第一。但自 2007 年自主品牌的市场占有率在达到历史最高点之后，开始出现下滑，主要原因是合资企业开始重视自主品牌市场占有率最高的中低端市场，不断推出新车型和降低价格。面对合资企业的竞争，自主品牌暴露出一系列的先天不足，主要表现为缺乏核心技术、关键零部件依赖外部进口和新产品开发不足。2005 年前后中国汽车初次国际化的失利，再次凸显了自主创新对中国汽车产业发展的重要性。因而，2007 年之后，自主研发越来越成为中国汽车企业发展战略的重心。但是，以一汽、上汽和东风为代表的国有大型企业和自主品牌企业却选择了不同的技术追赶路径。

第二节

初次国际化的失利和对自主创新路径的探索

一、初次国际化的失利

对中国汽车产业的发展而言，2005 年和 2006 年是令人难以忘怀的。

在这段时间里，中国汽车产业在国内市场收获成功的同时却遭遇到首次海外扩张的挫折。面对一系列挫折，中国汽车企业最终意识到，无论是国内竞争还是海外扩张都是一条充满挑战的道路，取胜的关键是通过自主创新掌握汽车研发和生产的核心技术。

以 2005 年为转折，在中国汽车市场的快速扩张中，中国自主品牌汽车企业发挥着越来越重要的作用。2005 年，中国本土自主品牌汽车的生产增长速度为 53%，远远超过合资企业的 20%，这使自主品牌汽车在国内的市场占有率上升到 25%。在国内市场取得骄人业绩的同时，中国的自主品牌汽车在国际市场上也收获甚多。例如，2005 年奇瑞汽车公司的轿车出口首次突破 1.8 万辆。2005 年，吉利汽车公司以一款完全自主知识产权新车“自由舰”亮相美国底特律和德国法兰克福国际车展，让世界首次认识到中国汽车产业的快速崛起。

在产品直接出口快速增长的同时，近两年来中国汽车企业开始了海外直接投资和并购的步伐。从 2001 年第一批汽车出口中东国家开始，奇瑞汽车公司开始制订并实施庞大的海外投资计划。2003 年，奇瑞公司与伊朗的 SKT 公司合作，以技术合作的方式在伊朗建立第一家海外 CKD 工厂，年产汽车 5 万辆。2005 年 11 月 12 日，奇瑞公司与马来西亚的 ALADO 公司签约，授权对方制造、组装、销售和进口代理奇瑞品牌轿车。截至 2005 年年底，奇瑞公司已与全球 23 个国家签署了 CKD 出口合约，计划在伊朗、马来西亚、埃及、孟加拉、巴基斯坦、委内瑞拉、叙利亚和俄罗斯等国家投资建厂生产奇瑞汽车。同时，奇瑞公司还与长城汽车控股公司、东风汽车集团和广州华南摩托车工业公司签订协议，准备共同在非洲加纳与当地的大型汽车企业 SNEDA 公司合作建立汽车生产基地，以 CKD 形式生产卡车、摩托车、皮卡、旅行车和奇瑞轿车。除此之外，中兴汽车也计划在未来几年内在北非、南美和俄罗斯建立 4—5 家 CKD 工厂。长安集团则与越南一家公司达成协议，第一步投资 1500 万美元，在越南建立一家海外工厂，进而在埃及和尼日利亚设厂生产汽车。

2002 年，华晨汽车公司的中华轿车取得市场销售许可，尽管经历了不少曲折，但是随着新产品的不断推出，企业不仅在国内市场上站稳了脚跟，而且在国际市场上获得了成功。继 2006 年 11 月 27 日华晨汽车公司与欧洲 HSO 汽车贸易公司一次性签署为期 5 年、共 15.8 万辆的中华轿车出口协议之后，2007 年 4 月 3 日，又与俄罗斯帝国贸易公司签署了一份为期五年、涉及 8 万台金杯海狮客车、合同金额达 13 亿美元的出口协议。

除了在海外直接投资设厂生产轿车外，以上汽和南汽为代表的国有大型企业开始一系列的海外并购活动。中国汽车产业最早的海外并购发生在 2001 年，当时万向集团曾斥资 280 万美元收购美国汽车刹车部件厂商 UAI，该公司是 NASDAQ 上市公司。尽管此次收购的规模较小，影响也不大，但却开创了中国汽车企业海外并购的先河。2004 年，上汽集团与美国通用联手收购韩国第四大汽车企业“双龙”汽车。继 2005 年 4 月上汽花费 6700 万英镑购买濒临破产的英国罗孚汽车公司 25 系列和 75 系列轿车和全系列发动机的全部知识产权之后，7 月 22 日南汽集团以 5078 万英镑的价格成功收购罗孚汽车的剩余资产，试图依托中国南京和英国长桥两个生产基地，实施海外扩张。

但是，中国汽车企业的海外扩张之路并不是一帆风顺的，仅仅几个月，刚刚起步进行海外扩张的中国企业就遭遇到一系列困难和挫折。据媒体的最新报道，以奇瑞为代表的中国汽车企业的海外投资项目在东南亚和俄罗斯因政策原因而搁浅。而上汽和南汽对罗孚的收购也遭到了业界的质疑，因为罗孚曾经被美国福特和德国宝马两次收购，剩余的生产能力之中中型轿车的关键生产设备和设计又被日本本田公司收回，中国企业购买的技术已经属于落后技术。因而，中国汽车企业能否通过收购国外技术落后企业而参与国际竞争，这本身就是值得怀疑的事情。此外，上汽在对双龙的资源整合中，遭遇到控制权被空置和“工会门”事件。2005 年年底，被上汽收购的韩国双龙汽车亏损 685 亿韩元，社长苏镇琬被免职。2006 年以来，旨在提高待遇和避免技术转移的持续罢工事件使上汽重组双龙的计划困难重重。

从目前已发生的实际情况看，中国汽车企业的海外扩张存在着两条主要路径：一是以上汽和南汽为代表的国有大型集团试图通过大规模的海外并购实现海外扩张，但是从现实情况看，近期目的主要是为了获得国外先进的技术、研发能力和管理经验，而不是依托现有能力进行大规模海外扩张；二是以奇瑞、吉利和华晨三公司为代表的自主品牌汽车企业，在外资企业和合资企业的双重挤压下，试图通过海外扩张在缓解国内市场竞争压力的同时，获得更大的成长空间。

中国自主品牌轿车企业的发展面临着来自合资企业和跨国企业的双重挤压。而且随着跨国公司在中国布局的完成和加入 WTO 后 5 年保护期的结束，这种挤压势必愈演愈烈。尤其是近年来，跨国公司利用其在中国的合资企业，通过 CKD 的方式不断向中国市场推出新车型，其速度几乎与世界同步，这给中国自主品牌企业带来了沉重的压力。面对这种压力，自主品牌企业采取的策略有两个：一是其品牌向被跨国公司占领的高端市场逐渐渗透；二是利用在占领中国低端市场过程中积累的低成本优势，积极开拓国际市场。对于中国自主品牌企业而言，海外扩张不仅可以减缓国内市场的竞争压力，而且可以扩大生产规模，充分利用产能。因而，海外经营或扩张是中国自主品牌企业与跨国公司竞争的必然选择。例如奇瑞汽车公司，由于国内市场竞争的加剧，2005 年整车销量为 18 万辆，销售收入为 88 亿元，但利润仅为 9500 万元，较 2004 年的 1.88 亿元下降了 49.5%，平均每辆车的利润仅为 500 元。在国内市场利润下降的同时，在国际市场上的出口却成为公司利润的重要来源。2006 年上半年，共出口 2 万辆汽车，创汇 7 亿元，仅出口退税就实现利润 1.19 亿元，如果再加上品牌使用费、技术转让费、人工费和技术指导费，奇瑞公司通过出口获得的利润相当可观。

而在自主品牌实现快速国际扩张的同时，中国的合资企业在海外扩张上却是止步不前，其根本原因是在技术和品牌都受制与人的情况下，其发展必须服从跨国公司的全球战略。相对于合资企业，自主品牌在海外扩张中却显得毫无束缚。但由于缺乏研发能力，特别是在全球金融危机的冲击下，自主品牌的海外扩张，同样受到了前所未有的挑战。

二、中国汽车产业研发活动方式和路径的多元化

国内市场竞争的加剧和海外扩张的失利，充分暴露出中国汽车产业在技术追赶战略中存在的问题：强调生产技术引进而不是技术研发和技术创新。

在如何进行自主创新方面，依据企业各自的基础、市场地位和产权结

构的不同，中国汽车企业采取了不同的发展战略，自主创新和研发道路表现出多元化的态势。

1. 以上汽和南汽为代表的大型国有企业集团的自主开发道路

为了获得自主研发能力，上汽的战略是着眼世界汽车市场和研发资源，以上海汽车为依托，整合全球汽车研发资源，快速获得从关键零部件到整车的系统研发能力。

随着2004年中国轿车市场“井喷”行情的出现和国家汽车产业政策对自主品牌的倡导，以上汽和南汽为代表的国有大型汽车企业集团试图通过跨国并购，探索整合全球资源发展自主品牌的思路。经过一年多的谈判，2005年上汽和南汽先后对英国罗孚汽车的部分资产进行了收购。通过短短一年多的技术消化，分别推出以罗孚轿车技术为基础的自主品牌轿车——上汽荣威和南汽名爵。

与自主品牌的发展不同，以上汽和南汽为代表的中国大型企业集团海外并购的真实意图不仅是为了海外扩张，更重要的是为了获得国外企业的核心技术和品牌资源，以摆脱对合资企业的技术依赖。这样做的原因是，在改革开放30年的发展中，这些大型企业集团的发展主要依赖合资企业，无论是品牌和技术都受到合资方的严格控制。在2004年国家相关部门出台的相应政策要求下，这些大型企业集团试图通过海外并购快速实现技术积累，并把这种技术应用于国内市场的竞争，同时获得企业海外上市的资质。因而，获取先进的制造技术和研发能力以应对国内市场的竞争和海外上市是大型企业集团海外并购的近期真正动因。

造成国有大型企业集团选择这一战略的原因主要有三个：一是自2004年起中国政府开始调整汽车产业政策，要求国内企业建立自主研发能力和拥有自主知识产权的技术体系。在未来的5年内，政府要求国有大型汽车企业集团把开发具有自主知识产权的产品作为优先发展目标。根据政策要求，目前中国最大的两家汽车集团——第一汽车集团和上汽汽车集团都表示，到2010年，其自主知识产权的产品将在其产品结构中占到50%以上的份额。从已有的国际经验看，日、韩汽车企业从技术引进、模仿到自主创新大约花了30年的时间，在目前的情况下，中国企业要达到上述目标至少需要10—15年。因而，通过海外并购等方式整合全球资源形成自主开发能力，成为国有大型企业集团实现上述目标的捷径。二是对"以市场换技术"战略的反思。尽管国有大型企业集团通过合资建立起了庞大的生产体系，但在技术开发上却严重依赖合资方，因此没有形成自主研发能力。通过对"以市场换技术"战略的反思，中国汽车企业意识到，与产品的引进不同，自主研发能力是一个内部长期知识积累的过程。通过成功的海外并购，可以使企业快速掌握国外成熟的技术研发体系，并缩短企业内部积累的过程。三是由于受到合资品牌的约束，因而依托现有的合资企业无法实现企业的海外扩张。

本章以上海和南汽车收购英国罗孚和上南合作为代表，考察中国大型集团自主研发的路径，下面列出了两家公司收购罗孚的活动及其时间。

■ 2004 年 10 月，上海汽车集团收购韩国双龙汽车，其目的是对双龙的研发中心进行实质控制，获得 SUV 和部分关键零部件的研发能力。

■ 2005 年上汽集团与全球著名的汽车咨询机构 Ricardo 合作建立上海汽车海外（欧洲）研发中心（Ricardo 2010），基地设在英国的 Warwickshire。目前已经拥有欧洲籍工程师 150 人，其中 80% 来自 MG Rover，另外 20% 来自世界一流的零部件企业的研发中心。

■ 在集团内部建立了 2 家国家级企业技术中心，15 家省级企业技术中心，与国内著名大学合作建立了 17 个产学研工程中心。与美国通用汽车公司联合建立的"泛亚技术中心"，采用的是与美国底特律通用汽车公司总部相同的标准，每年这个技术中心都会有大约 5% 的技术人才"合理流失"到上汽的自主品牌研发中心。

■ 2005 年 3 月，收购英国罗孚汽车的 Rover 550、Rover 750 两个轿车生产平台和发动机生产和研发技术。

■ 2006 年 10 月 2 日，基于英国 Rover 750 平台的核心技术经过二次开发的荣威 750 正式上市。2008 年 6 月荣威 550 上市，与荣威 750 的研发相比，荣威 550 拥有更多自主开发成分。上海汽车宣布，到 2010 年将陆续推出中高级轿车 chengfen、中级轿车、RV（休闲车）和紧凑型轿车等 5 个平台 30 多款新产品。

续

2005 年 7 月 22 日，在与上汽角逐收购罗孚的竞争中，南汽成为最终的赢家，以 5300 万英镑的价格收购 MG Rover，包括罗孚的整套生产设备、4 个产品平台、3 个系列发动机、1 款变速箱和 MG、AUSTIN 品牌。

成功收购后，南汽迅速把 MGR 在英国伯明翰的工厂平移到南京，拆掉的生产线和设备总计为 4900 多个标准集装箱，38000 吨。

■ 2006 年 3 月 27 日，MG 名爵汽车项目在浦口奠基。

■ 2006 年 9 月 26 日，MG 名爵动力总成揭牌。

■ 2007 年 3 月 27 日，MG 名爵新车下线。

■ 2007 年 7 月 9 日，MG3 系试装成功。

可以看出，通过强调国际并购掌握中高档汽车的生产和研发技术，通过与零部件企业的合作，最终实现整车和零部件企业之间在研发和生产上的合作。

由于上汽和南汽各自收购的资产存在着相关性，为了更好地整合资源，2007 年 12 月两家公司签署了合作协议，拉开了进一步整合海外收购技术资源实现技术突破的序幕。

2. 中小企业的自主开发道路

与国有大型企业的海外并购不同，中国的自主品牌中小汽车企业则选择了自主研发和合作研发的路径。其中的代表是比亚迪公司。在本章的第三节我们以比亚迪为例，集中讨论自主品牌汽车企业的技术追赶战略及其路径选择问题。

三、中国汽车产业的创新活动与产业成长的路线图

由中国汽车产业刚刚起步的现实和独特的国内市场环境及其资源禀赋状况所决定，中国汽车企业的发展必须从现有的比较优势出发，在充分利用和放大比较优势的基础上，通过实施创新性竞争战略把比较优势转化为竞争优势。

中国汽车产业的比较优势主要来源于中国的资源要素禀赋，尤其是有

效地利用丰富而高素质的劳动力资源所带来的低成本优势。从中国目前的实际情况看，低成本的劳动力利用不仅表现在生产环节，更重要地表现为研发环节和销售环节。因而，中国汽车产业跨国经营的竞争优势主要来源于比较优势的放大和转化，集中表现在三个方面：充分利用低成本劳动力的生产性专门知识的积累、技术上的模仿创新所带来的低成本和低成本柔性生产能力。日、韩汽车企业的跨国经营实践，为我们提供了重要经验。

IBM 汽车咨询部门的研究表明，与欧美企业的竞争优势主要来源于新技术投资不同，日本和韩国汽车企业的竞争优势主要来自于工艺流程创新。其中的关键是有效地利用了丰富的人力资源实现了低成本柔性生产和产品的快速研发，比如丰田生产方式就是日本汽车产业竞争力快速提升的根本原因。

因而，中国汽车产业提升国际竞争优势的前提是在充分利用现有劳动力资源的基础上，形成独特的竞争优势。图 6－5 描述了这种独特的竞争优势的来源及其表现。

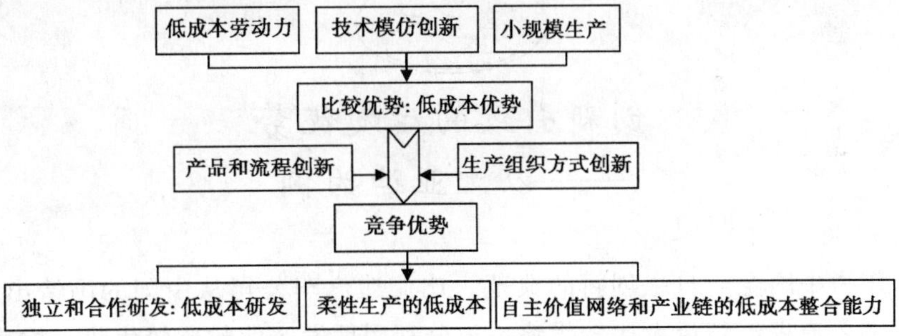

图 6－5　中国汽车企业跨国经营的竞争优势来源示意图

在图 6－5 中，中国汽车企业的比较优势主要来源于三个方面：低成本劳动力资源、技术引进和模仿中的低成本以及小规模生产中形成的专门生产技术。这些比较优势通过工艺流程创新和生产组织方式创新上升为中国汽车产业的竞争优势，集中表现为模仿创新过程中的低成本、柔性生产中的低成本和整个产业链的低成本整合能力。这种竞争优势最终将通过瓦解竞争对手的消费者剩余评价曲线的方式战胜竞争对手。

其中工艺流程和生产组织方式创新的关键，是积累有效利用劳动力的技术、知识和能力。在这一过程中，绝不能简单地把国外的先进技术直接运用于生产过程，而是要善于把国外基于其特殊资源禀赋的技术还原为适合中国资源禀赋的技术，在此基础上建立起自己独特的生产、管理和营销技术知识体系。

如果用具体时间来划分的话，2007 年之前，中国汽车产业的竞争优势主要体现在比较优势上。无论是国有大型汽车企业集团还是自主品牌企业，都是在技术引进和模仿的基础上，充分利用了已有的比较优势。但是研发活动的缺乏，使中国汽车产业无论是在国内还是在国际市场的竞争中，都处于明显的劣势。随着国家对自主创新的重视，2007 年之后，中国汽车产业掀起了新一轮技术追赶浪潮，其中的着眼点不再是简单的技术引进和模仿，而是以自主研发与合作研发为重心的自主创新。随着自主创新步伐的加快，中国汽车产业将获得足以在国内和国际两个市场展开竞争的优势。

第三节

创新引致的后发优势
——以比亚迪为例

作为中国企业自主创新的典范，比亚迪汽车公司从中国的国情出发，通过工艺流程创新放大比较优势，充分利用后发企业的比较优势，构建了该企业的后发优势。此后，在不断的技术吸收和积累的基础上，比亚迪汽车公司开始了产品创新，试图通过产品创新和新的工艺流程创新获得和保持竞争优势。

一、比亚迪汽车公司的创新路径

1. 比亚迪汽车公司创新的总体路径

比亚迪汽车公司创新的总体路径是，在企业发展的不同时期发现具有市场潜力的产品，以比较优势为依托，通过包括生产条件的重新组合、生产设备和工具的自主研发和持续改进等在内的工艺流程创新，实施成本领先战略。图 6－6 对比亚迪的总体创新战略做出了描述。

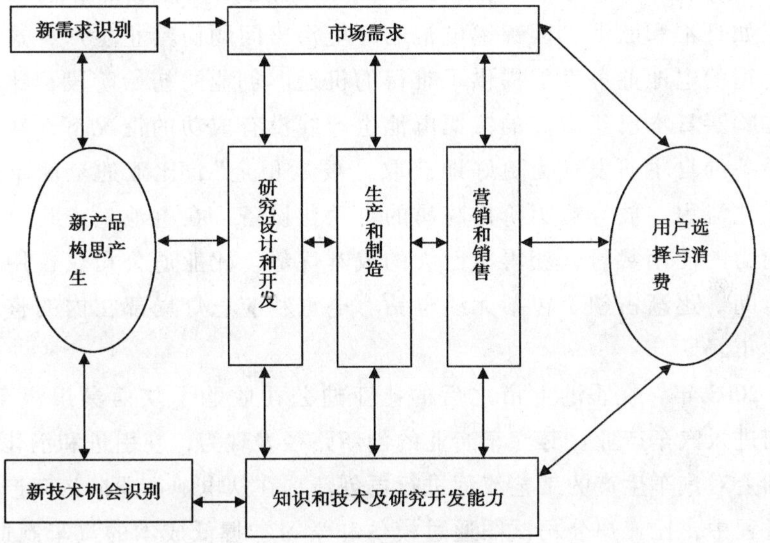

图 6－6　技术创新过程示意图

资料来源：仲伟俊、梅姝娥：《企业技术创新管理理论与方法》，中国科学出版社 2009 年版。

比亚迪公司是一个扩张性很强的企业，扩张创新的推动力来自市场和技术。因此，市场需求和技术条件是创新的依据。比亚迪公司从市场的角度看产品，随时关注客户的需求演变和竞争环境的变化，寻找并把握市场机会。亚洲金融危机爆发的 1997 年，是比亚迪公司快速发展的起始年。1997 年以来，比亚迪公司凭借低成本优势，多样化的高质量产品迅速成长为电池行业的领先者。对比亚迪公司而言，市场驱动和技术驱动是必不可少的。市场驱动要求企业通过增加产品的功能满足消费者的需求，而技术驱动则要求产品向小型化发展。在某种程度上，技术驱动服务于市场驱动，只有满足市场的技术才是有效的或适应性技术。比亚迪公司在创新过程中融合了市场和技术两类驱动因素，完美地将基于市场和技术平台的创新结合在一起。

2. 比亚迪公司第一阶段的创新路径

在创业初期，比亚迪公司的研发路径是着眼于“要素租金”，通过工艺流程创新，在电池和汽车生产上实现低成本制造。当比亚迪公司进入电池行业时，国际上的镍镉电池产业正处于衰退期，传统的镍镉电池生产国家如日本和欧洲，因镍镉电池的环境污染问题而禁止生产，这为比亚迪公司的电池业务发展提供了难得的机遇。创业的初始阶段，比亚迪公司在购买日本已经废弃的镍镉电池生产线没有成功的情况下，转向对生产设备的自主研发。为更好地获取“要素租金”，比亚迪全面革新了生产工艺流程，放弃购买价格高昂的自动化设备，在电池生产线上增加了劳动力的使用数量，获得了巨大的成本优势。比亚迪公司仅仅用了5年的时间，逐渐占领了包括无线电钻、电锯和应急灯局部在内的整个镍镉电池市场。

2003年，在香港上市之后的比亚迪公司收购了陕西秦川汽车公司，顺利进入汽车产业。其汽车产业的创新路径表现为，在引进和消化吸收的基础上对汽车生产的工艺流程进行再创新。在从电池产业向汽车产业跨越的过程中，比亚迪公司试图通过模仿和学习掌握低成本的汽车制造技术，在技术积累中不断掌握汽车的设计和研发能力，为今后的产品创新做好充分准备。

在第一阶段，比亚迪公司建立了一个很大的产品市场平台，以有效的产品市场研究为基础，制定科学的产品战略规划，不断地开发出基于平台的衍生产品，满足客户的多样化需求。在这一过程中，比亚迪培养了大量的技术人才，积累了大量的技术开发经验，为技术研发人员提供了良好的发展平台。

3. 比亚迪公司第二阶段的创新路径

在第二阶段，比亚迪进行的主要是产品创新，其中的代表是电动汽车。这一阶段的创新路径表现为，融合比亚迪在电池研发和汽车研发中的经验和技术优势，通过设计的模块化创新出代表中国未来产业发展方向的新产品，实现“创新租金”。本章试图利用逆A－U追赶模型考察比亚迪的产品创新路径。

A－U追赶是由美国哈佛大学的阿伯纳西（N. Abernathy）和麻省理

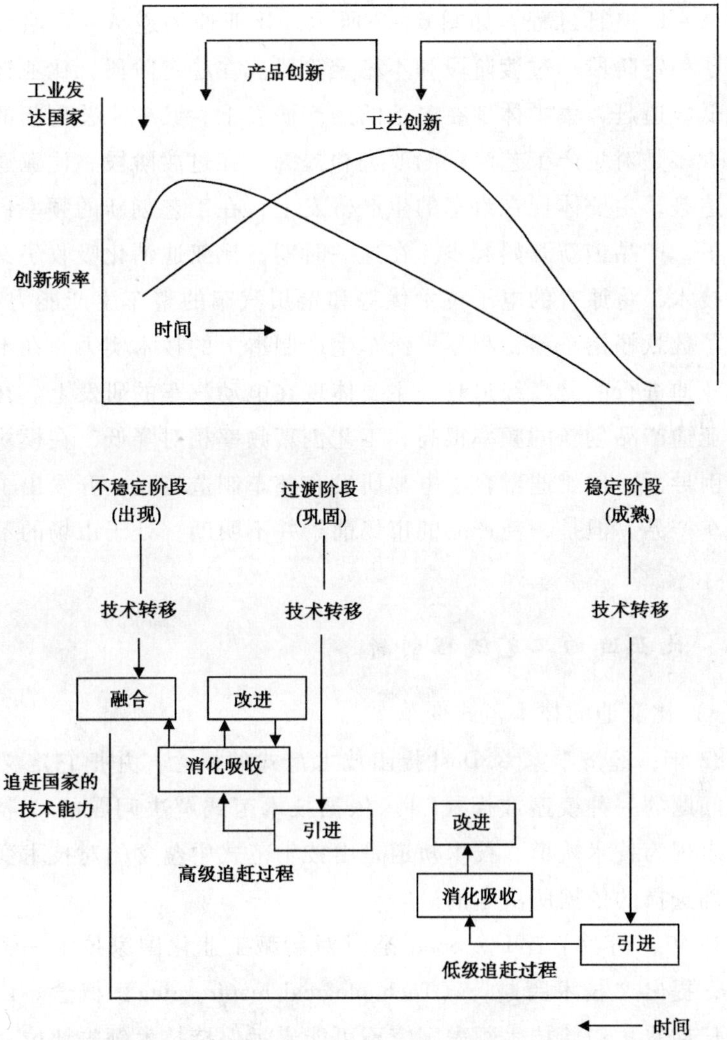

图 6－7　逆 A－U 追赶模型示意图

资料来源：吴贵生等著：《技术创新管理》，中国清华大学出版社 2009 年版，第 6 页。

工学院的厄特巴克（J. M. Utterback）提出的。他们把系列创新过程划分为不稳定阶段、过渡阶段和稳定阶段。在不同阶段，工艺创新和产品创新的频率呈现出一定的规律性。作为后发企业的比亚迪的技术追赶过程，类似于逆 A－U 追赶过程，如图 6－7 所示，比亚迪的逆 A－U 追赶过程依次经历了稳定阶段、过渡阶段和不稳定阶段。在稳定阶段，比亚迪主要进行的是低级追赶，集中体现在电池的生产研发上，其中工艺创新的频率很高，但大多是对生产工艺流程的改进和提高。在过渡阶段，比亚迪进行的是中级追赶，主要体现在汽车的生产研发上，在工艺创新的频率仍然较高的情况下，产品创新开始起步。在这一时期，比亚迪消化吸收了秦川汽车的生产技术，将原有的电子技术优势和秦川汽车的整车生产能力相结合，开发出了数款畅销车型，积累了汽车生产制造上的技术实力。在不稳定阶段，比亚迪进行的是高级追赶，主要体现在电动汽车的研发上。在这一时期，比亚迪产品创新的频率很高，工艺创新频率相对降低，在模块化设计机制的引导下，比亚迪融合了电池研发和整车制造经验，开发出了全新的电动汽车产品。但是，新产品的市场前景并不明朗，处于市场的不稳定阶段。

二、比亚迪的工艺流程创新

（一）比亚迪的技术范式变革

1982 年，经济学家 G. Dosi 提出技术范式的概念，并把它定义为“选择技术问题的一种模型或模式”①。依据技术范式解决问题的“常规”活动模式表现为技术轨道，技术轨道是由技术范式中蕴含的对技术变化方向进行明确选择的依据所决定的。

1985 年，荷兰学者 Luc Soete 通过对新型工业化国家技术—经济范式的考察，提出“技术跨越”（Technological leapfrogging）概念。Luc Soete 认为，长期看，初始技术领先国家不可能永远保持技术领先地位，随着模仿者的大量涌现，新的技术—经济范式必然会产生，后发者完全可以通过不断地模仿创新实现技术跨越。②

① 陈智得等著：《技术跨越》，中国上海交通大学出版社 2006 年版，第 40—41 页。

② Luc Soete. International diffusion of technology, industrial development and technological leadfrogging, *World Development*, 1985, 13 (3): 409—122.

比亚迪在电池产业的超越来自卓有成效的工艺流程创新，它的技术范式表现为以“要素租金”所带来的比较优势为依托，通过降低生产线的自动化程度，用劳动力和简单的设备代替复杂的机器，实现生产成本的降低。可以看出比亚迪的技术范式是以降低成本为目标，尽可能地简化技术的复杂程度，实现大规模低成本的柔性生产。因而，我们将从比亚迪电池生产的流程创新和工艺创新两个角度出发，考察比亚迪的技术范式变革如何引致后发优势。

1. 创新生产流程

世界上领先的电池制造商如索尼、松下的电池生产条件是非常严格的，全自动化的生产线和对温度、湿度要求极高的实验室仅仅属于标准配置。比亚迪如果完全遵循技术领先企业的生产路径，一开始就采用全自动化生产线的技术范式，建设投资高、周期长的电池生产线，很难获得“要素租金”。而且，比亚迪当时的资金实力也不允许进行高额投资。因而，比亚迪放弃国外先进但成本高昂的生产线，自主研发了需要大量人工的半自动生产线，充分利用了国内的“要素租金”带来的比较优势。创新的技术范式将高昂的设备运行成本转化为低廉的劳动力成本，用大量劳动力替代自动化生产线的功能。例如，一条日本的镍镉电池生产线需要3000万元人民币的投资，而比亚迪通过自制关键设备和将生产线分解为由一个个人工手工完成的工序等流程创新，仅仅投入100多万元人民币就建成了日产4000节镍镉电池的生产线，产品生产成本比日本产品低40%。

2000年，日本一间配备设施齐全的拥有全自动化设备和全干燥环境的锂电池工作室需要几十亿元人民币，当时世界上只有日本企业掌握了锂电池制造的核心技术。为解决高投资门槛的难题，比亚迪将镍镉电池的生产设备安装在自主设计的锂电池生产线上，不能兼容的部分则重新设计，实在不行就用人工和简单夹具代替。例如，比亚迪用国产的裁纸刀和挡板作为夹具，完成极片的裁剪工作，从而替代了价格昂贵的日本产分割机。再例如，比亚迪自主研制的刷布机，第一代产品需要分两道工序涂完双面，第二代可以同时涂两面，第三代就可以控制涂刷的具体位置，为企业节约了2000万元的进口涂布机的购买费用。比亚迪通过对生产流程的改进，使国外在真空和机械自动化条件下才能制造出的锂离子电池，用半自动化生产线辅以简单工具就能制造出来。

在电池的生产中，比亚迪的自主创新主要表现为工艺流程创新。比亚迪自主研发了生产线上所有的非标准自动化设备，把每道生产工序分解成若干个工位，所有的点焊、检测、贴标签等工作均由熟练工和价格低廉的夹具完成，生产线上的关键设备大多是自行设计制造的。比亚迪的生产线既不同于福特创造的流水线，也不同于丰田的精益生产方式，它因为大量使用人力替代机器工作而具有更强的柔性。当新产品上线时，只要对原有生产线的关键环节进行调整，对员工进行必要的技术培训即可投入生产。日本电池产业采用的是自动化生产线，每条生产线只能生产一种产品。从而导致当要生产新产品时，企业必须更换新的生产线。因而，生产线的设备利用率较低。从成本上看，由于设备投入经费过大，日本电池产业单位产品的固定成本分摊较高，以普通的干电池生产为例，比亚迪每节电池的成本费用是 1 元人民币，而日本企业的成本费用则高达 6 元人民币。生产方式的创新大幅度降低了生产成本，提高了产品的竞争力，为比亚迪赢得了“要素租金”驱动的后发优势。

2. 创新生产工艺

比亚迪生产工艺创新的目的是降低生产成本，我们可以用两个例子说明比亚迪的工艺创新是如何实现的。充电电池由电芯 + 保护电路板组成，最核心的部件是电芯，比亚迪依靠自身的努力掌握了镍镉电池、镍氢电池、锂离子电池的核心技术，开发出全新的生产工艺。比亚迪的创新大多是根据生产需要而产生的，这种为解决实际问题而引发的创新能够为企业带来更大的经济效益。例如，生产镍镉电池需要大量的耐腐蚀镍片，镍的价格在每吨 14 万元左右，如果改用镀镍片，价格就可以降至每吨 1 万元，但是使用镀镍片会影响电池的品质。比亚迪研发中心进行自主创新，改造了电池溶液的化学成分，使镀镍片不容易被腐蚀，大大降低了原材料成本。

原材料构成了电池的主要成本。为了降低成本，比亚迪和原材料供应商保持密切的联系，甚至直接参与原材料供应商的材料开发环节，与原材料供应商一起制定降低成本的方案。以镍镉电池为例，如果选用质量较好的国外负极材料进行生产，成本将非常高。为降低成本，比亚迪和国内一家原材料供应商合作对国外负极材料钴进行测试，找到国内和国外负极材料的品质差距，为国内负极材料钴的生产制作制定了详细严格的标准，使国内厂商提供的镍镉电池负极材料同样能够达到国际品质的要求，而成本较国外同等产品却低40%。

通过工艺创新，比亚迪减少了生产能耗，降低了生产成本，赢得了后发优势。这里需要提及的是，为了在技术上保持竞争优势，比亚迪还进行了广泛的合作创新。比亚迪和合作对象以共同利益为目标，在资源共享或优势互补的前提下，明确合作目标、合作期限和合作规则，与相关企业在技术创新的全过程或某些环节共同投入，共同参与，共享成果。通过合作创新的方式，比亚迪有效地控制了创新成本、创新速度和质量。在合作创新过程中，尽管可能出现知识产权的归属问题、安全保密问题、组织内部管理协调问题等，但合作创新为比亚迪带来的正效应是巨大的，它为比亚迪节省了技术转移和技术交换的成本，形成了由合作而产生的核心技术能力。

3. 创新型技术范式的作用分析

在上述分析中可以看出，创新的技术范式最终降低了比亚迪产品的成本，提高了产品的市场竞争力，赢得了“要素租金”驱动的后发优势。同时，比亚迪在这一阶段积累了大量的知识并全面提高了技术能力。随着过程创新的开展，比亚迪获取、存储、学习并转化新知识的吸收能力、生产能力和工艺技术水平、技术创新能力都得到了迅速的提高。三种能力相互作用，形成了一个循环往复、螺旋上升的技术能力不断增强的通道。如6-8图所示。

在图6-8中，I_1代表生产能力，II_1代表吸收能力，III_1代表创新能力；I_2代表新的生产能力，II_2代表新的吸收能力，III_2代表新的创新能力。

对比亚迪而言，生产能力是技术创新能力的保障，良好的生产能力决定了技术创新的成果可以顺利转化为生产力。而技术创新能力却是三种能力中最重要的，它是企业整体技术能力的依托，它能提高生产能力，并有效地将企业吸收到的新知识转化为创新成果。

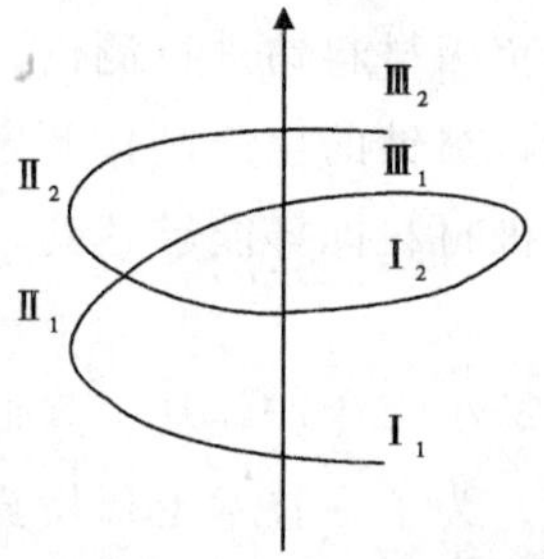

图 6-8　技术能力增强通道示意图

资料来源：陈智得等著：《技术跨越》，中国上海交通大学出版社 2006 年版，第 75 页。

从追赶领先企业的模式上说，比亚迪这一阶段的追赶是独辟蹊径式的追赶，首先是获得并消化吸收所进入产业的相关知识和信息，随后进行独创性的改进，规避路径跟进式追赶可能遇到的问题。它建立了与生产价值链相匹配的企业之间互动型协作关系，在价值链的上中下游实现了完整的价值传递，完成了超越。

（二）比亚迪的二次创新

吴晓波曾经提出“二次创新”的概念，认为落后企业可以通过二次创新获得后发优势，实施二次创新的后发企业以率先创新者的创新产品为示范，以率先创新者的创新思路和创新行为为榜样，跟随率先者的足迹，充分吸收率先者的经验和教训，通过引进购买和逆向开发等手段吸收和掌握率先创新者的核心技术和秘密，进行改进和完善，开发出具有竞争力的产品。①

二次创新有时会使后发企业在技术上非常被动，容易形成某种路径依赖，很难出现大的技术突破。当后发企业选择在领先企业已有的技术路径的基础上进行创新时，即使这种路径不可能比放弃另一种路径更有效，它也会持续到最后，从而步入追赶——落后——追赶的怪圈，陷入“追赶陷阱”。比亚迪有意识地躲过了“追赶陷阱”，巧妙地运用自己的比较

① 吴晓波著：《赢得后发优势》，中国机械工业出版社 2006 年版，第 100 页。

优势进行二次创新，最终实现追赶，这一创新能力在汽车制造业尤为明显。我们通过分析比亚迪进入汽车产业的过程讨论二次创新及其追赶过程。

上市之后的比亚迪，在充裕资金的支持下进入了技术复杂程度很高的汽车制造领域。虽然比亚迪在电子设备制造方面的技术经验可以帮助其设计出更出色的汽车电子系统，但是汽车制造是几万个零部件的组合，比亚迪需要一个完整的汽车制造系统弥补在这一行业的技术空白。秦川汽车的加入为比亚迪带来了急需的技术和设备。秦川汽车有许多优势，它拥有轿车目录，它引进了德国 DURR 公司设计制造的涂装生产线、西班牙 FAGOR 公司的全数控冲压生产线、日本狄原公司设计制造的车身冲压模具和焊装生产线、日本万岁公司的汽车整车检验线，拥有自主开发过福莱尔的 200 多名工程师，并拥有完整的汽车制造的经验、技术和年产 5 万辆轿车的生产能力。因而，对秦川汽车的兼并使比亚迪获得了整车制造和研发的能力。

比亚迪在汽车产业中的工艺流程创新，主要表现为学习和研究国外先进车型的制造工艺，以国外先进汽车为研究对象，通过引进购买和逆向工程掌握核心技术，在自主品牌汽车的开发中加入创新因素。通过学习行业率先创新者的创新思想和创新行为，比亚迪积累了较丰富的技术知识。比亚迪每年要拆解大量国外大汽车公司新推出的汽车，通过逆向工程研究制造工艺和制造技术，当需要使用其中的某项技术时，先查寻该技术是否是专利技术，如果是，就想办法进行出调整或规避掉。为此，比亚迪内部组建了一个规模达百人的知识产权部，对比亚迪各个产品事业部进行监督，以有效规避他人的技术专利。比亚迪 F3 是中国在最短的时间内销量突破 10 万台的自主品牌汽车，它的外形和丰田的科罗拉非常相似，随后推出的 F3R 和上海通用的 HRV 高度相似，F6 被称为本田雅阁和丰田凯美瑞的结晶。通过模仿创新，比亚迪推出了多款风靡市场的车型，在汽车市场占有了相当的份额，逐渐成功地走向技术领先者行列。

比亚迪成功的工艺流程创新是汽车领域取得成功的关键，它首先整合吸收了现有汽车制造的知识和技术，然后改进生产工艺和流程，在模仿的基础上进行创新，生产出具有市场竞争力的产品。Cohen and Levinthal 提出，技术的消化吸收能力是企业获取外部新信息的关键，因为，企业可最终得到技术商业化应用的能力。他们认为企业的研发投入能够帮助企业增强对外来技术的学习和模仿，从而使企业有更强的吸收外部技术的能力。① 由此可知，创新和技术积累是相互作用的，比亚迪在汽车领域的技术创新水平随着对外部知识吸收能力的增强而提高，而创新能力的提高反过来提升了技术积累和吸收外部知识能力的层次。因而，比亚迪学习和模仿行业内先进汽车产品的能力不断增强，创新能力也随着学习的深入而持续进步，并最终形成将技术转化为受市场欢迎产品的能力，使企业获得后发优势。

三、比亚迪的产品创新

1. 产品创新的产生

在 2009 年北京国际车展上，比亚迪展出了一款纯电动车 e6，它结合了 SUV 和 MPV 的设计理念，是一款性能优良的跨界车。它一次充电的行驶里程超过 300 千米，百千米耗电仅 20 度，时速最高可达到 160 千米以上。e6 的关键设备铁锂电池完全是比亚迪自主研发的，内部的化学成分可在自然界中进行以无害的方式分解，是绿色环保电池，快速充电 15 分钟就可充满 80% 的电量。铁锂电池的性能优越，安全性高，循环充电次数达 2000 次以上，电池续航寿命超过 60 万千米，使用普通插头就可以完成充电，使用非常便捷。

从做电池到做汽车，比亚迪完成了常人难以想像的行业跨越，性能良好的电动汽车的生产是比亚迪将电池和汽车产业技术融合起来的产品创新，具有极大广阔的市场前景。新能源和环保是未来汽车产业的发展方向，国家早就把电动汽车的研究和开发纳入国家发展计划，已累计投入 90 亿元人民币进行科技攻关。

比亚迪进入汽车行业伊始，全力培育企业的自主创新的能力，在学习传统动力汽车的同时，在混合动力汽车，尤其是电动汽车的研发上投入了巨大的人力和物力。比亚迪遵循自主研发、自主生产、自主品牌的路线，

① 程惠芳等著：《创新与企业国际竞争力》，中国科学出版社 2010 年版，第 147 页。

对汽车制造生产链进行整合。与此同时，大量吸收国际汽车制造业的先进经验和技术，开发出电动汽车产品。比亚迪结合自身在电子方面的传统技术优势，整合了电动汽车的同步开发流程，整车的概念设计、零部件设计和制造的同步流程，实验同步流程，通过同步设计、同步试制、同步制造、同步试验方式缩短研发周期。比亚迪的目标不是开发几个自主品牌，它一直致力于创立一个自主品牌的开发体系。因而，从电池到汽车再到电动汽车，都着力打造最优产品。在比亚迪公司内部，拥有中央研究院、通讯电子研究院和汽车工程研究院，分别负责生产设备和产品生产工艺的研发，它们拥有能从软件、硬件及测试等方面提供产品设计和项目管理的专业团队，拥有丰富的自主开发经验和数据信息积累，拥有具有国际技术水平的电动汽车开发平台。

2. 产品创新产生的系统性

系统是多元性、多样性的统一，也是差异性的统一，系统组成部分的多样性和差异性是系统生命力的源泉。系统中不存在和其他组成部分孤立的元素，所有组成部分均相互依存、相互作用、相互制约和相互补充，他们结合起来形成了本系统区别于其他系统的特殊性。比亚迪是一个特殊系统，电池事业部、汽车事业部、电动车研发部等就是系统的组成部分，各个部分相互作用，表现出整体才具有、孤立的部分及其综合不具有的涌现特征，即“整体大于部分之和”。涌现是高层次有而低层次没有的特性，每出现一次涌现就对应出现一个新的层次，同样，不同层次代表不同水平的涌现性，由低层次到高层次逐步整合、发展，并最终形成系统的整体层次。①

比亚迪从制造低端镍镉电池，到较高端的镍氢电池，再到被市场广泛看好的锂离子电池，直至为电动车的生产研发铁锂电池，每一次跨越都是一个涌现现象，每个涌现现象的出现都是工艺流程创新的结果，都将比亚迪带到一个新的层次，最终形成强大电池制造能力。2003 年，比亚迪收购秦川汽车及其对汽车生产制造能力的整合，再次呈现出新的涌现，产生了新的组织和能力层级。

---

① 陈智得等著：《技术跨越》，中国上海交通大学出版社 2006 年版，第 56—58 页。

当代技术创新有很强的系统性，某种技术创新往往使不同行业产生强烈的连锁反应，而某一专业的技术取得重大进步后，常常开始扩散、渗透，使原技术系统获得改造，或形成全新的技术系统，导致战略性新兴产业的出现。技术是一种系统，技术创新本质上是指技术系统的创新。电动汽车的研发和生产是一个复杂的系统，它的技术创新并不是单因素而是各种因素变革共同作用的结果。比亚迪在进入电池产业和汽车产业之后，把电池产业和汽车产业中的工艺流程创新能力结合起来，形成了电动汽车产品创新系统的整体能力。

3. 模块化与工艺流程创新向产品创新的转化

模块化是将较为复杂的系统分解开来，由不同的研发主体承担子系统研发工作以降低产品整体研发费用和风险，满足客户定制化需求的研发设计方法。模块化设计理念最早应用于飞机和汽车等复杂机械产品的设计和制造。模块化将一个复杂的产品分解为相对独立的部件，不同的部件可以分开设计和制造。企业根据标准化的界面规格，设计出独立性强的部件，在不损害产品整体性的前提下将各部件分散设计和生产。① 在电动汽车的设计和生产中，比亚迪更像一个集成开发商，负责整个系统的创新和外部资源整合，分解各模块的创新任务，处理各模块之间的协作关系，解决协作中存在的风险承担、利益分配和组织管理问题。

青木昌彦和安藤晴彦认为，模块化产品的界面在顺应系统信息标准化的过程中，模块设计所需要的系统信息是公开的，而独特的个别信息则是相互保密的。② 模块化就是在专业化分工的基础上将各个细分部分按功能原则重新聚合，模块的研发主体只需要遵循可见部分的设计规则，就能开发出不同的工程技术，相应的信息处理和操作处理可以互相保密。

进入汽车领域之前，比亚迪公司积累了 8 年的电池研发和生产技术，在对汽车生产技术消化吸收后，比亚迪开始用模块化的机制展开电动汽车的创新。在比亚迪，汽车部门和电池部门是相对独立的，比亚迪公司制定

---

① 陈劲等著：《复杂产品系统创新管理》，中国科学出版社 2007 年版，第 136 页。

② 陈劲等著：《复杂产品系统创新管理》，中国科学出版社 2007 年版，第 138 页。

了电动车的性能指标，允许汽车部和电池部分享电动车研发的系统信息，但是汽车部和电池部却不需要分享各自的内部信息。模块化是新型的专业化分工，它保证了各模块之间的独立性，避免因为缺乏独立性而导致的信息混乱。

比亚迪公司的传统优势是电池生产，汽车生产能力是靠外部收购获得的，只有模块化生产才能使两大部门在独立条件下最大限度地发挥自己的技术优势，而简单的专业化分工或集成创新都无法实现这一目标。专业化分工注重的是专业化效率和节约，而电动汽车属于新兴事物，需要有大量的研发投入。青木昌彦认为，模块化研发类似于一种“允许浪费”的价值创造系统，拥有较强的激励效应，这一特性正好满足了电动汽车的研发创新需求。集成创新系统的缺点是改变系统中的任何一部分，其他部分都要做出相应的调整，否则系统就会面临瘫痪的危险。模块化生产消除了这一风险，不同模块的灵活性较高，某一模块的变化并不会引起系统的巨大变化，而模块的不同组合可以形成多种的新产品。比亚迪公司的汽车部和电池部是各自独立的，它们在系统整体规则的指导下，有足够的相关性，也有充分的自主创新能力。总部将电动汽车整体的创新管理转变为对电池和车身制造两个模块及其子模块的创新管理，给模块内的子系统创造了独立发展的条件，扩大了系统的内有价值。

比亚迪公司在电池和汽车产业中的创新以工艺流程创新为主，而在电动汽车上的创新则是产品创新的产物，模块化机制将工艺流程创新成果有效地转变为产品创新。作为一个创新整体，比亚迪公司并未给下属各部门规定特定的技术路径，主要职责是设定电动汽车的整体设计规则，规定产品性能指标，各个模块部门及其子模块可以根据产品目标寻找适合的技术路径并拥有充分的选择权。因而，比亚迪公司能够实现持续创新，避免了对内和对外的路径依赖，突破了可能出现的研发瓶颈。

四、结论和政策建议

比亚迪公司从一个创业企业迅速成长为行业的巨人，它的成功经验值得国内许多企业学习和借鉴。作为后发企业，比亚迪公司成功地从过程创新转化到产品创新，形成了较强的自主创新能力，赢得了持续的后发优势，这都要归结于比亚迪公司将创新作为企业生命力的重要保证。不论是变革技术范式、模仿学习，还是二次创新，比亚迪公司都寻找到了企业独特的创新基因，使企业始终走在行业的前列。在电池生产、汽车制造和电动汽车研发的不同阶段，比亚迪公司采用了科学的差异化的创新战略，使企业的技术能力在积累和创新的互动过程中不断提高。创新不是偶然的，企业的知识达到一定层次时必然会产生创新，然而创新的形式和方式在每一阶段也不尽相同。在企业比较优势的基础上创新技术范式，在模仿的基础上二次创新，在结合不同领域的技术优势的基础上实现产品创新，比亚迪的发展历程告诉我们，循序渐进的技术进步和独辟蹊径的路径选择是后发企业制胜的关键。

1. 有效利用技术积累与创新的关系

创新行为离不开技术积累。Pavitt 的研究表明，技术发展和变革是一个连续性渐进的过程，技术积累是发展和应用新技术，根据经验不断进行提炼和调整的过程。[①] 单纯的技术引进可以在一定时期内提高企业的技术水平，但是如果对外来技术知识没有消化吸收，企业的技术水平难以获得长足的进步。任何后发企业在创业初始，都需要模仿学习行业领先者的产品和技术，但是学习的目的不是简单地遵循领先企业的生产研发路径进行生产经营活动，而是在持续学习的基础上积累技术知识，形成自己的创新基因。市场是多变的，作为一个后发企业，比亚迪公司非常注意利用好技术积累和创新的关系，将技术学习能力和技术创新能力有效地结合在一起，使企业的总体技术水平得到持续的提高，进而摆脱了国外企业的技术制约，规避了路径依赖的风险。

技术变革是一个渐进的过程，变革往往在技术积累中出现。比亚迪公司现有的技术能力是在长期积累的基础上形成的，并不断地应用并发展新技术，在生产中完善技术积累，并在足够积累的基础上实现技术创新。

比亚迪公司的技术积累模式属于内生性技术积累模式，它在生产技术活动实践中，通过独立的自主创新活动，发现并掌握新的技术知识，提高自身的技术能力。比亚迪的创新大多来自现实生产活动的需要，因此，它

① 陈智得等著：《技术跨越》，中国上海交通大学出版社 2006 年版，第 51 页。

的创新更贴近实际，能更快地转为经济效益。持续的技术积累丰富了比亚迪的知识存储，更提高了技术能力，进而为创新创造了条件。

2. 准确把握市场和研发的关系

比亚迪公司始终关注市场，以期为企业寻找新的盈利产品和领先技术，研发产品的替代推动其技术的更新发展。由一个产品跨越到另一个产品，利润点的变换为公司带来了持续的利润增长，从而走在了行业的前列。从电池到汽车再到电动汽车，比亚迪公司的研发都是瞄准真正潜在的市场需求，而不是依赖于政府的科技资金支持。因而，市场需求，尤其是潜在市场需求，是产品研发的起点。

第七章

跨国公司主导下的当地生产网络及其演化

20世纪90年代以来，随着中国经济开放程度的提高，在“要素租金”的驱动下，越来越多的跨国公司到中国投资建厂。这些跨国公司的进驻，一方面直接促进了当地经济的发展，成为区域经济的支柱，另一方面，利用其市场或技术优势，对区域产业网络的发展和演化产生了深远影响。大型跨国公司的进入吸引并整合了国内众多的中小型配套厂商在其周边布局，逐渐形成了以跨国公司为核心的当地生产网络。在这种生产网络内部，存在着大量的产品、技术和信息的交流与扩散，提高了网络的生产效率，形成了一种特殊的产业组织形态。

由跨国公司主导的生产网络是产业发展的一种特殊形式，它的形成和发展是特定历史发展的结果。它形成的重要背景之一是内资企业与跨国公司在技术上存在着巨大差距。因此，在这种生产网络中，处于主导地位的外资企业倾向于对国内配套企业进行严格的技术控制。这种由一个或若干大型跨国公司主导的生产网络，基本上是生产型的。跨国公司的研发活动主要在母国基地进行，本土企业不仅受到母公司经营活动的限制，而且受到严格的技术控制。从网络的结构上看，跨国公司主导的生产网络基本上是"核心—配套"式的外生型生产网络。这种类型的生产网络在带动当地经济发展的同时，却把本地生产限制在产品价值链的最低端。因此，这种生产组织模式在提高生产效率的同时严重制约了国内配套企业自主创新能力的提升。从长远来看，这种以跨国公司为主导的生产网络对保持区域经济持续发展，促进产业振兴，实现由制造经济向创新经济的转型是不利的。

随着内资企业产品研发能力和市场拓展能力的提升，摆脱跨国公司的技术控制，实现自主发展，必将成为内资企业发展的迫切需求。因此，培养本土企业的自主创新能力，把现有的以跨国公司为主导的生产网络发展为内外资企业协同发展的创新网络，是打破跨国公司技术控制和提升产业国际竞争力的关键，是中国创新经济形成和发展的重要环节。本章的研究表明，实现这种生产网络向创新网络演化的关键在于围绕着国内企业自主创新能力的提升，构建创新创业环境。

第一节 生产网络和创新网络

一、生产网络

网络的概念最早产生于神经生理学和计算机科学，是指由若干条线段把若干个点连接在一起的连通图。它的基本要素是由通讯线路联系的结点所构成，结点和通讯线路共同确定了一个特定结构。[①] 此后，网络概念逐

① 贾根良："网络组织：超越市场与企业两分法"，《经济社会体制比较》，1998 年第 4 期，第 13 页。

渐被应用于社会学领域。英国人类学家拉德克利夫·布朗在研究社会结构的过程中，首次提出了“社会网络”的概念。20世纪90年代，社会网络理论逐渐被纳入经济学和管理学分析，被广泛应用于企业管理、产业集群和区域经济发展等领域。经济学借鉴了“网络”概念，把现实经济活动看作是由各个经济行为主体之间广泛联系而组成的网络结构。

Hakansosn指出，作为一个网络应当包括三个基本要素：行为主体、联系和资源。[①] 行为主体不仅指个人和企业，还包括政府、中介机构、教育和培训机构等。联系则包括行为主体间由产权、贸易、知识与信息、资金、产品和生产要素等相关的交易活动而产生的相互作用。在张丹宁和唐晓华看来，“网络”是具有参与行为能力的主体在主动或被动的参与过程中通过资源流动在彼此之间形成的各种正式或非正式关系。而一个产业内的企业或者不同产业之间的企业，往往倾向于通过发展网络关系来利用各种外部资源以提升自身的竞争实力。[②]

在网络研究的基础上，Hakansson进一步考察了生产网络，他指出生产网络同样由主体、行为和资源三要素组成。[③] 生产网络的主体不仅包括生产商、批发商、运输商、零售商、消费者和经纪人等，而且包括政府、中介组织机构、教育和培训组织等更大范围的机构和组织；行为则是指行动者在市场中进行各种经济活动的总称，主要是指行动者之间进行物质资源和非物质资源交易的过程，在交易过程中伴随着产品价值的增值和价值链的形成；资源则包括物质资源（机械设备、原材料等）、金融资产、人力资源和信息资源等。

Christer and Karlsson从管理学的视角，对生产网络内部的企业关系进行分析。强调生产网络的成员之间存在着行动、资源和知识的交流沟

---

① Hakansosn Hakan, *Industrial Technological Development*: *a Network Approach*. London: London Press, 1987.

② 张丹宁、唐晓华：“产业网络组织及其分类研究”，《中国工业经济》，2008年第2期，第57—65页。

③ Hakansson Hakan. 1988. Evolution processes in Industrial Networks, in Axelsson, B., Easton, G., (eds.) *Industrial Networks*. The New Reality. London: Routledge 1992.

通。[①] Ebers and Jarillo 把生产网络描述为一群企业组织，它们在一起，比其他产业中的企业更加紧密地工作。[②] J. Carlos. Jarillo 指出，企业不是在孤立环境中生存的个体，而需要在上游供应和下游分销方面选择自己的模式，形成一个一体化公司或企业网络。[③] 如果一个公司可以将某些业务外包给更有效率的供应商，而供应商在生产上拥有成本优势，公司会尽量降低交易成本，使外包更有优势。在这种情况下，一种称为战略网络的新的组织模式就出现了，它的基础是外包成本小于企业内部生产成本。

黄守坤和李文彬认为，生产网络的三个要素之间是相互联系、缺一不可的，而且它们自身同样形成网络。[④] 李守伟和钱省三认为，生产网络是一群各自拥有独特资源，也相互依赖对方资源的企业组织以及学习机构、中介机构、政府组织等，通过经济、社会等关系，凭借专业分工和资源互补，在要素投入、生产制造和技术合作等方面进行互动，长期形成的正式或非正式的互惠性往来关系。[⑤] 盖翊中和王海燕进一步将产业网络定义为一群各自拥有独特资源，相互依赖对方资源的统一产业内的企业组织以及学术机构、中介机构、政府组织、社会团体等，通过血缘、地缘、人际关系以及资本往来等社会关系，凭借技术共享、专业分工和资源互补，在要素投入、生产制造和销售管理等方面互动，长期形成正式或非正式的互惠性往来关系。[⑥]

综上所述，生产网络是由企业、中介机构、政府和学术机构等组成的网络系统，网络成员之间存在着资源和知识的相互依赖和交易，通过知识

---

① Christer, Karlsson. The decelopment of industrial networks. *International Journal of Operations & Production Management*, 2003, Vol. 23. No. 1 : 41—61.

② Ebers, Jarillo. The Construction, Forms, and Consequences of Industry Networks. Copyright of International Studies of Management & Organization is the property of M. E. Sharpe Inc. , 1998: 183—215.

③ J. Carlos Jarillo. On Strategic Networks. Strategic Management Journal, 1988, Vol. 9: 31—34.

④ 黄守坤、李文彬："产业网络机器演变模式分析"，《中国工业经济》，2005 年第 4 期，第 53—60 页。

⑤ 李守伟、钱省三："产业网络的复杂性研究与实证"，《科学学研究》，2006 年第 4 期，第 530—532 页。

⑥ 盖翊中、王海燕："我国 FDI 集聚区内产业网络的特征分析"，《工业技术经济》，2007 年第 10 期，第 27—30 页。

和资源的交易创造价值，提升整个网络和网络成员的竞争优势。

二、创新网络

对创新网络的研究，源于1991年弗里曼对创新政策的研究。他交替使用了"创新者网络（innovator network）"和"创新网络（network of innovation）"。[①] 弗里曼认为创新网络是为了实现系统性创新的一种重要制度安排，其中，网络架构的主要链接机制是企业间的合作关系。沈小贤的研究表明，创新网络是指统一产业链条或相关产业链条中上、下游企业之间的生产经营过程中正式的合作关系网络，以及区域内的企业与政府、研究机构或中介服务组织等区域内行为主体之间的合作和联系。[②]

在创新网路的研究中，学者们着重解释了创新网络的灵活性、稳定性和创新能力，却忽视了创新网络的形成和演化的分析。现有的研究往往将网络成员间的紧密联系、创新合作当成是已有条件，忽视了这个条件并不是网络的固有特性。另外，在创新网络构成方面，现有的研究也没有对其中的成员企业进行细分。本章的研究表明，创新网络是产业网络的高级形态，网络成员之间的交易对象主要是知识，尤其是默示性知识。对它的形成和发展的研究，尤其是从生产网络到创新网络的发展研究，对企业和产业竞争力研究，具有十分重要的意义。从现有的研究看，需要一个理论框架，把生产网络和创新网络纳入到一个一致的框架中讨论。实质上，无论是生产网络和创新网络，都是价值创造的网络，只不过生产网络是以生产导向的，而创新网络是以技术和产品创新为导向的。因而，价值网络是一个更一般的概念，可以用于分析生产网络和创新网络，更适用于考察从生产网络到创新网络的发展和演化。

三、价值网络

Verna Allee在"度量无形资产的价值网络方法"中，用价值网络概

---

① Freeman C. Networks of innovators: A synthesis of research issues. *Research Policy*, 1991, Volume 20, Issue 5: 499—514.

② 沈小贤："产业创新网络的比较研究——以传统和高新产业为例"，《特区经济》，2007年第1期，第242—243页。

括企业之间的网络形态。[①] 在系统论观点的指引下，Allee 倾向于把任何组织都看做是某种形态的价值网络。她将价值网络定义为：价值网络是一种关系网络，它可以通过两个或多个个人、团体或组织之间的交换机制创造显性或隐性的知识资源。在现实经济活动中，一个拥有少数员工的公司能够有一个很庞大的价值网络，其中包括许多原料提供商和其他组织成员。

在价值网络中，成员之间的交易更看重隐性知识的交流。例如，厂商为消费者提供服务，更看重的是通过产品的交易建立一种交流机制，换取更多的客户忠诚度和客户需求信息。在 Allee 的价值网络交流模型中，主要包括三类变量，即参与者（Participants）、交换（Transactions）和交换物（Deliverables）。价值网络中的参与者是众多的厂商和客户，他们之间广泛地进行着有形价值和无形价值的交换，而交换的对象就是交换物。价值网络模型中的交换分为两类：显性资源的交换和隐性资源的交换。价值网络中的每个结点，即每个参与者，都不可能支配整个网络，但可以实现自我控制，而且每个节点成功的自组织控制是整个网络成功的关键因素。每个参与者在参与价值交换的过程中，都试图获得更大的收益并维持网络的有效运转。价值网络成员的行动包括以下三种类型：创造新的显性或隐性价值，将价值传递给网络中的其他参与者，将某种类型的价值转换成另一种类型的价值。

为了考察价值创造过程，价值网络分析强调网络成员之间关系的非线性和知识交易的重要性。Allee 指出，传统的价值创造分析方法仅仅考虑物质资源、服务和收益的转换，这种思维只是基于价值链考察价值创造过程。事实上，价值创造是动态的，它的可持续性主要依靠的是信息和知识的共享。

Allee 将默示性知识定义为“帮助维持网络内交易的顺畅并保持这种关系的因素，包括战略信息交流、商业计划、过程知识、技术诀窍、合作设计活动以及政策发展等”[②]。因为动态系统是自我管理和自我约束的，难以从外部施加某种干预，是自组织的。在快速多变的市场条件下，自组织是价值网络能够快速、有效适应市场变化的唯一途径。

---

① Verna Allee, *A Value Network Approach for Modeling and Measuring Intangibles*, 2002, paper presented at the Transparent Enterprise Conference, Madrid, available at: www. vernaallee. com.

② Verna Allee, *A Value Network Approach for Modeling and Measuring Intangibles*, 2002, paper presented at the Transparent Enterprise Conference, Madrid, available at: www. vernaallee. com.

Joe Peppard 在他的文章“从价值链到价值网络：对动态操作者的洞察”中指出，价值网络理论比价值链理论更好地解释了新经济中的产业组织。因为，价值链很难解释企业网络中价值产生的来源，而利用价值网络理论，则可以清楚地说明价值产生于网络中企业之间的关系之中，企业之间的联系影响着网络成员的价值创造活动。①

对价值网络的现有研究尽管突破价值链理论的影响，但是仍然未能将生产网络中的“企业”元素细分，忽视了网络价值创造中不同企业之间的不平等。尽管价值网络中知识的交流是价值创造的关键因素，但是知识的交易包括诸多类型，例如，互动、学习和分享等等。而在存在企业不平等关系的价值网络中，所谓的知识交易是很难平等实现的。

四、跨国公司与当地生产网络

Sumantra Ghoshal and Christopher A. Bartlett 在“作为国际网络的跨国公司”一文中指出，跨国公司是一种组织间的网络，它是一组在地理上分散、目标不同、包含总部和许多分支机构的全球化网络组织。② 作为一个国际化网络，跨国公司经营的基础是通过投资、外包和虚拟制造对当地生产网络的嵌入。

维特、玛撒和克雷默在《价值网——打破供应链，挖掘潜利润》一书中指出，信息时代许多跨国公司正在通过有效管理和经营网络，积极创造客户价值，提升自己的全球竞争能力。③ 刘德胜认为，跨国公司价值网络竞争优势的深层次来源是知识管理，其竞争优势依赖在网络内部有效识别、创造、交流、学习那些真正有价值、对赢得优势至关重要的知识。④ 跨国公司价值网络成员之间的合作关系为通过交流合作分享隐性知识带来

---

① Joe Peppard. From Value Chain to Value Network: Insights for Mobile Operators. *European Management Journal*, 2006, Vol. 24, Issue 2.

② Sumantra Ghoshal, Christopher A Bartlett. The Multinational Corporation as an International Network. *Academy of Management Review*, 1990, Vol. 15, No. 4. : 603—625.

③ 大卫·波维特、约瑟夫·玛撒、克雷默·柯克著，仲伟俊、钟德强、胡汉辉译：《价值网——打破供应链，挖掘潜利润》，人民邮电出版社 2001 年版。

④ 刘德胜：“价值网络视角的跨国公司竞争优势”，《黑龙江对外经贸》，2007 年第 2 期，第 57—58 页。

了可能。同时，处于网络核心地位的跨国公司会识别对网络竞争力有价值的知识，并输送给需要的成员，进行“知识管理”。

跨国公司通过投资设厂等方式在东道国进行生产，东道国在获得诸如税收、就业和技术溢出效益的同时，也面临巨大挑战。朱志刚指出，跨国公司在华投资对我国技术创新的积极意义包括：有利于我国研发能力与水平，有利于获取跨国公司的技术溢出效应等。而不利因素包括：不利于提升我国企业自主创新能力，不利于利用人才流动带来的技术扩散效应等。其中在技术外溢方面，主要途径为技术扩散，并促进知识流动。[①]

肖武岭和肖坚的研究表明，影响跨国公司技术溢出效应的主要因素是跨国公司与当地产业的关联度。[②] 当跨国公司与本地企业、高校、研究机构以及其他组织间具有比较频繁的交流和联系时，即跨国公司嵌入当地生产网络时，跨国公司的技术溢出效应就比较明显。跨国公司与当地企业之间的关联效应是技术溢出的基础，只有当跨国公司“嵌入”当地经济时，技术溢出才会产生。否则，跨国公司与当地企业没有业务关联或者关联效应太弱，形成“孤岛效应”或“飞地经济”，则难以对国内企业产生技术溢出。针对我国地方性生产企业难于融入跨国公司网络，景秀艳指出，行业协会机制的缺失是国内企业无法与跨国公司保持合作状态的原因之一。此外，长期稳定的合作关系，可能会使合作企业放弃自身的研发项目、放弃新产品开发和潜在客户，对本地经济带动作用也较弱。[③]

因而，跨国公司对当地生产网络的嵌入，既是跨国公司有效运营又是技术溢出的关键变量。跨国公司与当地配套厂商建立生产网络的过程中，不止存在着上下游的配套供应关系，而且还存在的成员企业之间的知识、技能等隐性资源的交流和分享。但是这只是问题的一个方面，对跨国公司

① 朱志刚：“跨国公司在华研发投资的技术创新效应分析”，《无锡商业职业技术学报》，2007年第6期，第10—13页。

② 肖武岭、肖坚：“跨国公司的技术溢出效应、影响因素及我国的对策”，《中国矿业大学学报（社会科学版）》，2006年第3期，第76—80页。

③ 景秀艳：“我国地方性生产企业融入跨国公司网络对策分析”，《经济师》，2006第11期，第14—15页。

技术的严重依赖，同样会造成当地企业自主研发能力的削弱。因为，在中国的跨国公司无论在技术还是在资金实力上，都远远高于国内企业。依托自身强大的经济和技术实力，对价值网络拥有绝对的控制权，通过对当地配套企业的技术控制和封锁，使当地企业处于价值链的低端。这种局面不是短期内通过增加交流沟通机会能够解决的。因而，通过提升当地企业的自主创新能力，把现有的生产网络发展为创新网络，是提升当地企业和整体价值网络价值创造能力的基本途径。

第二节

跨国公司主导下的当地生产网络

一、要研究的两个问题

对生产网络的国际和国内研究都强调网络由企业、政府、中介机构、科研院所和金融机构组成，网络成员之间的联系和互动是网络竞争优势的重要来源。而对于网络构成的关键成员——企业，却很少展开细分研究，而仅仅把它抽象为生产网络的一个组成部分。这种研究思路的局限性表现为对网络中企业地位差异性的忽略。事实上，在中国诸多产业网络中，企业之间的关系大部分都不是平等的。其中，由跨国公司主导及国内中小型配套企业组成的生产网络最为典型。

Markusen 把作为重要生产网络形态的产业区划分为四种类型：马歇尔式产业区（意大利式产业区为其变体形式），轮轴式产业区（众多中小企业围绕几个大型主要企业），卫星平台式产业区（主要由跨国公司的分支工厂组成）和国家力量依赖型产业区。[①] 根据本章的分析，由跨国公司主导的生产网络更接近于第二种类型，即轮轴式产业区形态（如图 7 - 1

① Ann Markusen. Sticky Places in Slippery Space: A Typology of Industrial Districts. *Economic Geography*, 1996, Vol. 72, No. 3.: 293—313.

所示）。主导地位的跨国公司处于轴心位置，其他中小企业围绕它从事生产加工活动。

在图 7－1 中，中间的圆圈代表核心跨国公司，它和网络内部很多的配套企业（小圆圈代表配套企业）建立了供应关系，形成了一种跨国公司主导的网络结构。同时，核心跨国公司还与网络外部其他企业建立联系。例如，它们和网络外部的大型跨国企业（网络外的大圆圈代表）之间，存在着技术上的交流和合作。同时，它们还与网络外部的中小型配套企业（网络外的小圆圈代表）有着松散的供货联系。总之，以跨国公司为核心，形成了一种庞大且复杂的生产网络系统，并深深嵌入当地经济社会发展之中。

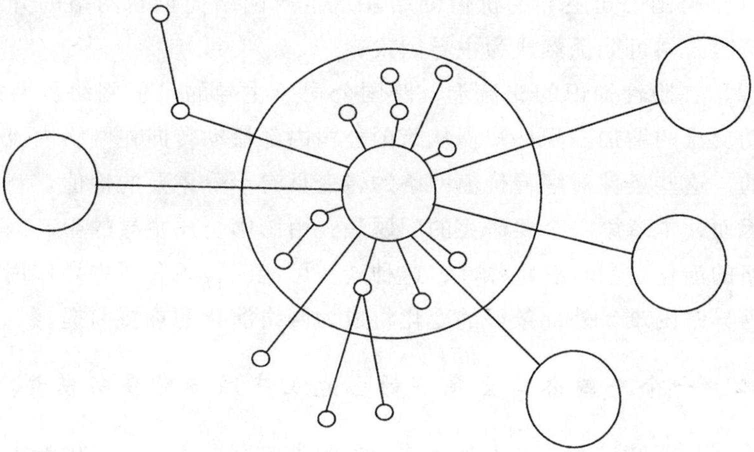

图 7－1　轮轴式产业区（Hub－and－Spoke District）示意图

资源来源：Ann Markusen. Sticky Places in Slippery Space：A Typology of Industrial Districts. *Economic Geography*，1996，Vol. 72，No. 3. ：293—313.

在实际调研中发现，作为我国主导产业的电子信息业和汽车制造业是典型的跨国公司主导下的生产网络。该网络中的企业大致划分为两类：大型跨国公司和国内中小型配套企业。它们之间是一种严格的垂直控制关系，大型跨国公司为了追求低成本目标，与中小型企业建立紧密的供货关系。整个价值网络是生产导向的，是典型的生产型网络，是中国区域产业网络中普遍存在的类型。

针对研究对象的实际，本章要研究的第一问题是：以电子信息和汽车产业为代表的跨国公司主导的生产型网络的内部机制是如何运作的。

对于价值网络的演化而言，本章把价值网络划分为生产网络和创新网络两类，其中创新网络是生产网络的高级形态，即基于创新的视角考察价值网络的升级和演化。从价值交流的角度看，生产网络向创新网络的过渡表现为在网络成员之间交流机会的增多和知识流动量的增加。

以电子信息产业为代表，在跨国公司主导的价值网络中，跨国公司在网络中处于绝对控制地位，它们对配套厂商进行严格的技术和市场控制。因而，由跨国公司主导的价值网络的演化升级具有特殊性，主要表现在以下两个方面：

（1）跨国公司主导的价值网络在从生产网络向创新网络的升级路径上，跨国公司可能仍然成为主导因素；

（2）在隐性知识的交流上，跨国公司所主导的价值网络需要外部力量推动交流的增加。隐性知识从跨国公司内部流动转向在网络内流动是有条件的，这些条件对解释价值网络的转变具有十分重要的价值。

因而，本章第二个要研究的问题是：由跨国公司主导的生产网络向创新网络的演化过程具有特殊性，这种转变可能因跨国公司主导作用的存在而变得异常困难，外部条件的变化将成为网络演化的重要前提。

二、一个跨国公司主导下的当地生产网络的分析模型

跨国公司通过 FDI 进入东道国，目的主要有两个：一是生产本地市场需要的产品；二是满足国际市场的需求。无论是满足本地市场需要还是国际市场需要，降低生产成本都是跨国公司构建当地生产网络的主要驱动力。为了降低生产成本，跨国公司在投资核心生产环节的同时，通过外包、OEM 和虚拟制造，吸引当地的上下游配套企业在周边区域集聚，从而形成由跨国公司主导的当地生产网络。大型跨国公司与这些配套企业之间的合作，是建立在长期采购合同的基础上的，配套企业在开始阶段会使自己生产的产品性能尽可能符合跨国公司需要，以便被跨国公司“选中”，成为其配套商。本节从以下三个方面来理解跨国公司主导下的当地生产网络：

（1）从供货的角度看，跨国公司找到了稳定的供货来源，并且依靠自身独有的技术和市场优势，在众多希望加盟的企业之间选择最符合要求的配套生产企业。跨国公司往往严格规定配套厂商完成的任务、生产成本和产品性能等。对于涉及核心技术的生产活动，跨国公司则会以外围封装的方式，要求配套厂商进行外围加工，从而使配套企业无法分享到核心技术。因而，在产品的供应方面，跨国公司凭借强大的控制力，保证了零部件产品的性能和供应的稳定性。

而对于配套企业，短期内可以获得跨国公司数额巨大的订单，保证生产活动的持续性。但是从长期来看，由于在合作谈判中没有核心能力，合作带有一定程度的风险。这种供货关系从长期看是不稳定的，配套厂商无法确定在长期内是否能获得跨国公司的订单。因而，在这种网络关系中，配套企业往往具有很强的危机感。

（2）从讨价还价的角度看，由于跨国公司在中小型配套企业面前拥有绝对的优势地位，在合作谈判中拥有强大的讨价还价能力，会尽可能地压低供货价格。这种力量主要来自两方面：首先，配套企业所处的市场环境接近于完全竞争，它们涉足的产业领域进入壁垒很低，当它们与跨国公司谈判时，面对着众多同类型的竞争对手。这迫使配套企业为了获得跨国公司的长期订单，不得不放弃大部分利润，而跨国公司却将采购成本控制到最低。其次，配套厂商没有属于自己的专有核心技术，它们在与跨国公司讨价还价的过程中没有议价权。

（3）从技术的角度看，由于跨国公司对核心技术进行严格的控制，在价值网络中，配套厂商从事的业务活动几乎不涉及核心技术。主导企业通常将具有核心技术的产品进行封装生产，要求配套厂商仅提供边缘性的配件。如果一个配套企业长期为某家跨国公司配套生产，即使获得了长期订单的保证，也会逐渐失去自主创新的主动性。跨国公司则希望配套企业熟练地掌握非核心技术的应用，不断降低生产成本。因而，配套厂商进行的往往是劳动密集型的生产活动，技术含量不高，利润率普遍较低。

在传统生产网络中，跨国公司与当地中小型配套企业之间是一种垂直的“支配——从属”关系。从供应链的视角看，这种供货关系的长期维持可以让供应链上下游配套日益成熟和稳定，有助于实现跨国公司控制产业价值链上下游的目标。如图 7－2，价值链描述了企业链上的价值传递过程。价值链中的每个成员都希望在自己结点上凝结的价值越多越好。这解释了生产网络中跨国公司倾向进行技术控制的缘由，同时也说明了生产网络从根本上讲是基于线性价值链理论的传统组织模式。配套企业的劳动密集型生产会带来长期的生产成本降低，使这种以单向生产资料交换为主的线型价值链模式得以维持。

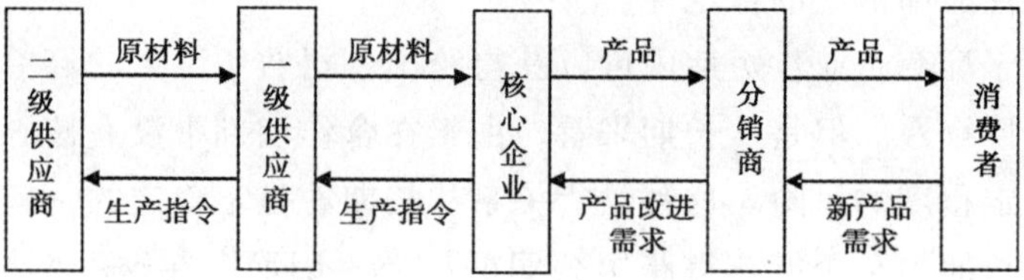

图 7－2　价值链示意图

通过对当地中小型配套企业的严格技术控制，跨国公司强制把生产和创新活动分割开来，将多数生产活动放在公司外部，对配套企业下达产品生产指令，配套企业按照严格的产品供货标准和流程进行配套生产。创新活动则全部放在跨国公司内部，使跨国公司的核心技术很难扩散到网络内其他企业。

跨国公司主导的当地生产网络的创新，是以跨国公司为主体的创新，创新的发起者、实施者和直接受益者都是跨国公司本身。它依靠内部强大的研发体系，在对外部市场变化做出合理判断和响应之后，展开一系列创新。创新是沿着某种线性规则进行的，即“基础研究——应用研究——开发试验——生产推广——扩大销售——收益增长”的跨国公司可控的内部路径（如图 7－3）完成的。

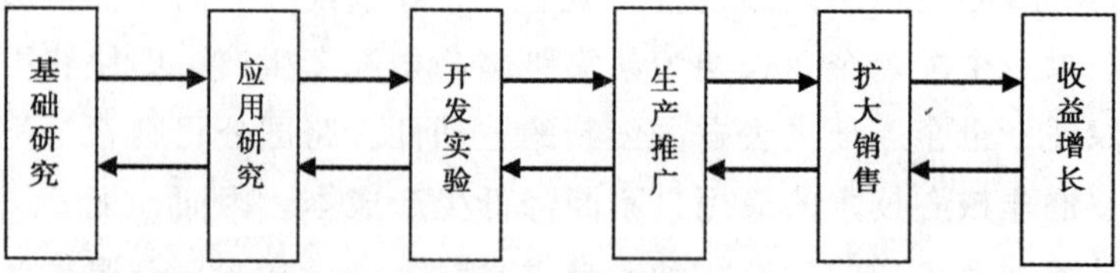

图 7－3　线性创新路径示意图

资源来源：王威：“跨国公司创新形式与创新网络模式探讨”，《中国科技论坛》，2007 年第 6 期，第 36—39 页。

跨国公司依靠强大的支配力，将创新路径上的各个环节分配给网络成员。一般情况下，跨国公司倾向于把基础性研发活动置于跨国公司内部或周边的科研院所。核心产品的研发和应用试验，同样保留在内部研发体系之中。当在研发和应用实验流程成熟之后，跨国公司把研发成果依靠封装、指令化等手段，转变为可编码的信息，传递给外围配套企业。因而，跨国公司主导的生产网络的创新活动，全部集中于跨国公司内部，而对与之配套的当地中小型企业的技术溢出少之又少。

跨国公司选择这样一种创新模式，与这种价值网络的特征有关：

（1）跨国公司与下级配套企业乃至再下一级配套企业之间，都存在着一种垂直控制的供应链关系。在这种链状关系中，核心企业为了攫取价值链上更多的价值，往往将价值创造贡献最大的核心研发环节控制在自己手中。

（2）由于该网络的本质是“生产型”的，因而网络创新机制的构建都是为了保证网络生产供应链的顺利运转。跨国公司沿袭着规模经济的扩张路径，将生产供应链上的某一环节尽可能集中于一家厂商，随着长期合作的发展，逐渐产生强大的规模经济效应。在核心企业与配套企业的“支配——从属”关系中，逐渐产生配合上的默契和惯例化，跨国公司的指令能够快速地传达到每个配套企业，提高了生产效率。

（3）在生产成本上，跨国公司主导下的生产网络结构是使生产成本降到最低的模式。J. Carlos Jarillo 指出，跨国公司将业务分包给各个网络成员的目的是因为放在跨国公司内部的生产成本大于外包给配套企业，因为配套企业的专业化生产存在着规模经济效应。[①] 在这种情况下，跨国公司将自己处于成本劣势的业务，分包给网络内的配套企业，使生产成本降到最低。

而在创新成本上，跨国公司采取企业内部创新，将所有核心产品的研发创新和知识交流放在企业内部的创新体系中。这样做的优点是省去了创新成果内部化所带来的成本。当两个或两个以上企业进行合作研发创新时，由于某些创新成果产生于企业外部，所以在创新成果形成后，跨国公

① J. Carlos Jarillo. On Strategic Networks. *Strategic Management Journal*, 1988, Vol. 9: 31—34.

司必须将研发成果转化为自己可以消化的知识技能，即创新成果的内部化。跨国公司将创新研发活动置于企业内部，就免去了创新成果内部化带来的成本和风险。跨国公司往往将内部的研发成果转化为可编码知识，并传递给上下游配套企业。配套企业仅仅接受核心企业创新后的标准化技术，省去了研发所需的大量资金。

图 7－4 简单说明了这一创新机制：首先跨国公司接受来自外部的市场信息和资源，然后依靠自身的研发和科研机构，从基础领域进行自下而上的研发。当研发形成创新成果时，将创新技术封装，并进一步要求处于附属地位的配套企业作出相应的生产调整。这种调整基本不涉及创新活动，只是创新活动周边的衍生性行为。配套企业对核心企业进行反方向生产反馈，最后由核心企业带来新产品，以此响应最初的市场变化。这一过程是先外而内，然后再自内而外，核心企业和配套企业之间仅仅限于生产联系。

图 7－4　生产型网络中创新活动机制示意图

因而，跨国公司主导下的当地生产网络是线性的垂直结构。核心跨国公司包揽了网络内部的大部分研发工作，将创新和生产分割开来，这将降低或减少中小型配套企业的创新活动。

由跨国公司主导的生产网络与外界的交流，仅限于核心企业。换句话说，外界市场与网络的交流，实际上就是外界市场与跨国公司的交流，跨国公司成了网络与外界沟通的唯一窗口。外部市场的变化，仅仅被跨国公司所感受，然后根据变化调整自身的生产和研发活动及其在全球的布局。跨国公司不断与网络之外的其他网络进行知识沟通，例如，技术的交流和市场信息的分享等。

在这种情况下，处于附属地位的中小型配套企业则缺乏与外界的直接沟通。它们面对的仅仅是网络的核心——跨国公司。跨国公司从外界接受资源和信息等变量，在自身作出调整的基础上，进一步命令附属企业作出相应调整。因而，跨国公司充当网络内其他成员与外界沟通的“二传手”。

网络中的配套企业由于受到跨国公司的严格控制，生产活动具有很强的依附性。对跨国公司的依附性使配套企业只能根据跨国公司的指令进行生产，缺乏自身根据市场进行改变的能力和动力，逐步沦为价值链低端的加工制造（OEM）企业。配套企业摆脱依庸的唯一途径，是自主创新，不仅可以打破跨国公司的控制，到网络外部搜寻合作伙伴，与更多的企业建立供货关系。但是自主创新需要的资金和技术积累都是中小型企业缺乏的，由于规模偏小，在许多情况下只能满足于接纳核心跨国公司的订货合同，确保自身日常生产的运转。

在这种运转机制条件下，跨国公司的作用发展到极致，成为整个生产网络的核心和主导者。但是，跨国公司主导的当地生产网络的效率是静态的。由于与外界直接交流机会少和受控于核心企业，中小型配套企业处于相对稳定的环境中，不必为获得长期稳定的订单而担心，只要按照跨国公司的指令进行生产就可以了。这种垂直的网络信息传递机制，会产生信息传导的时滞，影响到整个生产网络对外部变化的反应能力。而在市场需求瞬息万变的当今经济中，当地生产网络必须进行快速反应，因而，这种机制无疑削弱了网络的动态能力。

三、跨国公司主导下的当地生产网络的形成机制

由跨国公司控制的当地生产网络形态在我国非常普遍。在本章中，我们将考察跨国公司主导下的当地生产网络从初始建立到最终形成的整个发展过程。

价值网络的形成，是一个随着时间的推移逐渐形成的过程。在这里，我们选取几个重要的时间节点，分阶段地考察生产网络的形成。选取的若干重要时间节点包括：①网络形成的初始激励——跨国公司的进驻；②初始的响应——配套企业的跟进；③通过竞争筛选，跨国公司与选定配套企业合作的建立和彼此的适应；④当地生产网络的最终形成。对四个节点和阶段的考察，使当地生产网络的形成过程清晰地展现出来（见图7-5）。

1. 初始激励——跨国公司的进驻

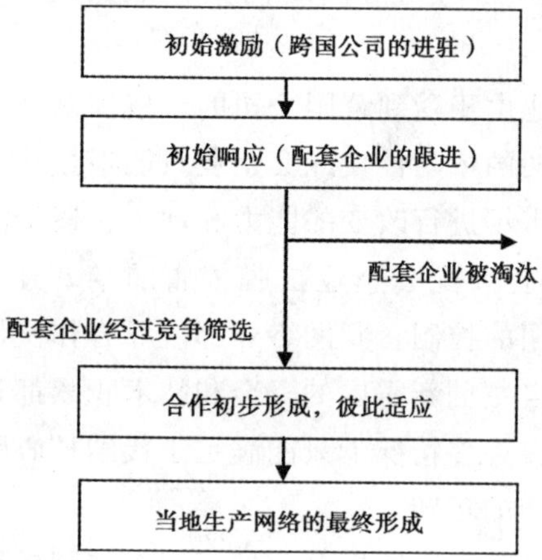

图 7－5　跨国公司主导的生产网络的形成过程示意图

跨国公司的进驻是网络形成的原始动因，同时也是网络形成阶段的开始。事实上，在生产网络的初始阶段，跨国公司就是以一种主导者的姿态出现的。一般而言，东道国及其地方政府会制定若干优惠政策，吸引FDI。在中国，这些优惠政策主要包括：（1）税费减免，例如，“两免三减半”（外商投资企业可享受从获利年度起 2 年免征、3 年减半征收企业所得税的待遇）；（2）低廉的土地价格和基础设施建设（政府负责九通一平：通市政道路、雨水、污水、自来水、天然气、电力、电信、热力及有线电视管线，土地地貌自然平整）；（3）便捷的行政审批；（4）进口设备的免税等。对于跨国公司而言，选择到东道国进行投资生产的最主要的动因，看重的是东道国的生产成本优势和市场需求。

同时，跨国公司为了在进驻后迅速获得低成本优势，广泛采取非核心业务外包的生产模式，即将大部分劳动密集型生产活动外包到企业外部。非核心业务的外包会造成某种吸附效应，跨国公司巨大的供货需求和长期稳定合作的可能性，对国内大批有能力进行产品配套的厂商产生激励。配套厂商像跨国公司追逐低成本优势一样，追逐与跨国公司建立长期的供货联系。

2. 初始响应——配套企业的跟进

跨国公司巨大的吸引力，造成了国内配套厂商的纷纷跟进。这种跟进不是基于低成本制造优势，也不是基于当地政府的优惠政策，而是跨国公司所提供的巨大而稳定的市场需求。

初始进入的跨国公司就像一颗刚刚形成的恒星，巨大的体积和重量对太空中很多小行星产生了强烈的吸引力。在此之前，很多小行星可能一直处于游离状态。随着跨国公司这颗恒星的形成，附近的小行星（配套企业）就会不由自主地靠近，围绕恒星运动，最终形成了每个行星新的运行轨道。

国内中小型配套企业无疑就是这类小行星，它们在跨国公司进驻前处于游离状态，最大的问题就是没有稳定的市场。作为单个个体，很容易受到市场其他力量的冲击而遭遇到毁灭。而跨国公司无疑提供了一个巨大而稳定的市场，让配套企业可以依附于跨国公司，一旦与跨国公司建立了长期供货关系，配套企业的市场需求和长期生存都得到了保证。

3. 合作的建立与彼此适应

众多乐于为跨国公司配套的中小型配套企业集聚在跨国公司周边之后，跨国公司会对配套企业进行筛选，从成本、规模和实力等方面考量配套企业。因而，配套企业刚刚进驻之后的生产网络，常常处于松散和不稳定的状态。

加入生产网络的不确定性主要表现在两方面：①配套企业面临着跨国公司的考察和筛选。跨国公司的分包业务数量有限，每项业务都不可能选取过多的厂商供货。所以，配套企业在进入后能否迅速达到跨国公司的生产标准，产品质量能否符合跨国公司严格的要求，生产成本能否降低到跨国公司可以接受的程度，成了配套企业将面临的不确定性。②配套企业还会面临同行业企业的激烈竞争。由于配套厂商的产品多为技术含量低的产品，当同类厂商数量众多时，企业之间的竞争将是白热化的。能否在同质厂商的竞争中胜出，是配套企业面临的第二种不确定性。

一旦某家厂商通过筛选和竞争取得了配套资格，它将与跨国公司之间经历漫长的彼此适应过程。在这个过程中，跨国公司会以自身严格的技术标准要求配套厂商，配套厂商将面临巨大的考验。它们需要经历从一个独立的企业，向受到严格控制且供货途径单一的配套企业的转变过程。这个过程中，配套厂商要对跨国公司的技术标准进行消化吸收，生产工人也需要一个再学习的过程。同时，配套厂商将放弃一部分自己已有的产品，将精力完全投入到为跨国公司产品提供配件上来。

在相互适应过程中，除了配套企业和跨国公司逐步实现对接，还要实现生产的规模化和成本的低廉化。事实上，规模经济效应带来的低成本是一个逐渐发展的过程，配套厂商需要在熟练程度和经验积累等方面不断提升才能降低生产成本。因为，这种低成本是跨国公司构建当地生产网络的主要目的。

4. 产业网络机制最终形成

跨国公司主导的生产网络，经过长期磨合之后，最终形成内部运转良好的机制。跨国公司与配套厂商在相对长的时期内保持供货关系，这使配套厂商在它们各自的零部件生产领域实现了规模经济和学习经济，降低了生产成本。随着时间的推移，跨国公司主导的当地生产网络的内部机制逐步完善，配套厂商逐步发展到二级、三级甚至四级。越来越多的国内中小型配套厂商融入到生产网络的范围之内，无论与跨国公司的关系是直接的还是间接的，每家企业都处在以跨国公司为核心的产业网络的某个节点上。生产网络深深地嵌入到当地的社会经济活动之中。

在跨国公司主导的当地生产网络的形成过程中，一个关键的因素始终贯穿其中，那就是跨国公司对本地生产网络的严格控制。跨国公司对当地生产网络的控制或主导，不仅造就网络自身的特征，而且使网络形成过程表现出特殊性。

跨国公司之所以采取严格的控制措施，主要动因表现为：

（1）防止技术溢出效应的发生。这一点最为关键，技术溢出是跨国公司必须严格防范的，它们在与配套厂商合作过程中采取封装生产、生产指令以及生产环节的细分，都是为了防止核心技术在与配套企业交流的过程中溢出。其中，拥有核心技术是保证跨国公司获得最大利润的关键。技术溢出会提高东道国配套企业的能力，从而使跨国公司利益受损。跨国公司的技术控制，主要目的是提高技术溢出的成本。

（2）降低采购成本。跨国公司认为，任何配套厂商的自主创新活动或者对生产的改变，都是对已有平滑的供货模式的改变，从而带来附加成本。跨国公司希望对配套企业实行完全的严格垂直控制，将配套厂商变为输入生产指令、输出指定标准产品的“黑箱”，而对于黑箱内部任何变化都加以限制。配套厂商的创新尝试和生产革新，在跨国公司看来都是对“黑箱”内部机制的改变，这种改变会使“黑箱”的输入输出流程变得复杂，或者使输出变得不再标准化，无疑会增加跨国公司使用“黑箱”的难度，造成跨国公司的生产成本上升。所以严格的控制，是保证采购成本最小化的前提。

(3) 降低创新成本。跨国公司将创新研发活动完全置于内部进行，除了防止技术外溢外，还考虑到创新成本的最小化问题。知识的沟通和交流，对于创新活动来说十分重要。而不论是有形的资源还是无形的知识，在企业内部各部门之间的交流成本无疑要低于企业之间的交流成本。如果信息流动的场所变成了企业之间的网络，那么知识传导距离会变长，传导时间会增加。此外，网络内的跨国公司和配套企业之间常常存在着信息不对称性，产生因道德风险等带来的相互不信任，同样增加了信息沟通的成本。

第三节

跨国公司主导下的当地生产网络向创新网络的演化

一、跨国公司主导下的创新网络

在创新网络中，居于主导地位的跨国公司与配套企业之间的关系不再是生产网络中的“支配—从属”关系，而是合作关系。这种关系主要表现在两个方面：首先是生产上的“供应—被供应”关系；其次是研发和创新过程中的合作关系。

从生产的角度看，它们之间依然存在着上下游供应关系，但跨国公司已经丧失了绝对的控制力。各个配套企业除了为核心跨国公司进行配套之外，还可以独立面对网络外部客户，通过内部研发为网络外客户提供产品配套（如图 7－6 所示）。这种网络结构的变化，来源于网络的创新性特质。

从创新的角度看，网络的运行机制同样与生产网络不同。因为，配套厂商自身拥有一定的产品研究开发能力，它们能够在企业内部对零部件产

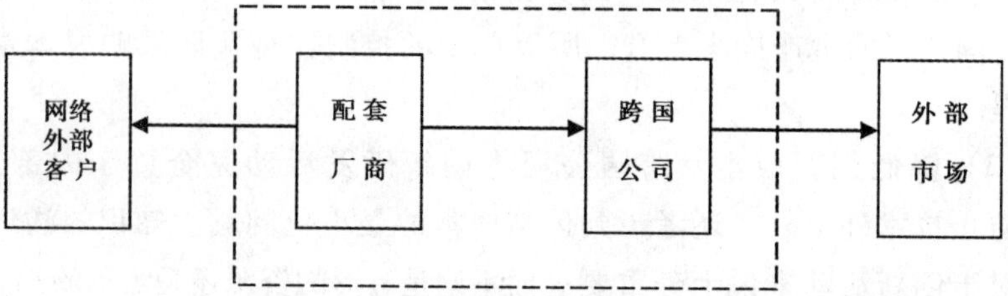

图 7－6　创新型网络生产流程示意图

品进行改进和创新。

因而，在跨国公司主导下的创新网络中，跨国公司和配套企业之间的关系呈现出以下新的特点：

（1）从供货关系的角度看，配套厂商拥有一定的独立自主性。这是因为它们不仅仅单纯地为网络内的核心企业服务，而且拥有一定的外部市场拓展能力。这种能力源于企业内部研发实力的提高，有机会独立面对外部客户，拓展自己的客户群体，从而降低了配套企业的风险和不确定性。双方的关系是“合作”而非“控制—被控制”关系。

（2）从讨价还价的角度看，最显著的变化是配套企业实力的提高，加大了配套企业在双方讨价还价谈判中的力量。由于这种局面打破了生产网络中配套企业被动接受核心企业指令的局面，跨国公司会在利润分配上给予中小型配套企业更多的份额。

（3）从技术研发的角度看，配套企业自身研发创新实力的增强是创新网络的关键特征。配套企业依靠自身建立起来的开发实力，可以在自己的产品上进行多样化拓展，将最终产品开发的创新活动更多保留在企业内部。

创新网络中的配套企业不再仅限于与跨国公司建立联系，而且还将联系的范围拓展到外部市场和网络内的其他企业。

（1）外部市场的拓展。在跨国公司进行严格控制的生产网络中，配套企业生产供应的对象只有跨国公司一家，而对于外部市场客户，配套企业既没有能力也没有动力开发。因为，配套企业的规模偏小，资金、技术和政策支持不足，核心技术能力缺失。在网络演化四步模式的第三步，配套企业要面临跨国公司严格的技术考核。这种考核除了表现为某种能力的提升外，更多地表现为跨国公司对配套企业的某种“锁定”和“基因植入”行为。为了符合跨国公司的生产标准，配套企业必须改变自己原有的生产模式，逐步接受跨国公司的生产标准。配套企业往往经过艰难的转型努力才获得跨国公司的配套资格，已经没有能力进一步拓展市场业务，也没有能力打破跨国公司的控制。同时，配套企业通过与跨国公司的合作可以获得稳定的市场需求，不用再像以前那样受到市场不稳定的困扰。一般来说，获得跨国公司长期订单的厂商将不再有动力进行再创新和新的市场开拓。

而在创新网络中，配套企业有能力和动力拓展外部市场。它们自身拥有的研发实力构成了企业的核心能力，凭借核心能力，企业试图扩大销售途径、进行网络外拓展。这时，网络内的跨国公司已经不可能完全控制配套企业，因为一旦它们之间的关系断裂，配套企业仍然拥有继续生存的能力。原有“黑箱”的内部已经产生了变化，不再是仅能接受一种输入和产生一种输出，而是能够同时接受多种输入和产生多种输出。

（2）网络内部的拓展。在创新网络中，各个配套企业之间形成了互动关系。它们打破了线性的价值链联系，互相之间产生了沟通。这类似于小行星之间的互动，使网络中联系的节点增加，使小行星的运行轨道不仅受到恒星引力的影响，还受它们之间互动的影响。中小配套企业之间的相互联系和作用，尤其是开辟新市场的合作行为，削弱了跨国公司的控制力。

同时，网络内的政府、中介、科研院所、金融机构等辅助部门同样将与配套企业建立广泛的联系。配套企业从辅助部门那里得到它们开辟自主创新能力所必需的政策、技术和金融等支持。

与生产网络相比，跨国公司主导的创新网络具有以下动态优势：

（1）创新活动更加活跃。在生产网络中，中小型配套企业没有机会参与核心技术的创新研发，研发活动仅仅局限于跨国公司的内部，途径单一。而在创新网络中，由于创新活动突破了跨国公司的边界，其他网络成员也参与创新，提升了整个网络的创新活力。

（2）创新主体更加丰富。生产网络中的创新活动的主体是单一的，创新的成本和风险全部由跨国公司承担。而创新网络的创新主体是多元化的，配套企业自身同样具有产品研发能力，创新活动不再独家占有，配套企业能够分享产品研发带来的利益。

（3）国内配套厂商拥有更强的创新能力。生产网络中的配套企业受到跨国公司的严格控制，只能接受来自跨国公司的生产性指令。而创新网络的配套企业具有进行创新活动的能力。

（4）与外界交流更加丰富。在生产网络中，外部刺激先作用到跨国公司，然后通过跨国公司内部的分析编码，再传递给配套厂商。配套厂商面对的只是跨国公司，充当了“黑箱”角色。而在创新网络中，跨国公司和配套厂商都是外部市场信息的接受者，配套企业具有研发实力，有能力接受外部订单。

（5）网络整体竞争力更强。任何跨国公司主导的生产网络都面对来自市场和其他生产网络的竞争。在生产网络中，跨国公司要独自面对市场竞争。其中隐藏的风险是，如果竞争对手通过模仿掌握了跨国公司的核心技术，整个网络的竞争力将随之削弱。

而创新网络则做到了整个网络共同面对外部市场，从根本上提高了网络的竞争力。网络各个成员都拥有核心能力，这是外部竞争对手难以模仿的。此外，获得了创新能力的配套企业同时为网络外部客户供货，使整个网络从内向型转化成为外向型，提高了网络的开放度。表 7－1 从几个重要指标出发，对跨国公司主导下的当地生产网络和创新网络做出了对比分析。

表 7－1　跨国公司主导下的生产型网络和创新型网络比较

	生产型网络	创新型网络
跨国公司—配套企业关系	支配—从属	合作
创新主体	单一，仅跨国公司	多元化，跨国公司＋众多配套厂商
创新模式	跨国公司内部创新	企业独立创新＋合作机制
国内配套厂商创新能力	弱	强
配套厂商客户	单一：核心跨国公司	多元：拓展至网络外部
辅助部门作用	集中服务于跨国公司	对各种企业都给予支持
网络整体竞争力	弱	强
网络外在性质	内向型	外向型

二、生产网络创新演化的前提

跨国公司主导的生产网络的演化路径可能表现为两种：第一种是跨国公司严格控制的生产网络的延续，第二种则是向创新网络的转变。生产网络和创新网络，尽管在很多方面存在着差异，但在某些方面拥有以下共同特征：

(1) 形成基础相同。它们的形成都源于跨国公司的进入，这是价值网络形成的起点。

(2) 构成元素相同。两种类型的网络主体大体相同，它们都是由跨国公司、国内配套厂商和辅助部门（中介机构、政府部门、高校和科研院所、金融机构等）组成。

(3) 基本的生产性资源交易渠道相同。两种类型的网络的区别主要体现在创新机制上，但在生产性资源交易的途径基本类似。它们的模式都是配套厂商进行零部件生产，然后将产品供应给跨国公司。

基于以上分析，作者认为，生产网络与创新网络是跨国公司控制下的价值网络的两种形态，两者之间存在着相互转化的关系。生产网络是跨国公司主导下价值网络的最初形态，需要经过发展和演化才能转变为创新网络（如图 7－7 所示）。

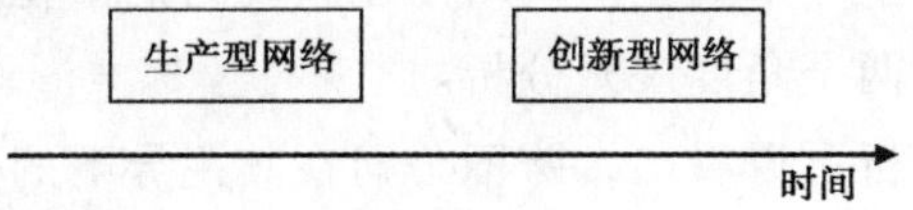

图 7－7　网络形态演化进程示意图

从世界范围看，绝大多数由跨国公司的进驻而形成的价值网络的最初形态都是单纯的生产型网络，通过创新活动的引入最终发展为更高层次的创新网络。

生产网络经过长期适应和磨合之后，会形成良好的内部机制。跨国公司与配套厂商在相当长的时期内保持供货关系，这使配套厂商在它们分属的产品领域，出现了规模经济效应和学习经济效应，进一步降低了生产成本。这种循环模式使企业保持了竞争力，有的跨国公司生产网络在单纯生产性资源流动方面做得非常好，形成了相对完美的生产网络结构。

既然创新网络是高于生产网络的价值网络形态，它们之间是否一定存在着替代关系，答案是否定的，因为由跨国公司所主导的生产网络向创新网络的演化存在着偶然性。从生产网络向创新网络的转变过程中，可能因跨国公司强大控制力的存在而变得困难。或者说，价值网络形态的演化不是自然发生的，其中的原因有二：

（1）跨国公司主导的生产网络是一个相对封闭的网络结构。除跨国公司之外的网络成员，与外部交流的机会很少。外界刺激经过跨国公司处理后传递给下层企业，跨国公司依靠强大的信息处理、编码力量和消化吸收能力，将来自外部的信息转化为配套企业可以接受的指令。

（2）生产网络的长期存在以及外部环境的相对稳定性，容易导致生产网络内部联系的稳定和富有效率。无论是处于主导地位的跨国公司还是处于附属地位的配套厂商，都没有动力改变现状。而且现有的结构越稳定，改变的动力就越小。在许多情况下，网络成员认为改变现状可能带来很高的不确定性，不会主动寻求改变。所以，从生产网络向创新网络的转变的前提是某种推动力量的存在。

三、生产网络的创新演化机制

对于跨国公司主导下的生产网络向创新网络的演化过程，本章将从配套企业和跨国公司两个角度展开分析。

通过前面的分析可以看出，跨国公司在其主导下的生产网络中，倾向于进行严格的控制，其中的主要原因是避免核心技术的溢出、降低采购成本和创新成本。对跨国公司来说，这种严格控制下的网络组织模式，最适于生产和制造，以获得高额利润回报。因而，跨国公司始终倾向于把配套企业限制在“黑箱”模式之内。

跨国公司的这种严格的垂直控制，抑制了配套企业的创新活动。要使配套企业开展创新活动，不能寄希望跨国公司做出有利于配套企业的政策改变，必须从配套企业自身出发，探索引发创新活动的关键因素。本章的研究表明，促使生产网络向创新网络转变的关键因素在于配套企业，配套企业自身能力的提高，才是促使其摆脱跨国公司的严格控制和开展自主创新的决定性因素。

配套企业的能力，主要表现在五个方面：

1. 技术转化的学习能力

技术转化学习能力是指国内配套厂商在为跨国公司进行产品配套的过程中，逐渐从跨国公司获得生产技术和方法，并应用于生产同类产品的能力。例如，配套厂商A为跨国公司B进行配套生产，产品型号、规格等均由B规定。配套厂商A按照B企业的标准制造出符合规定的产品。如果网络外部企业C也需要类似产品，产品关键配置都和为B企业生产的产品一致，只是规格不同，这时配套厂商A拥有把核心技术应用于不同产品的能力。

2. 推进通用标准的能力

推进通用标准的能力是指配套企业创造或者推进生产的配套产品组装时统一接口技术标准的能力。统一的接口标准，可以使配套企业逐步摆脱跨国公司的控制，专注于自身产品的开发创新。

如果配套厂商促使某项接口标准在相关产品领域内广泛使用，它的产品就可以以统一的标准对外联络。统一接口标准的前端，是配套厂商广泛的技术开发创新，这种创新将带来产品的多种规格样式，但它们在对外联系时，却采用统一的标准。而在标准的后端则是众多不同的产品需求者。由于接口标准统一，产品需求者突破了单一跨国公司的局限，面向所有接受接口标准的企业。因而，统一的接口标准的作用实际上是为配套企业提供了一个较为宽松的生产环境。而接口的标准化同时确保了下游众多客户都能够轻松地接纳配套厂商的新技术。

3. 多样化需求适应能力

配套企业对多样化需求的适应能力，是指企业满足众多客户多样化需求的快速反应能力。企业快速高效地生产出符合不同客户需求的产品，这是配套企业摆脱跨国公司控制、拓展网络外市场的关键一步。如果企业仅满足于为跨国公司进行配套，没有动力为其他客户作出快速改变，那么它们只能是长期处于跨国公司的控制之下。

4. 市场拓展能力

市场拓展能力是指企业独立在生产网络外部寻求客户、拓展产品市场的能力。这对配套企业来说，是能否使自身开发能力得以推广进而创造价值的关键。企业在掌握自主产品开发能力以及快速适应能力之后，应该主动拓展外部市场，打破由跨国公司控制的生产网络束缚，客户群的拓展会带来企业实力的提高，反过来也会提升企业自身知识学习能力和创新能力。

5. 产业整合能力

产业整合能力是指网络内相对较大的配套厂商对其他厂商进行整合的能力。在配套企业的合并重组中，每个企业中零星的创新活动会形成合力，让创新活动在更大的范围内发生。因而，在与跨国公司的对话中，整合后的配套厂商会拥有更多的话语权，其自身的研发能力也会从无到有，逐步提升。

总之，作为配套企业，在受控于网络内跨国公司时，应该主动从自己擅长的业务入手，从五种能力的培育和提升上找到突破口，打破跨国公司的技术垄断和生产控制。

同时，中小型配套企业五种能力的提升，离不开外界的支持。配套企业打破跨国公司的控制局面，关键在于企业自身能力的提升，但是同样也需要政府、金融机构等一系列辅助部门的支持。中小型配套企业由于自身资金实力的限制，在满足跨国公司技术标准后，无力开展进一步的创新或整合活动，而是迅速嵌入跨国公司的生产循环流程之中，成为产业链条中被严格控制的一个节点。所以要使配套企业有能力和动力进行再创新，必须给予设备添置和人才培养方面的相应资金支持、政策优惠和技术帮助。中国大多数跨国公司主导下的生产网络中的配套企业，恰恰由于缺乏相关支持，逐渐丧失了开展自主创新的能力。

在上述分析的基础上，我们可以得出结论：

（1）对于处在跨国公司严格控制下的中小企业而言，摆脱跨国公司控制的决定性因素是企业自身能力的提升。只有提高配套企业的自主创新能力，才能实现生产网络向创新网络的转化。另一方面，配套企业自主创新能力和网络创新实力的提高，不可能寄希望于跨国公司政策的改变，而只能以间接手段促进网络的创新活力。

（2）配套企业需要多方面能力的提高，包括技术转化学习能力、推进通用标准的能力、多样化需求的适应能力、市场拓展能力和产业整合能力。

（3）政府的优惠政策应该改变单方面面向跨国公司的现状，因为这对于提高价值网络内当地企业的自主创新能力作用不大。政府应该联合其他辅助部门，直接对配套企业加以支持，这才是提高国内企业自主创新能力的关键。

尽管跨国公司由于强大控制力，对当地企业自主创新能力的提升产生了抑制作用，但仍然可以从间接的角度，促使跨国公司推动从生产网络向创新网络的转变。

下面，作者从五个方面讨论跨国公司在生产网络和创新网络中开展创新活动所面对的问题：

（1）新技术内部化的成本。跨国公司若将原本置于内部的一部分创新活动通过外包方式分配给配套厂商，那么它面对的不确定性将会增加。因为在这种情况下跨国公司无法指挥配套厂商的创新活动，这就给跨国公司在零部件的匹配上带来更多的不确定性。由配套厂商负责配套产品的创新，能否迅速融合到跨国公司的产品生产当中，就成了疑问，从而带来新技术的内部化成本。

（2）对外界的响应成本。在跨国公司完全控制下的生产网络中，外部市场作用的接受者只是跨国公司。当配套厂商同样在外部市场中发挥作用后，可以直接感受到外部市场带来的刺激。在这种情况下，整个网络接受到的外部市场信息更加真实和全面，对市场需求变化的响应更加迅速。

（3）创新活动从跨国公司内部分散到网络的各个节点，必然使跨国公司面临信息不对称等局限。配套企业研发了新技术后，当应用于跨国公司的生产时，跨国公司有一个接受的过程。这个过程中，信息不对称会造成一定的交易成本。

（4）讨价还价的成本。当配套企业拥有一定创新能力时，附加价值的提高使配套厂商在讨价还价中拥有更多的话语权，从而使跨国公司失去了某种控制力，提高了跨国公司的议价成本。

（5）费用成本。当部分创新活动转移到配套企业后，创新活动所需的大量资金也随之分散到更多的企业当中。

表7－2概括了上述五个变量在生产网络和创新网络中的不同作用程度。

表7－2　　五个变量在两种类型网络中的不同作用程度

五个变量	生产网络	创新网络
新技术内部化成本	小	大
对外界响应成本	大	小
信息传导成本	小	大
讨价还价成本	小	大
费用成本	大	小

对这五个变量，都用成本 C 表示，其中变量脚标1代表生产网络，2代表创新网络，用数学形式表达为：

（1）新技术内部化成本 C_i，$C_{i1} < C_{i2}$　　（4.1）

（2）对外界响应成本 C_o，$C_{o1} > C_{o2}$　　（4.2）

（3）信息传导成本 C_t，$C_{t1} < C_{t2}$　　（4.3）

（4）讨价还价成本 C_b，$C_{b1} < C_{b2}$　　（4.4）

（5）费用成本 C_r，$C_{r1} > C_{r2}$　　（4.5）

C_1 是生产网络中跨国公司面临的五种成本加总；同理，创新网络的总成本为 C_2：

$$C_1 = C_{i1} + C_{o1} + C_{t1} + C_{b1} + C_{r1} \tag{4.6}$$

$$C_2 = C_{i2} + C_{o2} + C_{t2} + C_{b2} + C_{r2} \tag{4.7}$$

C_1 就是跨国公司在生产网络中的创新成本，即内部创新成本。

C_2 就是跨国公司在创新网络中的创新成本，即网络创新成本。

跨国公司的内部创新成本和网络创新成本的关系，决定了跨国公司在内部创新和网络创新之间的选择：

当内部创新成本小于网络创新成本时，跨国公司会选择内部创新，即它会更倾向于建立生产网络；

当内部创新成本大于网络创新成本时，跨国公司会选择网络创新，即它会更倾向于建立创新网络。即：

$C_1 < C_2$ 时⇒内部创新　　（1）

$C_1 < C_2$ 时⇒网络创新 (2)

现在研究令跨国公司选择网络创新的条件：$C_1 > C_2$ (3)

将（1）和（2）式代入（3）式，可以得到：

$$C_{i1} + C_{o1} + C_{t1} + C_{b1} + C_{r1} > C_{i2} + C_{o2} + C_{t2} + C_{b2} + C_{r2} \quad (4)$$

如果一个跨国公司主导的当地价值网络属于生产网络，那么对它来讲，网络对外部响应的成本 C_o 和费用成本 C_r 均高于创新网络，即在这两种成本上，创新网络具有天生的优势。所以，若要上式成立，必须尽可能地降低其他三种成本：创新网络的新技术内部化成本 C_{i2}、信息传导成本 C_{t2}和议价成本 C_{b2}。

因而，本章的结论是：从跨国公司角度看，实现网络向创新型的演化、提高配套企业创新能力，必须放松对配套企业控制，转变垂直的控制关系、接受网络的创新演化。其中的关键是降低跨国公司在创新网络中增加新技术内部化成本、信息传导成本和议价成本。这种方法更多地属于促使网络创新演化的间接手段。

在上述理论分析的基础上，本章提出以下几种改善方法：

第一，促进产品模块化和接口标准的统一，这是降低新技术内部化成本和信息传导成本的关键；

第二，赋予网络内部起协调作用的中介组织、行业协会等更大的权力，让它们充当网络内部信息的沟通者和润滑剂；

第三，加强跨国公司和国内配套厂商的交流沟通机制，在利润分配、价格谈判等方面加强沟通和信任，建立与配套企业技术创新挂钩的议价机制。

第四节

结论和需要进一步研究的问题

通过以上分析，可以得出如下几点主要结论：

第一，跨国公司主导的当地生产网络，是价值网络基本形态。在我国，以电子信息和汽车制造为代表的价值网络是典型的以跨国公司为主导的生产网络，本国企业受到跨国公司严格的技术控制，抑制了当地配套企业的自主创新能力，迫使其仅仅从事 OEM 或零部件的加工制造，整个价值网络是以生产为导向的。

第二，跨国公司主导的当地生产网络拥有独特的形成和运行机制。降低生产成本是跨国公司主导下的当地生产网络形成的关键因素。为了降低生产成本，跨国公司将部分技术含量低的生产环节分包给配套厂商。跨国公司与当地配套企业之间是“支配——从属”的垂直控制关系，它们之间的联系主要是物质资源的交换，因为缺乏充分的知识交流，创新活动集中在跨国公司内部。跨国公司成为当地价值网络与外部市场交流的唯一主体。

第三，跨国公司主导下的生产网络的形成过程包括：①网络形成的初始激励——跨国公司的进驻；②当地企业的初始响应——配套企业的跟进；③通过竞争筛选，跨国公司与选定的配套企业建立合作关系，在彼此适应中建立新的运行机制；④生产网络机制的最终形成。

第四，跨国公司主导下的创新网络是生产网络的高级形态，配套厂商突破了跨国公司严格的技术控制，形成了自主研发能力。生产网络向创新网络转变的决定因素，是配套厂商自主创新能力的提高。因而，为了实现从生产网络向创新网络的转变，政府和其他相关部门的政策支持不应当只面对跨国公司，而应当把重心转移到当地配套企业。配套企业需要加强包括技术转化学习、推进通用标准、适应多样化需求、市场拓展和产业整合的能力。同时，通过降低跨国公司的新技术内部化成本、信息传导成本和议价成本，激励跨国公司接受创新网络，形成提高当地企业创新能力的重要间接手段。

在现有研究的基础上，需要进一步研究的问题包括：

第一，对跨国公司主导下的当地生产网络中的配套企业，需要进一步的细分研究。因为，配套厂商可以进一步划分一级供应商和二级供应商。它们之间的竞争与合作关系同样会导致网络特性的变化。

第二，在技术方面，推进通用技术标准无疑是当地配套企业提高自身能力，摆脱跨国公司控制的重要手段。但是实践证明，对于这种行为而言，机遇和风险并存。

第三，针对当地配套企业的创新努力，跨国公司必然会采取一系列有针对性的反应。这构成了双方的一种博弈关系，如何在新的博弈中达到合作共赢，有待进一步的分析。

第四，生产网络中企业的状态同样处于不断变化之中，例如，跨国公司会发生一系列的重组、拆分和并购行为，当地生产网络内部的配套企业同样会发生一系列变化。生产网络中企业行为的一系列变化，都将影响网络结构的改变和形态的演化。因而，如何动态地把握跨国公司主导下当地生产网络的演化，是今后研究的方向。

第八章

创业型大学及其在知识创造和产业化中的作用

随着从制造经济向创新经济的转型，中国将逐步迈进创新或创业经济时代。在第二次经济转型中，创新型创业企业的数量及其对国民经济的贡献将不断增加，创业活动日益成为国家和区域经济发展的基本驱动力。因而，为新企业创业提供一个良好的创业环境，成为中国创新体系建设的重要内容。

大学作为知识创造和传播的重要场所，在从制造经济向创新经济转变的过程中同样面临着转型的挑战。在创新经济的形成和发展过程中，一种新型的大学发展模式——创业型大学将应运而生。

与传统的研究型大学相比，创业型大学表现出诸多新特征。除了传统的教学与科研职能外，创业型大学可以通过有效促进技术转移和扩散的多种方式和方法，把新知识的产业化纳入到大学的职能范围。创业型大学将在未来国家和区域经济发展中发挥举足轻重的创新辐射作用，承担起推动国家和区域经济发展、创造就业机会、孕育战略性新兴产业和为新企业创业提供智力支持等一系列新职能。创业型大学改变了以往大学与企业和政府之间相互隔离的局面，通过与政府和企业之间的良性互动，共同促进区域创新活动，使新知识的创新和产业化呈现出螺旋上升的发展格局。

20 世纪 70 年代以来，围绕着新知识的创造及其产业化，创业活动的涌现成为西方发达国家以 IT 为代表的战略性新兴产业发展的主要推动力，改变了资本主义经济增长的范式。因为创业活动日益成为国家和区域经济发展的基本驱动力，有些学者把由创业或创新活动驱动的资本主义经济发展的新阶段或新形态称为创业或创新经济。

作为一个经济学概念，“创业或创新经济”最早是由美国著名管理学家德鲁克提出的。[①] 通过实证分析，他发现现代经济的支撑力量已经不再是传统的 500 强企业，而是中小型创业企业。例如，在市值最大的顶尖级公司中，许多是 10 到 20 年前名不见经传的创业型中小企业。数量众多的创业型中小企业日益成为现代经济的基本驱动力，它们创造了 90% 以上的新增就业岗位。

Donald F. Kuratko 和 Richard M. Hodgetts 在《创业学——理论、流程与实践》一书中指出，目前在美国正在经历着的是一场创业革命（Entrepreneurial Revolution），这场革命给 21 世纪带来的影响将不亚于工业革命对于 20 世纪的影响，也许将更为深远。[②] 20 世纪 90 年代以来，美国新经济所表现出来的强劲增长和创新活力，来源在于整个社会旺盛的创业精神和新创企业生生不息的创业活动。

2005 年以来，科技型创业活动的涌现表明中国正在走向具有自身特色的创业经济。中国成长型企业发展高峰论坛 2006 年的数据显示，中国中小企业的数量超过 4000 万户，约占企业总数的 99.8%，创造的最终产品和服务的价值占当年 GDP 的 55%，上交的税金占全国税收的 46%。[③] 新创中小企业，尤其是科技型中小企业在推动经济增长和创造就业的同时，逐渐成为自主创新的主体。尽管中国的创业活动已经显现了对促进经

① ［美］彼得·德鲁克：《创新与创业精神》，社会科学出版社 2005 年版，第 45 页。

② Donald F. Kuratko & Richard M. Hodgetts 著，张宗益译：《创业学——理论、流程与实践》（第 6 版），清华大学出版社 2006 年版，第 3 页。

③ 朱仁宏、叶敏、邓靖松：“2006 年创业型经济与企业发展研究报告”，《现代管理科学》，2007 年第 7 期，第 31—32 页。

济发展的作用，但是创业动力和创新能力不足，仍然是中国要实现持续发展面临的挑战。例如，2002 年的全球创业观察研究表明，① 中国的创业活动相对活跃，但是创业环境相对较差。

相对于创业企业，创业环境是在创业过程中发挥作用的一系列外在因素的集合，它既包括影响人们从事创业活动意愿和能力的总体经济、社会文化和政治因素，也包括催化企业建立过程的帮助和支持性服务。构建创业环境的目的，是为了激发创业活动积极性。因而，如何构建良好的创业环境，是中国创新经济发展过程中面临的一个重要问题。而大学作为创业环境的重要因素，对创新经济的发展发挥着不可替代的作用。

大学作为知识生产和传播的基地，在现实经济活动中发挥着十分重要的作用。与传统经济形态不同，创新经济的兴起和发展所需要的大学不是传统的，而是新型的创业型大学。创业型大学是社会经济发展的积极参与者，不仅仅从事人才培养和科学研究，而且通过大学科技园的建设，直接替代市场和政府，成为新知识的创造和产业化的重要推动力量。因而，创业型大学既是创业环境的重要组成部分，又是新知识创造和产业化的源泉。

在本章中，作者集中考察创新经济兴起和发展过程中大学的转型和创业型大学的产生，研究大学在创新经济中所发挥的作用，在对创业型大学的本质特征做出科学分析的基础上，提出创业型大学发展的若干模式。

第一节

创新经济条件下大学的职能

一、创新经济和管理型经济

针对美国新经济的产生和发展，彼得·德鲁克指出，美国经济从

① 全球创业观察（GEM）研究项目是 1999 年在考夫曼基金的赞助下，由美国巴布森学院和英国伦敦商学院的学者发起和成立的，是一个旨在每年评估创业活动率的国际性研究项目。

"管理型经济"向"创业经济"的转型是为了应对20世纪70年代中期的经济危机和缓解就业压力。在考察了1970—1985年美国经济实际发展轨迹的基础上，德鲁克认为，在过去10—15年里，出现在美国的创业经济形态，是近代经济与社会史上发生的最重要、也是最富有希望的事件。①

蒂蒙斯（Jeffry A. Timmons）在《创业者》一书中认为，"我们正处在一场静悄悄的大变革中——它是全世界人类创造精神和创业精神的胜利。我相信它对21世纪的影响将等同于或超过19和20世纪的工业革命。"②在《战略与商业机会》一书中他进一步指出，"在过去的30年里，美国已经培养出了自1776年以来最具革命性的一代人。新的创业一代彻底改变了美国和世界的经济和社会结构，并为未来的几代人设定了'创业遗传代码'，它将比其他任何一种推动力量更能决定美国和整个世界的生活和工作方式，并将继续成为下一世纪或下几个世纪的领导力量。"③

David Audretsch and Roy Thurik 从根本力量、外部环境、企业运营与政府政策等方面对比了创业型经济与管理型经济的区别（表8-1），揭示了创新经济的构成元素和基本特征。④

表8-1　　创业型经济与管理型经济差异对比表

种类	创业型经济	管理型经济
根本力量	本土化	全球化
	变革	持续性
	高就业和高工资	高就业或高工资
外部环境	不稳定性	稳定性
	多样性	专业化
	异质性	同质性

① 彼得·德鲁克：《创新与创业精神》，社会科学出版社2005年版，第25页。

② 杰弗里·蒂蒙斯著，周伟民译：《创业者》，华夏出版社2002年版，第7页。

③ 杰弗里·蒂蒙斯著，周伟民、田颖枝译：《战略与商业机会》，华夏出版社2002年版，第3—4页。

④ David B. Audretsch, Roy Thurik. A Model of the Entrepreneurial Economy. Discussion Papers on entrepreneurship, Growth and Public Policy, 2004 (12): 231—252.

续表

种类	创业型经济	管理型经济
企业运营	激励	控制
	市场交易	企业交易
	竞争和合作	竞争或合作
	灵活性	规模经济
政府政策	推动	限制
	投入目标化	产出目标化
	关注本地	关注全国
	金融政策（多样）	金融政策（单一）

资料来源：David B. Audretsch & Roy Thurik, A Model of the Entrepreneurial Economy, *Discussion Papers on entrepreneurship*, *Growth and Public Policy* with number 2004 - 12，13.

1. 根本力量

（1）本土化（Localization）。在管理型经济中，现实经济活动的主导者是制造或生产活动，经济的发展来自于劳动力和资本的投入，对规模经济的追求和标准化生产降低了地理位置的重要性。而在创新经济条件下，关键的生产要素不再是劳动力和资本，而是知识。新知识的创造及其产业化，是企业和产业竞争优势的根本来源。由于新知识的创造和产业化过程中的知识主要是默示性的，知识的转移和外溢受到空间范围的限制。因而，在创新经济中，地理位置上的邻近性是至关重要的，知识往往嵌入由本地生产和创新网络构成的创新集群之中。

（2）变革（Change）。管理型经济更多关注的是经济发展的持续性和稳定性，而创新型经济的发展则来源于变革。尽管在稳定和变革的环境下都存在创新，但创新活动的关注点不同，形成了渐进式创新和根本性创新。如果创新与企业现有的核心竞争力及技术路径是兼容的，创新就是渐进式的。与之相反，根本性创新则被定义为在现有企业的核心竞争力和技术路径的边界以外所进行的创新。

（3）高就业和高工资（Jobs and high wages）。在管理型经济中，存在着一个明显的政策困境，即失业率的降低必须以工资水平的降低为代价。而在创新经济条件下，高就业率可以与高工资水平并存。无论是管理型经济还是创新型经济，小企业尤其是新企业，都是创造就业机会的引擎。但是，在管理型经济中，小企业在创造工作机会的同时带来的是工资水平的降低。而在创新经济条件下，新企业增加不仅仅带来更多的就业机会，而且可能提高工资水平。

2. 外部环境

（1）不稳定性（Turbulence）。因为产品的同质性及需求的稳定性，管理型经济形成了大规模生产和员工的低流动性。而创新经济则以生产和员工的不稳定性为特征，每年都会产生大量的新企业，但是只有一小部分企业会生存下去。

（2）多样性（Diversity）。理论研究表明，多样性与专业化程度之间的关系是解释静态效率和动态效率之间存在差异的关键因素。因为，一方面，产业专业化程度的提高会降低交易成本，进而提高静态效率；而另一方面，活动的多样性有利于新思想的交流，推动创新活动的开展，提高动态效率。由于知识溢出和交流是创新活动的重要源泉，因而在创新经济中，多样性是某种先决条件。

（3）异质性（Heterogeneity）。专业化还是多元化主要是在企业层面上讨论问题，而异质性还是同质性主要关注的是个人。对异质性或同质性的考察，可以从两个维度展开：一是个人的遗传基因和经历；二是个人获得和掌握的知识和信息。管理型经济的基础是同质性，而创业型经济的基础则是异质性。当每个人都达到相同的水平时，交流的成本都会降到最低，但是所产生的效率只是静态的。因为，在这种情况下，人们拥有相同的知识和信息，会以一种相同或相似的方式去评价信息。因而，虽然同质性能够增加交流的机会，但很少产生新的想法，对交流效果的影响较小。而在异质性条件下，每个人不仅拥有独特的遗传基因和经历，而且拥有独特的知识和信息，虽然异质性的存在导致较高的交易成本和降低交流成功的概率，但是却会产生新想法和创新，因为知识溢出和创新来源于个体之间的差异性而不是相似性。

3. 企业运营

（1）激励（Motivation）。在管理型经济中，劳动力与其他生产要素被看做是相同的投入要素，同质的而且与其他要素之间是相互替代的。企业通过命令和控制的方式组织劳动力从事生产活动。而在创新经济条件下，命令与控制的方法是低效率的，因为企业竞争优势的来源是新知识的创造及其产业化。创新经济关注的是对员工新能力的开发，而不仅仅是充分利用现有的能力。激励员工参与创造和将新创意转化为商品，比简单地控制和约束员工的行为更重要。

(2) 市场交易（Market exchange）。科斯和威廉姆森认识到市场与企业内部交易之间的区别，指出不确定性和信息的非对称将增加企业内部的交易成本。[①] Knight 指出，确定性、信息透明和可预测，将使企业内部交易比市场交易更有效率。[②] 管理型经济存在的前提是高度的确定性和信息的可预测性，在这种情况下企业内部交易比市场交易更加有效。与之相反，在创新经济条件下，高度不确定性的存在，市场交易变得更加有效。20 世纪 70 年代以来，经济环境变得越来越充满不确定性和不可预测性，企业内部交易成本的增加降低了企业的平均规模和垂直一体化的程度。

(3) 竞争与合作（Competition and cooperation）。竞争的前提是假设企业行为是自主的，而合作的前提是假设企业间存在某种联系，例如，合资、战略联盟和非正式网络等。[③] 在管理型经济中，竞争与合作的关系被看做是互相替代的。在产品市场上竞争的是一体化的企业，而在产品市场上企业之间的合作将降低竞争的程度和减少竞争者的数量。而在创新经济条件下，企业之间是独立的，各自专注于专业化的产品市场。企业之间高度的专业化，意味着独立企业之间的合作将替代一体化大公司的内部交易。同时，众多企业的存在，不仅使竞争和合作可以同时存在，而且合作的可能性大于竞争。

(4) 灵活性（Flexibility）。在管理型经济中，规模经济和标准化生产是降低成本的主要途径。因而，大企业拥有明显的竞争优势，从而导致高

---

① 威廉姆森著，段毅才、王伟译：《资本主义经济制度》，商务印书馆 2002 年版，第 6 页。

② Knight，F. H. Risk，Uncertainty and Profit. New York：Houghton Mifflin. 1921.

③ Gomes－Cassers，B.，1996，The Alliance Revolution：The New Shape of Business Rivalry，Cambridge，MA：Harvard University Press；Gomes－Cassers，B.，1997，Alliance strategies of small fiems，Small Business Economics 9（1），33—34；Nooteboom. B，1999，Inter—Firm Alliance，Analysis and Design，London：Routledge.

度集中的产业组织结构的出现和存在规模经济的行业中大企业主导作用的发挥。[①] 而创新经济的一个重要特征，是产品成本的降低是通过灵活性来实现的。[②] 灵活性主要来自技术、组织、需求和质量，会导致规模经济重要性的降低。在管理型经济中，规模经济是效率提高和经济增长的引擎，而在创新经济条件下，柔性生产或敏捷制造取代了规模经济，成为经济活动的基本原则。

4. 政府政策

（1）推动（Enabling）。在管理型经济中，政府的公共管制政策具有很强的约束性，例如，反托拉斯政策、规制和公有制，这些政策限制了企业的自由贸易。而在创新经济条件下，相关政策已经从“政府如何控制企业滥用市场权力”转变为“政府怎样创造有利的环境促使企业取得成功”，即从如何控制企业过度关心利润和滥用市场控制权转变为促进国际竞争、经济增长和增加就业。因而，政府对企业的关注点不再是如何通过管制限制其市场权利，而是构建创业环境实现企业的快速成长和发展。

（2）投入目标化（Input targeting）。在管理型经济中，由于市场和企业的产出是相对稳定的，政府的经济政策目标是针对结果和产出制定的。政府可能通过产出目标的制定促进产业和企业的发展。因为，在管理型经济中，产出是建立在传统的土地、劳动和资本等要素投入的基础之上的。而在创新经济条件下，产出的基础是知识投入。生产什么样的产品、怎样生产和由谁生产等问题都是不确定的。高度的不确定性使政策制定的依据很难确定，制定错误目标的可能性也随之提高。因而，在创新经济条件下，恰当的政府政策是针对投入设定目标，尤其是与知识创造和产业化相关的投入。

（3）关注本地（Local locus）。在管理型经济中，政策制定是以国家为主体的。与之相反，在创新经济条件下，政府政策的制定是分散化的，是区域性或者地方性的。产生这种情况的原因主要有两个：①在创新经济

① Chandler, A. D., 1977, *The Visible Hand: The Managerial Revolution, in American Business*, Cambridge, MA: Harvard University Press.

② Teece, D. J., The dynamics of industrial capitalism: perspectives on Alfred Chandler's "Scale and Scope", *Journal of Economic Literature*, 1993, 31: 199—225.

条件下企业和产业的竞争力主要来源于知识，而在集群生产中知识是本地化的，因而，政府政策的制定要充分了解以知识为核心的当地要素；②在创新经济条件下，政府政策制定的主要动机是促进区域经济增长和创造新的就业机会，这些目标的实现主要通过创建新企业来实现。而新企业的规模通常都很小，不会带来市场垄断。

（4）金融政策（Financial policy）

在管理型经济中，金融机构为企业提供的仅仅是资金的流动性，对不同的企业而言，这种流动性是同质性的，资金的投入和产出是确定的。而在创新经济条件下，经济活动的不确定性需要不同层次和种类的金融机构提供不同的资金形式，尤其是风险资本和非正式资本市场的存在，为高风险和创新型企业提供了相应的资金来源。因而，流动性不再是同质性的，在许多情况下，经常以建议、知识和相机变化的形式参与企业的投资。

二、大学的经济职能

大学在诞生之初，其主要职能在于人才培养、文化教育、知识创造和传播等方面的教学和科研。直到18世纪，在传统的大学体系以外，才出现了专门为经济发展和技术进步服务的近代大学。学术界对大学的职能和作用，特别是大学的经济职能一直存在着不同观点：一种观点认为大学不应该承担起为社会经济发展服务的职能，因为，这些职能与传统大学的教学和科研职能是冲突的；另一派则认为大学的经济职能可以与教学和科研活动共存，在很多情况下，大学的基础知识创新会伴随着经济效应的溢出。

Arrow、Nelson等从社会分工的角度出发，认为由于基础知识的生产存在高风险、收益不确定性和较强的外部效应等特点，无法通过市场得到足够的资金支持，因而需要政府和社会资金的支持。[①] 在这种社会分工格局下，大学仅仅从事基础研究和教学，生产基础知识和培养人才。大学的

① Arrow, K. J., Economic welfare and the allocation of resources for invention. In: R. R. Nelson (Ed.), *The rate and direction of inventive activity. 1962*, Princeton University Press, Princeton: 609—625.

价值和回报表现为科学知识的优先发表权和科学共同体的认可。大学从事基础研究的出发点，并不是促进经济发展，承担科学知识和技术产业化责任的是工商企业。

Flexner 则从大学自身的性质出发，强调大学必须与社会，尤其是社会经济活动保持一定的距离，确保大学对社会合理的批判性，帮助社会避免愚蠢行为的发生。① Pelikan 进一步强调大学对经济发展的支持性角色与教学工作是不相容的，大学对经济活动的介入是对自身独立性和完整性的威胁。② Partha Dasgupta and Paul A. David 提出了关于将大学研究和产业研究相分离的理论。③ 他们认为，理论科学是对基础研究的探索，产业研究则关注于谋利和获得排他性的专有权，这些功能的混淆将对社会福利产生消极影响。

与以上观点形成强烈对比，罗森伯格则认为，科学和技术之间的分界是很难或者根本不可能的，应用型研究通常会带动基础性研究的发展，反之，基础性研究同样会推动应用型研究的进步。④ 罗森伯格和理查德·纳尔逊还探索了大学研究如何推动产业技术进步以及产业技术进步如何促进大学基础性的研究。⑤

保罗·罗默从经济增长的角度揭示了大学的作用。⑥ 在他看来，经济增长来源于四个要素，即人力资本（以受教育年限衡量）、新思想（以专利衡量）、资本和非技术劳动力。其中的核心要素是知识或技术进步，知识是推动经济增长的主要动力。这是因为，第一，知识能够提高投资收益；第二，知识需要投资；第三，知识与投资存在良性循环的关系，投资

---

① Abraham Flexner. A Modern University [J]. Atlantic Monthly, October, 1925: 538.

② Jaroslav Pelikan. The Idea of the University: A Reexamination, 1969.

③ Partha Dasgupta, Paul A. David. Toward a New Economics of Science. Research Policy, 1994, 23 (3): 487—521.

④ Nathan Rosenberg. Inside the Black Box: technology and economics. Cambridge University Press, 1982: 75—87.

⑤ Rosenberg, N., Nelson, R., American universities and technological advance in industry. *Research Policy*, 1994, 23: 323—348.

⑥ Paul Romer: Endogenous Technological Change, *Journal of Political Economy*, 98.5 (Part 2, October 1990).

促进知识，知识促进投资。

对于大学在经济增长中的作用，保罗·罗默认为，“我们的大学体系没有培养出私有企业所需要的科学家和工程师。我们现在培养科学家和工程师的模式仍然是学术模式，科学家和工程师仅仅是他们教授的复制品。这种培养人才的结果是，一方面我们培养出了许多科学家，但是，另一方面，我们的私有企业所需要的科学家和工程师却十分缺乏。”① 因而，在罗默看来，在当今知识经济条件下，知识在社会和经济发展中发挥着越来越显著的作用，大学的职能应该随之变革，改变过去与现实经济相脱离的状态。在知识经济时代，应该重新思考大学的职能定位。

亨利·埃茨科威兹（Henry Etzkowitz）、罗杰·盖格（Roger Geiger）、Sheila Slaughter and Leslie Larry 进一步指出，大学的教职员工和管理者应当像企业家一样，要通过寻找和发现获得政府和产业界资助的机会获得自身的发展。事实上，随着知识的演进和知识经济的到来，在许多学科领域，科学与技术已经无法做出严格的区分，科学研究和技术开发之间出现了边界的混合或交叉，例如，大学在计算机、分子生物学、生物电子技术、软件等学科领域开展商业化用途的研究工作，而企业则将人力资源的培训和基础研究工作内部化。

本章认为，在知识经济迅速发展的今天，尤其是随着创新经济的兴起和发展，大学不再是传统意义上的“象牙塔”，其职能范围绝不仅仅包括人才培养和科学研究，而且要承担促进区域经济发展的责任。在创新经济条件下，大学对产业、市场和政府职能的某种替代，往往是新知识的创造和产业化的发源地。

三、创新经济兴起和发展中的大学转型

随着创新经济的兴起和发展，大学作为知识生产和产业化的重要阵地，面临着从传统大学到创新型大学转型的问题。本章在分别介绍吉宾斯的知识生产模式理论和埃茨科威兹的三螺旋模型的基础上，考察大学转型

① Paul Romer. An interview with Paul Romer, 1994, http：//reason. com/archives/2001/12/01/post—scarcity—prophet.

的必要性，并为讨论如何构建创新型大学奠定理论基础。

（一）吉宾斯的知识生产模式理论

17 世纪以来，大学就在知识生产和传播的过程中发挥着越来越重要的作用。对知识生产模式的理解，是重新认识大学职能及其转型的关键。传统的知识生产模式是线性的，强调依靠科学研究的推动来实现创新，知识生产在前而实际应用在后。在创新经济条件下，这种知识生产线性模式已经逐渐转变为非线性知识生产模式，即生产与应用往往同时出现，共同参与知识的创造过程。

吉宾斯（Gibbons）在其 1994 年的著作《The New Production of knowledge: The Dynamics of Science and Research in Contemporary Societies》中，提出并考察了知识生产的两种模式。模式Ⅰ是指传统的线性模式，模式Ⅱ则是指现代的非线性模式。

知识生产的模式Ⅰ表现出如下特征：第一，专业学术群体控制着知识生产，他们确定科学知识的合法性，进行分层管理。应用科学知识解决的实际问题，与专业学术群体常常不存在利益关系。第二，以学科为基础。所有的知识都是在特殊的框架即学科内产生，遵循学科的规范，理论与实际应用之间存在较大的差距。第三，高度的同质性。这种同质性意味着大学被看做是知识生产模式Ⅰ的中心，所有的知识生产者都追求学术地位的提升，并存在一套代代相传的机制。第四，质量控制。它是严密的、匿名的，仅仅以同行业的评价作为判断标准。第五，强调个人的创造力，研究者常常是单独行动，缺乏团队意识。

在模式Ⅰ中，大多数的知识被看做是相对静止的，是某种对永恒真理和自然法则进行探索而获得的成果。一旦知识被发现，就会被广泛传播，并进行实际应用。由于知识的变化相对缓慢，不需要与外界进行双向交流。外部世界仅仅是对学术成果进行检验和传播的场所。

而随着经济全球化进程的加快和科学技术的迅猛发展，知识的生产和传播速度在不断加快，知识的性质也发生了变化。与之相对应，知识生产的模式不再是传统的，而转变为现代的，即吉宾斯所说的新的知识生产模式（模式Ⅱ）。

知识生产的模式Ⅱ具有如下特征：

（1）以知识的应用为目的。新的知识生产模式运营处在一个以应用为先的社会环境中，其目的不再是发展某一学科，而是产业化。知识的生产在一开始就显示出实用性，是符合某些群体的利益的。知识生产的前提是，在各方反复协商的基础上每个主体都能获得相应利益。

（2）知识生产的跨学科性和超学科性。由于是以解决现实问题而不是以发展学科为目的，所以知识的生产不再受到学科框架的限制，而是跨学科或超学科的。针对复杂的社会现实问题，在知识的生产过程中常常出现某些新的跨学科研究领域或多个学科共同研究的现象。在模式Ⅱ中，常常允许不同机构的研究者相互合作组成灵活的合作组织或模式。

（3）知识生产主体的多元化。因为知识生产是以解决社会共同关心的重大现实问题为目的，而且解决这些问题不可能仅仅依靠单一学科的力量和单个人的力量，往往需要社会科学和自然科学工作者、工程师和企业家共同投入某项研究。因而，新知识的生产往往是在多方共同努力下完成的，生产主体呈现出更多的异质性，生产知识的组织则表现出更多的多样性特征。

（4）知识生产过程更加强调社会责任和对现实需求的响应。人们越来越意识到，科学和技术的进步对公众利益具有广泛的影响，如果研究个体没有对现实的社会需求做出响应，则难以生存。更为重要的是，在知识生产具有广泛社会影响的条件下，研究机构将承担比以往更多的社会责任。

因而，知识生产模式Ⅱ强调的是技能的多样化，重视跨学科的合作，组织形式灵活多样，追求实效和社会责任。研究者既关注在知识生产上获得的关键进步，又重视专利的申请和市场化的潜力。

有的西方学者将模式Ⅰ中的知识称为“关注于文化的知识”（culturally concentrated knowledge），即以传递学科知识为主，具有强烈的文化和制度化特征。[①] 而将模式Ⅱ中的知识称为“分散于社会的知识”（socially distributed knowledge），强调直接为社会需求服务，通过知识的生产过程

① John Garrick, Flexible Learning, Contemporary Work And Enterprising Selves, Faculty of Business, 2000.

进行知识传播和应用，而不是在模式Ⅰ中仅仅通过文章发表的方式进行传播。表10－2对知识生产模式Ⅰ和模式Ⅱ进行了比较。

表8－2　　知识生产模式Ⅰ与模式Ⅱ对比

对比项	模式Ⅰ	模式Ⅱ
背景	以学术实践和纯研究为形式开展研究，由学科的兴趣驱动，即“学科导向”	研究以社会需求驱动，受到资源（尤其是时间）的限制，反映了兴趣与预设目标，即“问题导向”
学科基础	知识在一定的框架内发展，遵守学科的规范，理论与应用差距较大	知识是跨学科的综合，理论、应用和环境是互相动态影响的
社会组织	知识生产是高度组织化的，协作受到限制	知识生产同时汲取学院与专业的资源与价值，团队由于项目的发展而呈现短时性和多变性
责任与义务	研究人员须负责任，主要由同行来判断（圈内行规）	知识生产过程中融入了社会与经济责任，包含了不同利益相关者的考虑
质量控制	科学家是绝对专家，质量控制基于学科范围与卓越的？概念、理论，关键标准是对学科的贡献	质量的判定基于众多标准，包括知识价值、成本收益率、经济与社会的适应性

资料来源：Gibbons M, Limoges C, Nowotny H, Schwartzm an S, Scottp and Trow M, *The new production of knowledge*: *The dynamics of science and research in contempory societies*, London: Sage, 1994.

新的知识生产模式适应了知识经济及全球化发展的历史进程，融入了现代信息传播技术对新的知识生产的促进和推动。吉宾斯预言，这一新兴的知识生产模式将在未来大学的知识生产活动中占据越来越重要的地位。因而，大学必须改变现行的组织模式，顺应新的知识生产模式的需要。

（二）大学—企业—政府三螺旋模型

亨利·埃茨科维兹（Henry Etzkowitz）在研究麻省理工学院与波士顿地区、斯坦福大学与硅谷两个案例的基础上，提出了大学与社会经济之间关系的“三螺旋”（Triple Helix）理论。他的著作《三螺旋——大学·产业·政府三元一体的创新战略》（1997）一书对该理论有过详细的阐述。

三螺旋模型借鉴生物学中的三螺旋原理解释社会经济发展过程中大学、企业和政府三者之间的相互关系。埃茨科维兹认为，“所谓的三螺旋就是一种创新模式，是指大学—产业—政府三方在创新过程中的密切合作、相互作用，同时每一方都保持自己的独立身份。”① 区别于传统的线性创新模型，三螺旋用一个螺旋形的创新模型描述了在知识商品化的不同阶段，大学、企业和政府之间存在的多重交叉关系。在相互作用的过程中，三种不同创新主体的联系日益密切，推动着整个创新过程的展开，从而形成所谓的“三螺旋”模型。在现代社会中，由于知识日益以科学研究为基础，知识的创新越来越表现为组织或机构之间协作的结果。在新知识的创造及其产业化的过程中，越来越需要大学、产业和政府之间三方的共同参与和协作，因而，大学—产业—政府的三螺旋相互作用日益成为国家创新体系的核心。

对三螺旋模型的研究，起源于传统理论对大学、政府和产业之间关系讨论中的两个相互对立的观点。第一种观点是政府控制大学与产业的国家干预主义模式（图 8－1）；第二种观点是产业、大学与政府三者彼此独立与分离，仅仅存在少量边界交叉和相互作用的自由放任主义模式（图 8－2）。

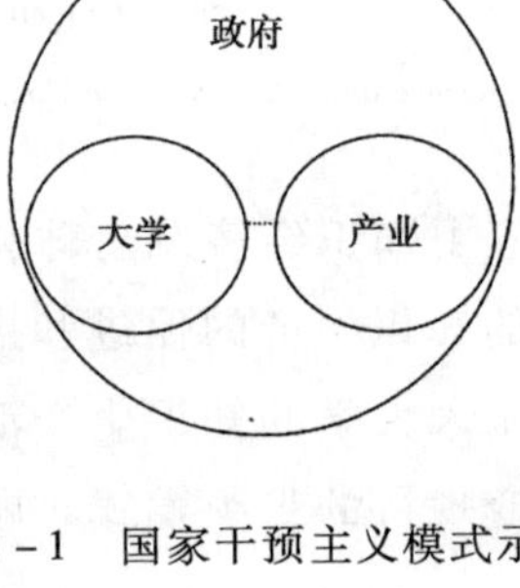

图 8－1　国家干预主义模式示意图

① ［美］亨利·埃茨科威兹著，周春彦译：《三螺旋——大学·产业·政府三元一体的创新战略》，东方出版社 2005 年版，第 1 页。

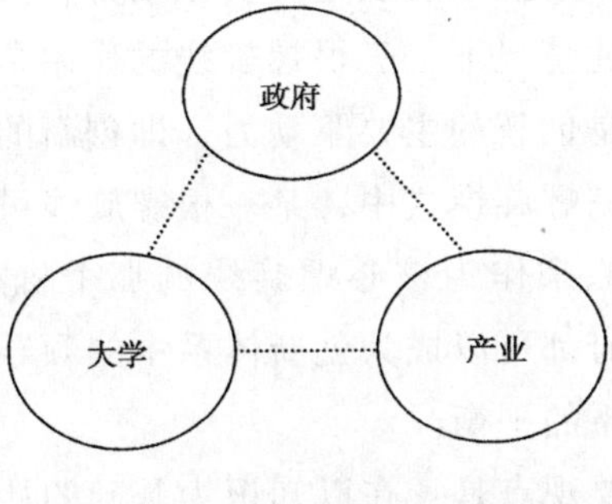

图 8－2　自由放任主义模式示意图

在国家干预主义模式下，政府是社会的主导机构，控制着企业和学校，通过官僚机制对企业和学校进行自上而下的协调。在这种模式下，政府在为项目开发和为创新行动提供资源方面占据主导地位。大学的主要任务是教学，同时根据政府的要求开展科学研究。大学的功能仅仅被限定为教学和科研，是与现实产业活动相脱离的机构，仅仅为政府和企业培养和输送人才。尽管大学从事科学研究，但是这些科学研究并不与新企业的创建和产业的发展相关联，大学与产业和政府之间不存在互动关系。

而在自由放任主义模式中，大学、企业、政府是相互独立的，它们在各自的边界内运行。在这种模式下，大学仅仅是基础研究和社会合格人才的培养者。在大学与产业的相互联系中，大学主要是以出版物和毕业生的形式把默示性知识传递到企业之中。企业和产业只是从大学里寻找对自己有用的人才和知识，并没有期望能从中获得更多的支持。人们希望产业能够自我运行，只有当出现市场失灵时，政府才会出面进行干预。在这种模式下，大学—产业—政府之间仅仅保持有限的相互联系和作用，而且当这些机构之间进行相互作用时，往往需求某个中介。例如，在美国，存在着一个可以称为研究公司的非营利性组织，它的职能是在大学与产业之间搜寻能够获得专利的研究，然后设法把它们转移给可以将它转化为产品并获得利润的公司。

三螺旋模式认为，无论是国家干预主义还是自由放任模式，都不能提供令人满意的知识创造和利用的创新体制和机制，二者必须向大学、政府和产业之间既相互独立又相互交叉的三螺旋模式转变。

在国家干预主义模式中，政府占据主导位置，控制着大学和产业；在自由放任主义模式中，产业螺旋线是主要驱动力，其余的两根螺旋线则被视为支持系统。在上述情况下，三根螺旋线的作用是不平等的，通常情况下，只有一根螺旋线是创新的主要驱动力，即创新的组织者，其余的两根则围绕它旋转。而在三螺旋模式中，某一根螺旋线可以替代另一根而成为创新的主要驱动力，原来作为核心螺旋线的那个机构随之转变为支撑机构，大学、产业和政府都可以成为创新体系中的领导机构，三者之间相互作用，维持着创新体系的平衡。

三螺旋理论的主要观点是：在以知识为基础的社会中，大学—产业—政府三方之间的相互作用是改善创新条件的关键。在三螺旋模式中，大学、产业与政府各自保持独立的身份，同时，又与其他两个机构之间相互作用，也就是说，这三个机构在完成各自功能的同时，都部分地承担着其他两个机构的职能。三者之间相互联系与作用，意味着每个螺旋线创新能力的提高，并对其他螺旋线的创新提供支持，因而，形成持续创新流和共同发展的格局。对大学而言，大学把新知识的创造及其产业化作为学术目标，则会激励源于大学学术研究的新公司的创立，发挥了产业的职能。同时，技术专利转让办公室等机构的成立，使大学部分地承担了政府的职责。三螺旋模型可以通过图 8 - 3 表示出来。

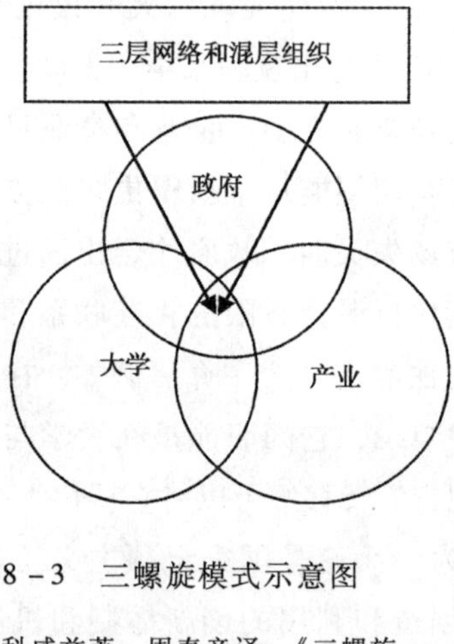

图 8 - 3　三螺旋模式示意图

资料来源：[美] 亨利·埃茨科威兹著，周春彦译：《三螺旋——大学·产业·政府三元一体的创新战略》，东方出版社 2005 年版，第 58 页。

埃茨科维兹解释了三螺旋模型在知识创造、扩散和利用方面发挥作用的四个步骤或阶段：

（1）在每条螺旋线上，都存在着三种创新主体的角色变换。在社会经济发展中，大学承担了新的职能，不仅仅培养学生和从事科学研究，还致力于将知识有效地转化为产品和服务。在新公司的创建和新兴产业的发展过程中，大学扮演了企业的角色，大学和产业之间的边界开始变得模糊。与此同时，政府，特别是地方政府，在企业发展中同样扮演了新的角色：鼓励科学技术研究，把它作为公司构建核心能力和业务拓展的基础。企业不仅与大学，也与其他公司之间分享知识，以准学术的方式通过战略联盟进行彼此合作，在某种意义上，承担了大学的部分职能。

（2）螺旋线之间的互相作用。某一组织的转变会促使其他组织的转变。例如，美国联邦政府通过《贝多法案》为大学的技术转让构建了一个稳定的制度框架，将技术转让的权力转移到大学。事实上，这一法案创立了一项间接的产业政策，即政府鼓励大学帮助企业进行技术和产品的创新。

（3）三个创新主体之间交互影响，创造了全新的创新网络，在刺激了组织创造性的同时，提高了区域的集聚力。通常的情况下，新的创新网络通过三个组织相互作用起作用，创造出新想法以弥补单个组织创新资源的不足。例如，20 世纪 70 年代以来在经济低迷时期所形成的的硅谷、阿姆斯特丹知识圈和新英格兰议会，都是来自企业、学术机构和地方政府的成员，他们之间通过交互影响而不断创新。

（4）大学、产业和政府三个创新主体的交互作用，在更大范围内产生了边际收益递增的社会效应。新知识的产业化不但改变了大学研究人员对研究成果的认识，同时也改变了大学与企业和政府之间的关系，三者之间在互动中的知识创新和产业化对社会经济发展带来的效果是报酬递增的。

三螺旋模型集中了学术机构、企业和政府三个不同的创新主体，每一个主体都扮演着其他主体扮演的部分角色。三螺旋模型在不同国家存在着不同的表现方式。其中一种是自下而上的模式，即通过不同机构领域的个人和组织的互动实现三种机构的互动，例如，美国。另一种则是自上而下的模式，即通过政策手段鼓励实现三种机构的互动，例如，欧洲国家。事实上，这两种模式在美国和欧洲都存在，只不过在总体上看主要表现为某一模式，例如，在美国，国家标准与技术学会的高级技术项目经理都来自企业，目的是鼓励他们启动的项目是以企业为主导的。在国家创新体系的构建过程中，应当把上述两种过程看做是同时进行的，因为促进创新的双重途径比任何单一途径都更有效率。

尽管三螺旋理论早于创业型大学的出现，但是它的出现和发展为创业型大学提供了坚实的理论基础和实践指导。三螺旋的组织原则是要求大学在社会经济发展中能够发挥更大的作用。三螺旋模式成立的前提，是大学知识生产能力的增长和对外作用的加强，它是知识经济形成的基础。在创新经济条件下，大学已经由一个社会经济发展过程中相对次要的机构转变为社会创新的主体，不仅是创新活动的源头而且是区域创新活动的组织者。

第二节

创业型大学的出现及其基本特征

在创新经济条件下，大学不仅仅要承担为社会培养人才和从事科学研究的责任，而且对当地的经济和社会发展发挥越来越重要的推动作用。因而，一种新型的大学办学模式——创业型大学，成为创新经济条件下大学转型的重要方向。

一、创业型大学的含义

国外有许多学者给创业型大学下过定义，其中有代表性的是 Slaughter, Etzkowitz and Clark。Slaughter 等人的定义：① 创业型大学是指大学出现了某种市场化的行为，在新的环境条件下采取了某些企业的运作方式，例如，对外部资金的竞争。具体来说，主要包括以下几点内容：（1）在

① Slaughter, S. *Professional Values and the Allure of the Market*, Academe Press, 2001.

大学的使命和管理中确立了市场化的指标；（2）为获得外部资金，开始参与市场营利活动；（3）课程设置更倾向于满足企业的需要；（4）寻找新的有效的方式以招收更多的学生；（5）出售来自教育和科研的产品和服务。

埃茨科威兹在《大学与全球知识经济》一书中，对创业型大学的出现做出了如下描述："知识进步在以前主要是大学关注的对象，而知识的资本化则是产业界关注的对象。但是，经常得到政府政策鼓励的大学及其组成人员对从知识中收获资金的日益增强的兴趣正在使学术机构在精神实质上更接近于公司，公司组织对知识的兴趣总是与经济应用紧密相连的。"[①] 事实上，创业型大学的出现意味着熊彼特关于创业和创新的模型已经被创造性地从商业部门扩展到了教育部门，从个体行为扩展到了集体行为。埃茨科威兹认为，创业型大学应该包括以下几方面的内容：①与产业界、政府建立新型的关系；②建立各种跨越边界的新型混合组织，例如，技术转移办公室；③更直接地参与研究成果的商业化活动；④争取更多的资金来源；⑤教学和研究方面更注意面向实际。

在《三螺旋——大学·产业·政府三元一体的创新战略》一书中，埃茨科威兹进一步提出了创业型大学的四个支柱：①学术带头人能够形成和实施自己的战略构想；②具有通过授予专利、颁发许可和孵化等方式进行技术转移的组织能力；③在管理人员、广大师生当中普遍存在着创业精神；④能对大学资源进行合法控制，包括大学建筑物等物质财产和来源于研究的知识产权。他提出的创业型大学实际上就是具有创新研究成果的新型研究型大学，但是相对于传统研究型大学而言，这类大学具有更强的资源获取能力、团队研究意识和更为有效的知识转移机制特征。它们的直接目标是推动国家和地区竞争力的提高，与政府和企业有着十分紧密的联系，例如，美国的麻省理工学院、斯坦福大学等都属于这种类型的大学。

伯顿·克拉克（Clark）从高等教育内部入手，通过长期的跟踪访谈，分析欧洲5所大学——英国中部的沃里克大学、芬兰的纽恩苏大学、荷兰

① ［美］亨利·埃茨科威兹著，周春彦译：《三螺旋——大学·产业·政府三元一体的创新战略》，东方出版社2005年版，第228页。

东部的特文特大学、苏格兰的斯特拉斯格莱德大学以及瑞典的恰尔墨斯技术大学，从中总结出了20世纪晚期大学对多样、复杂的社会需求所做出的“创业型反应”。在《建立创业型大学：组织上转型的途径》一书中，克拉克对创业型大学做出了如下描述：“创业型”的含义是指大学及其内部系科、科研中心、学部和学院的某种特征。创业型大学试图在组织特性上做出某种实质性的转变，即凭借自己的力量，积极地探索在如何干好它的事业中不断创新。而一个创业型大学要实现组织上的转型，必须具备以下五个基本条件：①强有力的领导核心；②加强与外界的联系；③多元化的资金来源；④强有力的学术核心；⑤创业型的校园文化。

综上所述，Slaughter，Etzkowitz 和 Clark 所定义的创业型大学基本上是相近的，都强调大学科学研究的商业化，是拥有创新研究成果的新型研究型大学。

创业型大学应该包含以下几个方面内容：第一，教学和科学研究更注意面向实际问题，创业教育在创业型大学中越来越重要；第二，创业型大学更直接地参与研究成果的商业化活动，同时，努力拓展资金来源渠道；第三，创业型大学第三职能的发挥越来越凸显，即它以提高国家和地区的经济实力为目标；第四，创业型大学与企业界、地区政府、国家之间建立起新型的互动关系。

二、创业型大学的基本特征

根据 Röpke 的研究，可以从三个方面来理解创业型大学①：

（1）大学自身作为一个组织，是创业型的。

（2）大学的关键成员——教师、学生、雇员在一定程度上向企业家方向转化。

（3）大学与外界环境的相互影响，大学与区域之间的结构性联系，遵循一种创业模式。

---

① Jochen Röpke. *The Entrepreneurial University Innovation*, *academic knowledge creation and regional development in a globalized economy*, retrieved on 25th February 2007 from http://www.wiwi.unimarburg.de/Lehrstuehle/VWL/Witheo3/documents/entreuni.pdf.

Röpke 将创业型大学的特征归结为如下几个方面：

(1) 创业型大学努力摆脱对政府援助的依赖性，转而寻求其他形式的资金来源用于基础设施和科研活动投资。为了在研发活动上投入更多的资金，大学不断地拓展资金来源渠道。

(2) 创新隐含于研究生教育和继续教育之中。由于知识在创新过程中发挥越来越重要的作用，大学作为知识创造和传播的机构，在产业创新过程中扮演着越来越重要的角色。

(3) 由于制度环境的变化，大学和以知识为基础的社会之间的非线性作用越来越明显。无论是教学和科研的内容还是形式，都受到这种非线性互动的影响。

(4) 除了教学和科研之外，大学还承担促进经济发展的第三使命。

(5) 在知识经济条件下，大学作为人力资源的供给者和新公司创立的温床，成为创新体系中的关键要素。大学通过传统教学职能的发挥和技术转移的多种途径，逐渐由强调研究转向强调直接为经济发展服务。

(6) 技术转让办公室、联盟办公室或者中介机构的建立，使教学、科研和服务经济发展三种职能之间的联系加强。这些机构共同创造了一个技术市场，在日常的运营过程中实现了技术供给方和需求方的结合。杂志出版和其他资料的提供，加强了科学技术的传播和应用。

(7) 在创业型大学中，个人主义和集权行为将不受欢迎，团队合作意识和跨学科研究越来越被广泛接受。

(8) 创业文化成为大学培育自身的独特性和创建大学名誉的关键因素，因为创业文化会促进思想和实践之间的相互作用。一所大学里产生的思想不仅会在所有参与者之间进行传播，并且会与其他思想相互联系和作用。

(9) 创业型大学拥有灵活的结构，全体职工参与的决策程序以及其他适应性的管理程序，都为创业活动提供了便利和支持。

在对上述理论进行综合分析的基础上，作者强调创业型大学的如下特点：

(1) 新知识的创造和产业化并重。创造新知识不仅为了学科的发展，而且是为了现实应用。传统的研究型大学更多地强调新知识的创造，忽视知识的传播和应用。而在创业型大学中，不仅在知识的创造过程本身就着眼于社会经济发展的实际需要，而且知识应用中的反馈是新的知识创造的源泉。

（2）与产业和政府之间的相互依存性。创业型大学不再是传统意义上的“象牙塔”，它与产业、政府之间存在着广泛的非线性互动。另外，创业型大学摆脱了以往受到政府控制的局面，是一个相对独立的社会学术机构。

（3）持续适应性。当大学、产业和政府的关系发生变化时，大学的内部结构将进行持续不断的更新，是柔性的。因而，创业型大学随着经济和社会需求的变化，处于不断地调整、变化与发展之中，其中变化的目的在于更好地发挥大学促进经济发展的第三种职能，不断调整教学和科研的方向。

（4）混合型组织。创业型大学既要与其他机构相互依存，又要维持自身的独立性。只有组建某些混合型组织，例如，大学科技园、官产学联盟办公室、企业孵化器等，才能同时实现双重甚至是多重目标。在互相依存和彼此独立两个原则之间存在着某种张力，这种张力是混合型组织产生的动力。

第三节

实现从传统大学向创业型大学过渡的模式

随着现实经济从制造经济向创新经济的转型，大学同样面临着从传统大学向创业型大学的转变。如何使大学的知识创造过程适应现实经济发展的需要，把研究成果转化为现实生产力，是目前中国大学面临的主要问题。在这部分中，作者提出了传统大学向创业型大学过渡的途径和实现模式。

一、以大学科技园为平台实现大学技术成果的商业化

大学科技园是以大学或大学群为依托，通过集成各类创新要素和资源，采用政府资金、企业资金、金融资本与风险资本等多元化的资本运作方式，以实现大学科研成果向企业和社会有效转化为核心功能的科技园区。大学科技园在获取大学的技术资源、人才资源、知识资源等方面的成本较其他组织都低，能够有效实现大学与社会资源的对接，转化大学科技成果，不仅推动了大学技术成果的商业化进程，而且直接推动了大学与企业界之间人员、信息、资本等创新要素的流动和整合。因此，大学科技园是促进大学转型的一种有效途径。

（一）大学科技园创新能力转移的主要途径

(1) 通过大学成果转化实现大学创新能力的转移。大学科技园吸纳了一批入驻的待孵化企业，这些企业创新的意识和动力较强，但是缺乏技术和资金，独立发展面临诸多困难。而大学尽管积累了大量的科技成果，但是由于缺乏市场，产业化进程同样受到阻碍。大学科技园在两者之间找到了结合的空间，它能够从所依托的大学便捷地获取技术，又能够从所吸纳的企业找到市场，同时由于园内还融合了金融资本和风险投资基金，通过为两者提供场所、资金和服务，实现了“技术＋资本＋市场”的有机结合，有效地促进了大学科技成果的转化。

(2) 促进企业技术创新能力的提升。目前，我国企业在自主研发方面缺乏竞争优势，而大学具备较强的科研能力，企业与大学的技术合作已经成为带动区域创新能力的重要途径。但是，企业与大学存在着若干差异，发展目标和管理模式不尽相同，大学更多地关注人才培养、基础研究和知识创造，在区域创新体系中更多地发挥长期性的影响。而在许多情况下，区域创新体系需要的是短期和快速的市场行为，尤其是对我国企业技术创新能力的提升方面。大学科技园通过项目的筛选，实现了大学高技术项目向企业的嫁接和移植，帮助企业逐步摆脱技术引进的困难，促进企业从事独立的创新活动，真正使企业转变创新主体。大学科技园将企业的技术需求与对市场变化的感知纳入科技园，同时带来了大学的前沿技术和科技成果，实现了两者的有机结合，产生了强大的社会

效益和经济效益。

（3）通过培养创新创业人才实现知识重组。知识重组指大学科技园将知识和技术进行重新组合，通过引入金融资本和人力资本，实现人尽其才、物尽其用。这一点尤其体现在大学科技园为企业培养创新创业型人才方面。大学的师生与科研人员具有相当丰富的知识，但是这些人员往往缺乏创业意识。通过大学科技园提供的创新服务和创新环境，这些人员可以通过挖掘出自身潜在的创业素质和创新能力成为创新创业人才。

（4）通过社会服务实现大学的创新能力转移。大学科技园通过将大学成果引入科技园，实现与企业的有效对接，有利于实现成果的产业化；大学科技园可以为大学内部的老师和学生提供参与社会服务的途径，将所掌握的前沿知识和信息应用于实践，从而使大学通过自身的科研创新实现社会服务职能。

大学科技园通过社会服务实现创新能力的转移，主要表现在提供创新平台、营造创新文化等方面。科技园一般拥有固定的场所、固定的人员，从事固定的活动，在正常的运行过程中必然带来很多的创新理念、文化和意识，从而影响到科技园周边的社会组织；同时由于创新已经成为了科技园的一种内生行为，这种行为势必会逐步向周边扩散，从而影响更多人。这样，以科技园为核心的创新文化环境得到进一步扩展。

（二）大学科技园创新能力转移的四种模式

（1）引进研发机构。大学科技园通过吸引各类研发机构，尤其是企业与大学共建合作研发中心的形式，可以利用其地理优势，通过产业集聚效应，实现成果转化和技术扩散，不仅为企业提供各类一流技术成果的选择机会，加强企业与大学的沟通和联系，而且也有利于发挥大学的科研优势，还能得到更多的政府支持和市场认可，大学也可以从中获得学科建设和人才培养的动力。如图 8－4 所示。

（2）直接引进大学项目。大学将在学校内完成的一些重大科研项目的前期研发工作，然后转移到大学科技园内，通过建立新的企业，实现研究成果的产品化，最终实现研究成果的产业化。如图 8－5 所示。

（3）“留学归国人员＋大学＋大学科技园”模式。目前，我国核心技

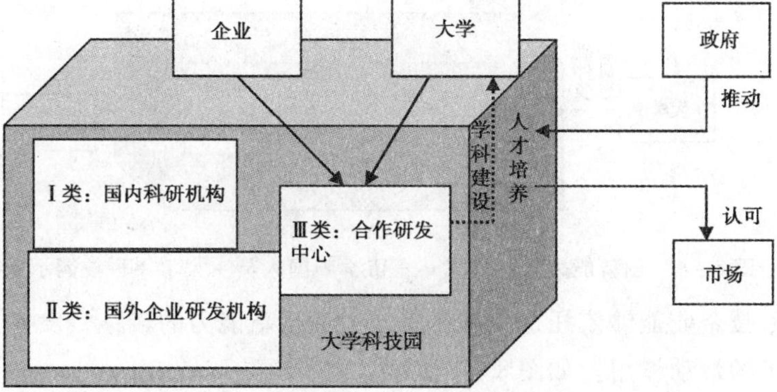

图 8-4　创新能力转移模式——引进研发机构示意图

资料来源：参考何建坤、周立、张继红等著：《研究型大学技术转移——模式研究与实证分析》，清华大学出版社 2007 年版，第 135—149 页。

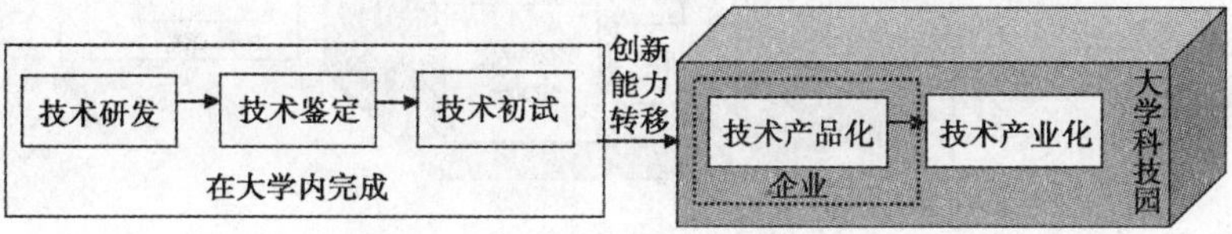

图 8-5　创新能力转移模式——直接引进大学项目示意图

术主要来源于三个渠道：大学和科研院所的技术、国内企业的技术以及留学归国人员带来的技术。留学归国人员大都了解世界顶级技术的发展动态，并掌握着大量前沿信息，但是由于资金等条件的限制，他们回国后独立创业的可能性很小。而大学科技园可以提供给这些归国人员与大学进行合作的便利条件，他们可以在大学的实验室中开发自己的技术，并通过各类中介机构将其科研成果推向市场，完成商业化过程。在这个过程中，大学的技术优势和人才优势得以发挥，也将大学和留学归国人员的技术成功地转移到企业。如图 8-6 所示。

（4）直接孵化企业。大学科技园拥有丰富的科技研发资源，在对技术创新的扶持和依托大学优势学科形成特色产业集群等方面具有强大的优势。同时，政策扶持力度大，能够为企业的创业活动提供良好的条件。很

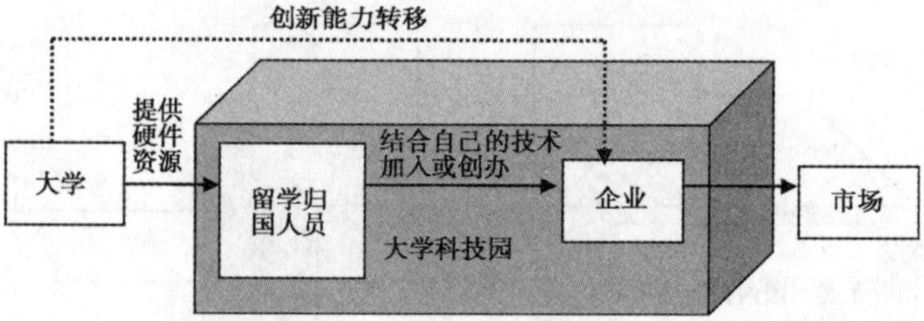

图 8－6　创新能力转移模式——留学归国人员＋大学＋科技园示意图

多高科技企业能够依托这个平台实现大学创新能力的转移，发挥大学对区域经济的带动作用。如图 8－7 所示。

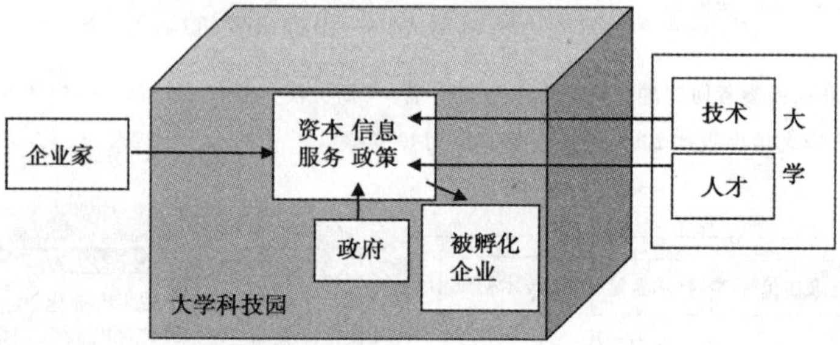

图 8－7　创新能力转移模式——直接孵化企业示意图

二、大学与企业共建创新平台模式

在技术创新行为日益复杂的今天，很多创新都不是由一个主体单独完成的，而是由很多主体之间进行的合作创新。大学要发挥对区域经济的带动作用，仅仅依靠大学自身的努力，是很难实现的，与企业联合，创建校企合作创新平台，是加强大学与企业界联系的有力途径，也是建设创业型大学的途径之一。

（一）合作创新平台的几种模式

合作创新平台可以通过委托开发、技术合作、校企共建一体化研发机构、企业建立合作式博士后流动站以及虚拟合作创新平台等模式实现，表 8－3 分别介绍了这几种实现模式的内涵、特点及其适用环境。

表 8-3　　合作创新平台实现模式

模式	内涵	特点	适用环境
委托开发	一般是企业提出技术需求，支付开发资金给大学，由大学解决企业生产过程中面临的问题	目标高、时间紧、难度大、风险高，一旦被其他企业抢先占领市场，其开发后的效益将受到严重损失	大学具有很强的应用研发能力，能满足企业的现实需求，企业具有一定的消化吸收能力，对技术开发周期有明确要求
技术合作	将大学科技成果有偿转让给企业后，帮助企业将技术投入生产，直接生产出产品，形成现实生产力	加快了技术转化为生产力的过程，有利于企业在短期内形成自己的产品，提高生产力，有利于校企结合	通过合作创新基金或者技术入股等形式实现，在合作协议中明确校企权利与义务，参与程度有限，较适合中小企业
共建一体化研发机构	是适应市场经济过程的产学研合作的较为高级的形式。主要包括研发中心、中试基地、开放性实验室、研究所等	企业与大学具有共同的发展目标与价值取向，长期良好的合作关系，合理的管理体制与良好的运作模式，并以协议方式明确各自权利与义务	大学具有技术、人才等优势，创新能力强，并参与研发与技术咨询的全过程，企业具有资金、工艺等优势，实施能力强，负责成果产业化的实施
合作式博士后流动站	在大型企业或高科技企业设立企业博士后工作站，由企业博士后工作站与具有博士学位授予权、学术水平高、科研条件好的大学的博士后流动站联合，双方共同招收培养博士后人员	一种崭新的高级人才培养模式，是企业培养人才的一种重要举措，也是加强产学研联合的一种新的尝试。博士后的研究课题一般根据企业自身发展需要而定	在大学和大型企业或高科技企业之间进行联合培养，达到在培养中实践，在实践中创新，在创新中培养的良性循环的人才培养模式
虚拟创新平台	校企双方为了发挥各自的优势，实现各自的战略目标而实行的一种合作创新联盟，是适应创新型国家战略的校企合作模式的新发展	组织的虚拟性与松散性，管理方式的灵活性，信息与资源的共享性，成长模式的共生性，合作的持久性	校企双方已经形成了互信、互补、互利的合作基础，双方均具有良好的社会声誉，有强强联合的愿望

资料来源：参考何建坤、周立、张继红等著：《研究型大学技术转移——模式研究与实证分析》，清华大学出版社 2007 年版，第 135—149 页。

（二）合作创新平台模式的运作程序

（1）组织的创新战略定位。大学和企业根据自身的优势，结合自身的发展规划，决定各自的创新发展战略。

（2）创新资源的合理配置。合作创新平台的建设需要大学和企业共同投入资源：大学投入技术、人才等软件资源，企业投入资金、设备等硬件资源。双方在确定了各自的创新战略后，通过委托协议、技术合同、联合开发协议等方式，明确各自创新资源的投入比例、知识产权的归属以及收益分配问题。

（3）实施具体创新项目。合作创新平台的建立一般以具体的创新项目为载体。通过整合大学的技术和人才，企业的资金、设备及运作经验等，校企双方在商定的时间内共同进行创新研发活动。在这个过程中，需要大学、企业和政府的共同作用，大学的知识供给、企业的市场开发以及政府的制度安排，这些都在一定程度上影响着创新项目的顺利进行。

（4）项目的评估与考核。对创新项目进行评估与考核，这既是对前一阶段创新项目的实施效果的检验，又是为创新成果投入市场、实现研究成果商业化奠定基础。

图 8－8 归纳了合作创新平台模式中大学技术转移的实现方式。

校企共建合作创新平台处于大学和企业组建技术价值链的中间环节，把握好合作创新平台的运作程序，有利于技术价值链的实现，促进大学的创新成果顺利地向企业化过渡，最终实现产业化。

三、大学衍生企业模式

技术研究开发一般分为三个阶段，即基础研究、应用研究和开发研究。大学主要从事基础研究，而产业则以应用和开发研究为主。不同研发阶段的技术产业化风险不同，应用研究和开发研究一般是在基础研究的基础上进行的。因此，随着时间的推移，技术开发风险逐渐降低。如图 8－9 所示。

作为知识创新系统的核心，大学通过其雄厚的基础研究实力不断涌出大量的发明，尤其是在生物、能源、计算机、材料、环境等高科技领域方面，而这些发明恰恰是突破性创新的重要源泉。因而，将大学的研究成果

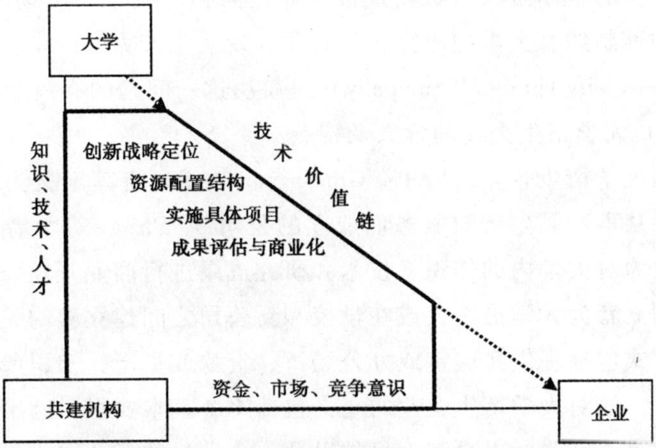

图 8－8　合作创新平台模式示意图

资料来源：参考何建坤、周立、张继红等著：《研究型大学技术转移——模式研究与实证分析》，清华大学出版社 2007 年版，第 135－149 页。

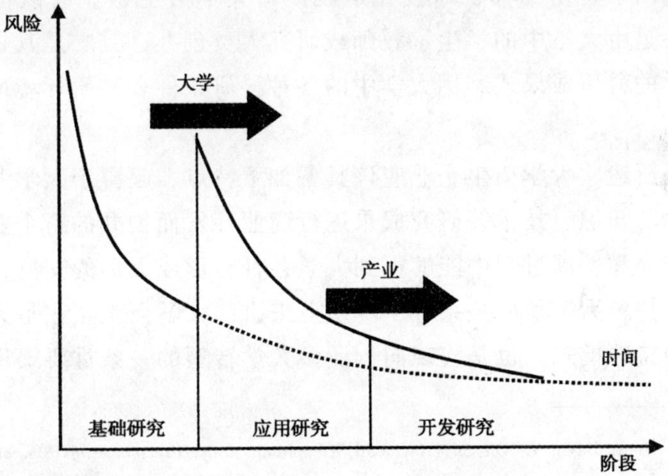

图 8－9　不同研发阶段风险分布示意图

资料来源：G. Tassey. The Economics of R&D Policy，*Quorum Books*，1997：76.

产业化无疑会对区域的技术创新产生巨大的促进作用。但这些发明大都处于技术开发的早期阶段，将其直接产业化面临着技术和市场的双重风险。存在着种种制约着大学的研究成果转化为现实生产力的因素，而大学衍生企业（university spin - off company）是解决这一问题的有效途径。

（一）大学衍生企业的含义及特点

所谓大学衍生企业，Brett，Gibson and Smilor 将其定义为运用大学的科研成果从事产品生产与服务而成立的公司①。Pirnay 等学者将大学衍生企业定义为对大学内的知识、技术和研究成果进行商业开发而创办的新公司，其创立者为大学员工，或在学校和新公司之间建立契约关系，大学通过各种方式包括提供实验室或办公场所、贷款或资产、知识产权等形式来支持企业。他对大学衍生企业的定义包括 4 个基本要素：应用大学研究成果、大学员工创建、以赢利为目的以及一个自治的新公司。②

Stenffense，Rogers and Kristen 等对新墨西哥州大学 6 个衍生企业的研究报告中指出，一个衍生企业要符合两个条件：其一是衍生企业的创立者来自原来的组织；其二是核心技术是从原来的组织中转移过来的。在此基础上，我国学者杨德林、邹毅和李昱提出大学衍生企业应该符合两个条件：其一是由大学中的学生、教师或研究人员创办；其二是其核心技术来源于大学的科研成果或利用大学中的各种科研条件和科研环境取得的科研成果。③

综上所述，大学衍生企业应该具备如下特点：起源于大学背景，对大学内产生的知识、技术等研究成果进行商业开发而创办的新企业；这些新企业在创立和发展过程中能够得到大学各种有形或无形的支持，因而和大学始终保持较为密切的关系。从本质上来讲，大学衍生企业是大学技术转移的一种特殊模式，也是实现向创业型大学转型的一条重要渠道，通过这

---

① M. Brett, David V. Gibson, Raymond W. Smilor. *University spin - offs companies: Economic development, faculty entrepreneurs, and technology transfer.* Maryland: Rowman & Littlefield Publishers, 1991: 23.

② Pirnay, F., Surlemont, B., Nlemvo, F.. Towards a typology of university spin - offs. *Small Business Economics*, 2003: 64—75.

③ 杨德林，邹毅："中国研究性大学科技企业衍生模式分析"《科学管理研究》2003 年第 4 期，第 45—49 页；李昱："大学衍生企业成长中的核心要素浅析——基于创业研究的视角"，《科技管理研究》2005 年第 10 期，第 106—108 页。

种渠道，可以将大学的研究成果直接进行商业化。

大学衍生企业与传统的技术转让存在根本性的区别：技术转让将技术作为一个“捆绑”体从大学转移到企业，发生过程较短。但是在转移后企业对技术的应用和控制受制于企业自身的技术实力，如果企业技术实力达不到很好应用该项技术的水平，那么这种技术转移的效果就会很有限。大学衍生企业则不同，由于是从大学派生出来的，企业的创新能力也由大学决定。

（二）大学衍生企业发展的五阶段模型

Ajoy，Mike and Andy 等提出了衍生企业发展的非线性动态五阶段模型[①]，并特别强调不同阶段间的转折过渡。

（1）专利申请——萌芽阶段。大学衍生企业的创立首先要有技术来源，大学教师和研究人员从事研究，会产生大量的发明，大学衍生企业的技术来源于这些发明，但并非所有的发明都可以成立企业。技术发明者在产生发明后，需要通过大学的技术转移组织进行发明的登记和公示，技术转移机关首先应确定知识产权的归属，然后组织相关领域的专家对众多的发明进行价值评估和筛选，选择出需要进行知识产权保护的发明后向专利负责部门进行专利申请。

（2）专利许可——创立阶段。大学的发明通过知识产权保护后，大学技术转移机关通过网络宣传、邮件广告、技术推介会等各种形式，将这些专利与对其感兴趣的投资者联系起来。如果一项技术经过专家鉴定确有巨大的商业潜力和价值，而企业却因没有充分认识到其价值而不愿意冒险的情况下，技术转移机关还需要加大对该技术的孵化力度，尽快实现转移。一旦将专利技术与投资者联系起来，技术转移组织就对其进行技术有偿转让，投资者获得大学排他性的技术许可后创立大学衍生企业。

（3）技术再开发——研发阶段。大学衍生企业创立初期的技术还属于初级技术，必须对其进行更深层次的技术开发。首先需要对技术发明原理进行验证，根据验证后的原理开发样品，这个阶段面临着技术和市场的

① Ajoy Vohora, Mike Wright, Andy Lockett. Critical junctures in the development of university high - tech spinout companies. *Research Policy*, 2004, 33: 147—175.

双重风险，需要大量的专业技术研发人员和持续不断的资金注入。在这一阶段，融资较为困难，大量的衍生企业将因为技术和资金的缺乏而走向死亡。

（4）技术的市场适应——产品化阶段。样品被成功开发出来之后，大学衍生企业即进入产品化阶段。但开发出的样品往往不能很快适应市场的需求，需要根据市场需求的变化对技术进行改善，使技术逐渐适应市场。可以通过对产品的试销等手段获得顾客的反馈意见，根据反馈意见对产品进行具体的改进，这一改进过程也就是产品开发的过程。

（5）生产销售——稳定成长阶段。经过了产品开发阶段的市场适应，大学衍生企业进入生产销售阶段，企业的技术风险逐渐降低，需要面对的主要是市场风险。因此，企业应不断地进行市场开拓，根据市场需求的变化调整产量，该阶段大学衍生企业逐渐迈入稳定成长阶段。

（三）大学在衍生企业中的角色

学术界对大学在企业衍生活动中的角色进行过大量的研究，概括地说，这些研究主要围绕两个主题：①大学选择衍生企业作为技术转移方式；②大学可以为衍生企业提供的支持。前一类研究以 Shane 为代表，他认为，一项技术是否适合通过创立企业的方式实现商业化与技术自身的特点有关。Jensen and Thursby 的研究表明，很多大学发展衍生企业是为了实现产业关系、提高大学的声望、加快技术的转移等目标。① Rappert 等研究认为，出现这种现象的原因在于，大学衍生企业能够从大学获得更广泛的帮助，这些帮助来自于大学的技术转移部门、大学文化的积极影响以及其他一些具体事务上的支持。②

大学对衍生企业的资源支持主要发生在企业创办之前或者刚刚创办的阶段，分为直接支持和间接支持。直接支持表现在基础设施支持、资金支持、政策支持以及信用支持等方面；间接支持主要指社会资本支持。如图 8－10 所示，大学好像一座房子的地基，大学提供的支持就像房子的几个

① Jensen R, Thursby M. Proofs and prototypes for sale: the tale of university licensing. *American Economic Review*, 2001, 91 (3): 240—259.

② Rappert B, Webster A, Charles D. Making sense of diversity and reluctance: academic－industrial relations and intellectual property. *Research Policy*, 1999, 28 (8): 873—890.

支柱，支撑起作为屋顶的大学衍生企业。

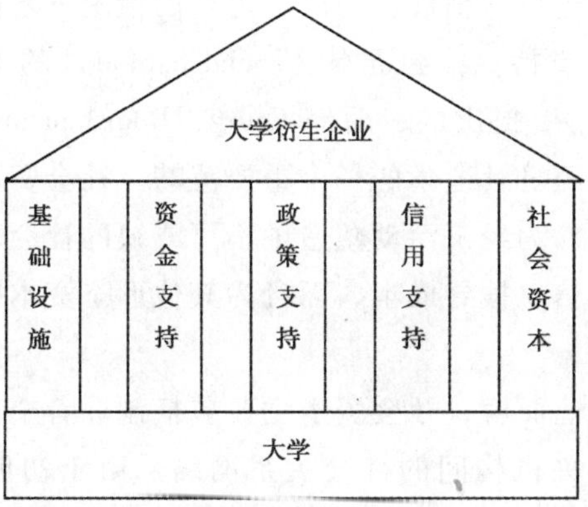

图 8－10　大学对衍生企业提供的支持示意图

（1）基础设施支持。大学提供的基础设施主要包括实验室和相关科研设备。有些大学还建立了企业孵化器等高科技企业扶植体系。经验证明，拥有完善的企业孵化器体系的高校，其职员创办衍生企业的积极性也比较高，并且企业创办成功的概率也大。

（2）资金支持。根据 Ajoy 的研究，大多数衍生企业在最初创办时期的资金都来源于学校拨款或者风险资金。① 大学一般会根据情况为衍生企业提供一定的启动经费，扶持企业渡过初创期的困难，或者利用大学自身的社会资源帮助创业者寻求风险投资公司的支持。

（3）政策支持。如果大学的政策不能很好地激励创业者，那么大学职员创办企业的积极性就会很低，而导致的直接后果就是大学的技术成果转移率很低。大学首先要鼓励职员创建衍生企业，并在相关的政策方面充分体现出对创业者的鼓励。另外，在业绩考核和薪酬体系方面也要充分考虑创业者的切身利益。

（4）信用支持。在企业创办初期，由于缺乏历史信用记录和商业经验，往往很难得到社会的认可。而大学通过自身良好的社会声誉和社会认

① Ajoy Vohora, Mike Wright, Andy Lockett. Critical junctures in the development of university high－tech spinout companies ［J］. *Research Policy*, 2004, (33): 147—175.

同感，可以为衍生企业提供一定的信用担保以克服这一问题。当然，这是在大学对债务风险进行评估后认为风险适当的情况下才能实现的。

（5）社会资本支持。社会资本（social capital）的概念最早是由法国学者 Jacobs（1961）[①] 提出的，后经 Loury、Bourdieu and Coleman 等人的发展，成为新兴的经济社会学的一个重要范畴。社会资本作为嵌入于社会网络中的关系资源，为经济活动塑造了不可或缺的社会环境，不仅有效地减少了交易成本和信息搜寻成本，而且为其他形态资本的生成和积累提供了支持机制。

就大学衍生企业而言，社会资本主要包括创业者个人的社会关系网络以及新创企业与相关机构间的社会关系网络。由于初创时期自身资源匮乏，因而通过社会关系网络获取支持企业发展的其他资源显得尤为迫切。然而大学衍生企业的创业团队通常囿于自身经历的局限，其社会关系网络主要分布在高校科研院所等机构，缺乏与外界的沟通和联系。而大学尤其是一流的研究型大学往往拥有丰富的社会关系网络资源，社会资本比较丰富，可以有效地弥补创业者自身资源的局限。大学应该加强和产业界以及风险投资行业的沟通与联系，在融资、贸易等方面为大学衍生企业提供便利。

（四）大学衍生企业实现创新能力转移的四个层次

大学衍生企业实现创新能力转移从以下几个层次展开，最终转移到衍生企业当中。参见图 8－11。

第一个层次是人才和智力的转移。大学衍生企业的创新成果最初都是由大学中的科研人员提供的，当以这些成果为核心创办企业时，这些科研人员中具有创业能力的人才会到企业继续从事该项研究，并将研究成果商业化。另一部分人员会参与到大学和企业的合作创新过程中，为企业进行技术服务，然后返回大学继续从事科研活动。人才是知识和技术的载体，人力资源到了企业，那么知识和技术也会随之转移到企业。

第二个层次是技术研发能力的转移。大学衍生企业一般都具备较强的技术研发能力，这主要是由大学自身的技术研发能力决定的。大学创办衍

① Jacobs J. 著、金衡山译：《美国大城市的生与死》，译林出版社 1961 年版。

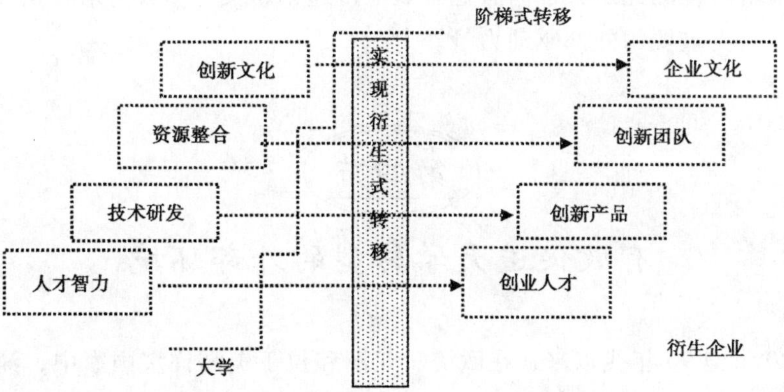

图 8－11　大学衍生企业创新能力转移示意图

资料来源：参考何建坤、周立、张继红等著：《研究型大学技术转移——模式研究与实证分析》，清华大学出版社 2007 年版，第 135—149 页。

生企业的初衷就是实现科研成果的商业化。随着科研成果逐渐以产品的形式市场化，技术研发能力也从大学转移到了企业。同时，大学衍生企业还可以对研发的技术提出要求，这又会反馈到大学，以便继续从事科学研究，并为科学研究提出新课题，这样就形成了大学和衍生企业之间技术研发能力的持续转移。

第三个层次是创新资源整合能力的转移。随着创新活动变得越来越复杂，很难由一个人单独完成创新活动，需要整合各种资源才能实现创新目标。大学中那种良好的创新团队式的合作创新方式，能够在大学衍生企业中得到延续，在大学衍生企业中，各种资源能够获得有效的整合互补，而不会因学校和企业机制的差异出现很大的改变。这种整合资源的能力恰恰是我国企业目前迫切需要的，也是大多数企业普遍欠缺的素质，很多企业只是从外界引进了技术，但是不能够与本企业内部的资源实现很好的整合，使得技术市场化的进程受到阻碍。

第四个层次是创新文化的转移。创新文化可以促进所有的创新要素形成开放、共享以及互动的创新网络。大学是知识创造的源泉，在创新文化的培育方面要领先于其他类型的组织。而我国企业很长时期以来形成了对政府和高校等组织的依赖性，其自身创新动力和能力不足，在创新文化上还比较落后，因此从大学向企业有效地传递创新文化，成为培育企业创新文化的一支重要的外部驱动力量。

第四节

有效促进大学转型的外部环境

20 世纪 90 年代以来，在欧美、亚洲和拉丁美洲许多国家中，涌现出一批创业型大学。在这些大学的周边形成了一种新型的创新局面：利用自身的知识创新成果引资创办高技术公司，加速原创性科技成果的转化，孵化、催生和启动了战略性新兴产业，主动承担起促进区域经济发展和提升国家竞争力的重任。这个过程逐渐实现了从传统大学向创业型大学的成功转型。

传统大学向创业型大学的转变，不仅需要大学自身的努力，而且需要政府和其他社会组织提供相应的制度和资源的保障，大学的转型是一个系统概念，仅凭大学自身很难做到。

一、法律支持体系

（一）美国的经验

美国为了推进大学技术转移的进程，在 1980 年颁布了《贝赫—多尔法案》（Bayh - Dole Act），又称《专利与商标修正法案》（以下简称《贝多法案》），这一法案的颁布加速了大学技术转移的步伐，对创业型大学的发展起到重要推动作用。

《贝多法案》的主要内容包括：

（1）大学拥有政府资助研究所获得的知识产权，大学有权申请专利和进行市场推广。

（2）除了通过传统的发表文章和会议演讲方式传播知识外，技术转让是大学传播知识的重要渠道。

（3）大学必须与发明者共享收益。

(4) 改变专利许可期限的限制。大型商业组织的专利许可仍然被限定为10年，但小型商业组织的专利许可可以延长到专利的整个生命周期。

(5) 美国制造业要生产在国内销售的产品。这项规定保证有足够份额的研发收益注入美国经济。

(6) 大学在专利许可中优先选择小型商业组织。这部分内容的提出，是出于对研究成果转移到大型商业组织后可能造成垄断而损害社会公众利益的担心。

(7) 政府保留非排他性的技术使用许可和介入权。这一权利保证政府在认定一项技术没有被适当开发和利用时，可以收回该项专利。

(8) 政府资助研发的回报方式。该法案规定，政府的回报不应该直接体现在按比例提取收益上，而是由此所推动当地经济发展中所获得的税收收入的增长。

《贝多法案》使大学成为创新体系中的重要组成部分，它建立了“大学—企业—政府”关系的新框架，在这个框架下，每一个组织都相应承担其他两个组织的部分职能，这与埃茨科威兹的三螺旋模型相一致。大学通过专利许可的方式将新技术转移给企业，并将知识产权作为参与企业或者创建新企业的基础，在这一过程中，更多地要发挥企业的作用。

《贝多法案》对创新的促进作用主要表现在以下几个方面：

(1) 技术转让主体由政府转变为大学，促进了大学和产业的联系。传统技术转让模式把商业化的任务交给了政府或者其他机构，而《贝多法案》将技术转让的责任交给了从事研究活动的大学而不是提供资助的政府，使大学直接参与企业的活动。这使有潜在用途的科学研究逐渐向产业化的主体靠拢，大学和企业界的联系更加密切，图8-12清楚地反映了这种变化。

(2) 引发组织上的变革——技术转让机构的出现。在政府颁布了有关保护知识产权的法律后，西方国家的多数大学都制定了比较规范的专利保护和转让方面的规定。为了加速科研成果的商业化进程，各大学纷纷成立了技术转让机构。例如，麻省理工学院1986年成立了技术许可办公室，目的是协助校内最新科研成果进行商业应用。拥有技术转让办公室的大学

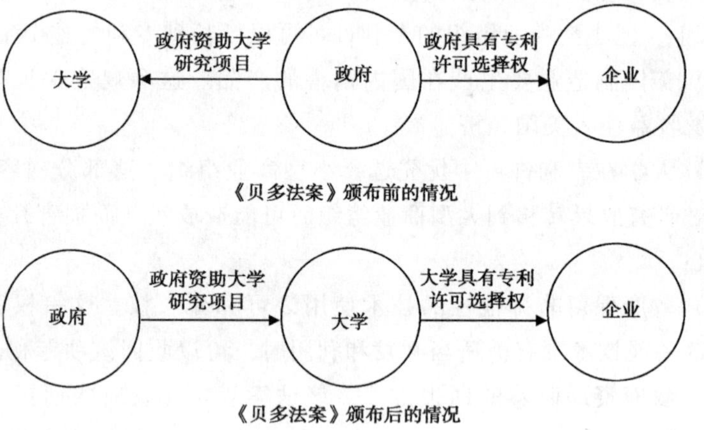

图 8－12 《贝多法案》颁布前后技术转让模式对比示意图

数量从 1980 年的 25 个增长到 1990 年的 200 个。[①] 随着新组织的出现和增加，出现了另一种新兴的组织团体，即大学技术管理者协会（Association of University Technology Managers，AUTM）。AUTM 对大学和研究机构的专利申请和许可活动等进行广泛的调查，每年发布授权调查报告，便于了解大学专利与成果的情况以及对经济活动的影响。通过 AUTM 的通讯杂志，会员可以了解商业开发、许可、专利和研究开发方面的最新信息以及重大社会立法与法律问题。

（3）大学专利权数量增加带动了专利权使用费收入的增长。自 20 世纪 90 年代中期以来，麻省理工学院平均每年取得专利数量达 100 多个，转让专利使用许可 75 个。2000 年，麻省理工学院获得的专利 150 项，转让专利许可 80 项，收入达到 3450 万美元。[②] 根据美国国家科学基金会的统计，大学的专利以指数倍增长，在 1974 年，前 100 位研究型大学被授予了 177 项专利，1984 年为 408 项，1994 年为 1486 项，1997 年，AUTM 在一项研究中调查的 158 所大学共申请了 6000 项专利，1998 年，大学在

① 亨利·埃茨科威兹著，王孙禺，袁本涛等译：《麻省理工学院与创业科学的兴起》，清华大学出版社 2007 年版，第 161 页。

② 若干研究型大学技术转让机构简介．http：//www.pep.com.cn/200403/ca383735.

这些专利的基础上授予产业界大约3000项的生产许可，创造了大约5亿美元的专利权收入。[①] 在2000财政年度，美国各大学及在大学工作的科研人员申请了8534项专利，专利使用费收入超过了10亿美元。

专利使用费的增加，拓宽了大学资金来源的渠道，缓解了大学财政资金紧张的局面，极大地调动了大学科研人员的积极性和创造性，提高了大学的科研水平，使大学科研成果的数量和质量都获得了大幅度提高。

（4）技术转让进程的加快促进了当地经济的发展。大学成功的技术转让活动通过把新技术、新发明转让给工业界以迅速实现商业化，为美国经济发展作出了巨大贡献。1980—1999年，大学的技术专利许可导致了至少2922个新公司的成立。仅1999年，就有344个新公司的成立源于大学的技术专利许可。此外，由于大学的技术转让活动，每年社会新增至少25万个就业机会。到2000年为止，美国大学技术转让为全国经济作出300亿美元的贡献。[②]

在《贝多法案》的带动下，美国政府又制定了一系列政策法规，旨在促进大学科研成果的转化，如：《史蒂文森——魏德勒技术创新法案》（Stevenson - wydler Technology Innovation Act）（1980），《贝多大学与小型企业专利法案》（Bayh - Dole University and Small Business Patent Act）（1980），《国家合作研究法案》（National Cooperative Research Act）（1984），《联邦技术转移法案》（The Federal Technology Transfer Act）（1986），《综合贸易暨竞争力法案》（Omnibus Trade and Competitiveness Act）（1988），《国家竞争力法案》（The National Competitiveness Technology Act）（1993），《国家合作研究与制造法案》（National Cooperative Research and Production Act）（1993），《技术转移促进法案》（Technology Transfer Improvements Act）（1993），《技术转移与促进法案》（The Technology Transfer Improvements and Advancement Act）（1996）。

（二）其他国家的情况

---

① Richard Florida. The Role of the universities: Leveraging Talent not Technology. http://www.nap.edu/issues/15.4/florida.htm.

② 杨艳玲："'贝—多法案'与美国大学技术转让"，《国家教育行政学院学报》2004年第1期，第211—215页。

1999年7月，法国议会通过酝酿多年的《国家技术创新和研究法》，旨在促进公共研究机构与产业界的合作与交流，加快科研成果的转化，创造有利的技术创新政策环境，帮助科研人员创建新型高技术企业，培育新的经济增长点，调整产业结构，确保法国经济持续、稳定增长。该法案的主要内容包括加强科技界与企业界的合作、发展公共科研与企业的合作关系、为创新企业提供税收优惠、鼓励创建高技术企业、设立孵化器和启动资金。其中，最大的突破是打消研究人员恐惧失败的心理，允许研究人员在保留原有公务员身份（最长期限为6年）的前提下，暂时离岗去创办企业，或借调到企业去工作。这些“勇敢的下海者”不仅可以将自己的成果转化为产品，法律还允许他们与原来的实验室建立科技合作、技术转让关系，更利于实验室技术成果的转让。

法案出台后，一种敢于冒险的创新文化在法国科技界逐渐表现出来，许多研究员出身的“企业家”走出实验室，尝试将研究成果转化为产品和服务。例如，1999年以来，法国国家科研中心创建了上百家高新技术企业，涉及健康、信息与通讯技术、多媒体、生物技术、新材料、微技术和环境等领域。在意大利，《1997·大学自治法》也引发了类似的变化。

在加拿大，按照以前的法律规定，在政府和企业共同承担大学有关研究经费的情况下，政府拥有相应的知识产权，这无疑会影响企业投资于大学研究的积极性，使大学与产业界缺乏紧密联系。加拿大政府通过修改有关知识产权的法律法规，一般情况下放弃对研究成果的知识产权要求，激发了大学将科研成果产业化的积极性，促进了大学与产业界的全面合作。

1998年，日本颁布了《关于促进大学等的技术成果向民间事业者技术转移法》，鼓励大学设立研究成果转化的中介机构（OTL）。此后，日本为实施《大学技术转移促进法》而制定了一系列配套法规。2001年，日本经济产业省提出3年内大学衍生企业达到1000家的战略目标，并制定了具体的财政补贴和贷款担保政策。2002年，日本开始将《产业活力再生特别措施法》第30条（被称为日本版《贝多法案》）适用于政府各部门的委托研究项目，当年适用范围达到57%。同时修订《大学技术转移促进法》，每年投入18万美元支持政府批准大学技术许可机构（OTL）。2003年，日本又进一步规定，在大学技术转移机构和研究成果转化企业兼职的国立大学教师，可在一定条件下，在上班时间从事兼职工作。

二、税收优惠政策

为了刺激企业投资大学的研发活动，世界主要发达国家大都采取了税收方面的优惠政策，这为创业型大学的发展提供了更多的资金支持，有效地促进了大学科技成果的转化。

美国联邦政府规定：政府将按照企业向学校捐款的数额相应减去应上交的税收额，其目的是鼓励企业对教育和科学研究的支持。

日本政府为与大学共同进行研究的企业提供了税收减免政策。例如，1996 年，日本政府颁布法律规定：允许企业从与大学合作进行的研发活动所创造的价值中扣除 6% 作为税负扣减。①

在加拿大，联邦政府自 1995 年以来由于实行财政紧缩政策，年度科技投入基本上没有增加，但由于采取了企业研究与发展投资的税收返还政策，大大刺激了企业投资的积极性，使得企业研究与发展投资年增长率高达 18%，使企业拥有更多的资金来支持大学的研究以及把研究成果转化为生产力。另外，加拿大安大略省政府近年来采取了 7 种新的减税政策，包括对企业投资于大学的研究与发展投资给予 20% 的税收返还政策，从而有力地促进了大学与企业界的联系。②

除了对企业投资于大学的研发活动采取税收优惠政策外，西方国家还对大学的创收给予税收优惠。例如，英国政府规定，大学在举办短期课程、管理培训、开展咨询服务、技术转让、科研合同、成果开发、出售专利以及开展社会服务等活动所得的收入中，凡是应用于教学和科研以及学校自身发展的部分，均不需向政府纳税。

三、积极推进大学——产业合作的计划

政府部门出面支持大学与产业界的合作计划，使大学可以得到更多来

---

① （美）刘易斯·布兰斯科姆，理查德·弗罗里达，（日）儿玉文雄主编，尹宏毅，苏竣译：《知识产业化——美日两国大学与产业界之间的纽带》，新华出版社 2003 年版，第 23 页。

② 肖广岭："加拿大政府促进大学与工业界合作及对我国的借鉴作用"，《科技导报》1999 年第 12 期，第 312—316 页。

自政府的支持，扫清了大学与产业界合作的障碍，有利于大学科技成果的转移，使大学有更丰富的资源支持产业界或自身的创业活动。

英国贸工部牵头制定的“链接工程计划”在企业与大学科研机构之间架起了桥梁。“链接工程计划”通常由政府部门和企业各投资50%，大多属于具有长期效益的开拓性项目，对增强企业的竞争力和提高大学的科研水平具有重要作用。该计划的目的在于为科技和工程领域的合作研究项目与计划提供制度框架，促进企业与大学紧密合作，使大学的基础研究项目更适合企业的需要。①

加拿大联邦政府1997年颁发了《通过创新和合作来创造就业和增长》的文件，提出大学要与私人企业合作分担技术投资的风险，并推出了一系列计划，如“工业研究支持计划”每年提供9650万加元，通过全国大约250名有工业经验的教授所构成的网络，向中小企业提供技术支持，帮助进行创新并抓住新的创业机会。② 作为最大的基金会——自然科学和工程研究委员会（NSERC）所支持的一个重要研究项目是“大学——工业计划”，该计划支持大学进行合作研究与发展、工业定向研究、工业研究席位、新教师资助和技术变化的管理席位等，计划的申请者为大学教师，但必须有合作企业参与申请，并且合作的企业要与NSERC大约以1∶1的比例提供匹配经费。与NSERC一样，医学院研究委员会（MRC）也推出了大学与工业界合作计划，采取与合作企业分担研究经费的方式，支持大学的医学、医药和医疗设备等方面的研究，并与相关企业共同享用研究成果。

日本2001年度政府预算中大学和企业联合科研项目经费为2621亿日元，2002年度增加到3384亿日元。2002年文部科学省出台了“知识群体创业”计划，目的是培育日本的硅谷，促进尖端技术的广泛应用。③

“大学——工业计划”以经费匹配为纽带，把大学的研究与企业应用

---

① 张泰金：《英国的高等教育：历史·现状》，上海外语教育出版社1995年版，第247页。

② 肖广岭：“加拿大政府促进大学与工业界合作及对我国的借鉴作用”，《科技导报》1999年第12期，第312—316页。

③ 何德功：“日本科技走上产学结合之路”，http://news.xinhuanet.com/st/2002～04/23/content_369414.htm.

研究成果联系在一起，刺激了企业的科技投入，从而大大增加了大学的研究经费，同时有效解决了大学的研究成果转化为现实生产力过程中的低效率问题。

四、创立风险基金，提供资金支持

风险资本的出现使金融业介入到大学、产业的创业与创新活动，其中包括政府基金。大学创新成果商业化的一条重要途径，是依靠风险基金的投资组建新企业。

在美国，风险基金在把新的创新成果推向市场方面扮演了重要角色。风险资本家约翰·多尔估计，从1981年到1990年，个人电脑行业产值从几乎零成长到1000亿美元的过程中，70%以上是由风险资本家支持的。

第二次世界大战后，MIT校长康普顿重新开始推动建立新技术公司以带动新英格兰地区经济的复苏。他认识到建立新的技术型公司最大的障碍是资金问题，因而建议将当地财富转换成风险资金用于资助新企业的建立。由哈佛商学院和MIT联合于1946年建立了风险投资公司——美国研究与开发公司（American Research and Development，ARD）。风险投资公司的建立为科研成果转化架起了天桥，提供了新产品和就业机会。

ARD的目标在于识别在技术上领先又具有商业潜力的产品，同时找到能够将技术转化成产品并推向市场的人。ARD在进行一项投资时，遵循下列几项原则：公司在商业上具有可操作性；存在令人满意的盈利潜力；通过特殊知识和技术专利权保护最初的竞争优势。ARD的内部结构就是通过小规模的员工队伍，在技术和商业顾问的支持下，实现上述目标。

埃茨科威兹在《麻省理工学院与创业科学的兴起》一书中，这样描写ARD的效果："到20世纪60年代早期，ARD已经成为最早、最大的风险投资公司。1961年，ARD已经调查了3300项技术提案，并对66项进行了投资。在这66个项目中，29项被售出，其中20项获得了300万美元的利润，有9项亏损85万美元，其他37家公司投资共计1110万美元，目前已经增值到3000万美元……在ADR成立25年后，有报道说ARD的业绩非常好，在美国和欧洲都有仿效者开始出现。大多数欧洲新产业的灵感都来自 ARD。”①

美国肯塔基州为了加强知识生产部门与经济部门的合作，通过了《肯塔基创新法》，该法案规定，设立 2000 万美元的肯塔基研究开发凭证基金，帮助中小公司与大学合作开展研发项目，同时，还设立了 2000 万美元的肯塔基商业化基金，为本州大学开发出的有市场化前景的技术项目提供种子基金。通过这些努力，该州平均每万家企业获得的专利数从 1992 年的 37 项（在 50 个州中排名第 39 位）增长至 2001 年的 61 项（第 35 位）。②

印第安纳州为了鼓励大学和公司共同开发新产品，1999 年创立了 21 世纪研发基金，该基金在 2003 年获得州政府 3750 万美元的支持。③ 加拿大安大略省支持建立了安大略杰出中心和安大略研究与发展挑战基金，有效地促进了本省大学与产业界的合作。

第五节

中国大学的转型和创业型大学的建设

随着中国从制造经济向创新经济的转型，大学将从传统的经济和社会发展的附庸转化为整个经济和社会活动的中心，成为国家创新体系中最为重要的组成部分。大学作为培育创业环境、鼓励创业行为的重要机构，发挥着日益重要的作用。推动大学向创业型方向转变，在中国创新经济发展过程中具有十分重要的意义。

---

① 亨利·埃茨科威兹著，王孙禺，袁本涛等译：《麻省理工学院与创业科学的兴起》，清华大学出版社 2007 年版，第 139 页。

② The Dynamics of Technology—based Economic development. http：//www. technology. gov/reports/Techpolicy/States Indicators2. pdf.

③ What's new in technology—based economic development.
http：//www. Minnes otatechnology. org/mn/techpolicy. asp

一、国家法律的保障

创业型大学的建设离不开完备的法制环境，只有建立起一整套健全的法律保障体系，才能为大学的科技成果转化、企业科技进步、国家的经济发展提供最佳的前提和保证。

为了发挥科学技术第一生产力的作用，促进科技成果产业化及技术转移，完善知识产权制度，中国先后制定并实施了技术转移的相关法律法规，构成了我国科技成果的法规体系。1993 年 10 月 1 日起施行《中华人民共和国科学技术进步法》；1996 年 10 月正式实施《中华人民共和国促进科技成果转化法》，其中明确指出：允许将学术研究机构、高等院校的成果转化权下放至单位及个人，鼓励研究与开发，推广并加强保护全体教师和科研人员的研发成果，促进研究成果商业化；2000 年 8 月 25 日通过，自 2001 年 7 月 1 日起施行《中华人民共和国专利法》及《中华人民共和国专利法实施细则》；2001 年 10 月 27 日通过《关于修改〈中华人民共和国著作权法〉的决定》，修正了《中华人民共和国著作权法》，并制定了中华人民共和国著作权法实施条例；2003 年开始施行《中华人民共和国中小企业促进法》等。

中国政府颁布的有关促进技术转让的法律尽管对促进科研成果商业化起到了一定作用，但是它的效用的发挥与西方国家相比，还存在相当大的差距。借鉴包括美国在内的发达国家的成功经验，进一步完善大学——企业合作机制以及知识产权管理的相关法律法规，为高校与企业的合作以及科技成果转化创造有力的法律保障环境，应该是中国政府有关部门今后所要面对的主要课题。

二、转变评估体系，建立对大学创业活动的激励机制

转变评价体系包括两方面的内容，一方面是国家对大学的考核评估体系，另一方面是大学对在校师生的评估体系。

目前，政府对大学的评价仍停留在教育科技一体化阶段，对大学参与经济活动，特别是科技成果转化的评价体系尚未建立起来。政府应将科技成果转化绩效纳入评价体系。

从大学内部来讲，我国高校科技成果的价值大多以获得经费、发表论文数量、参与人员的学术地位、获奖励级别等指标来确定，这种评价体系仅仅体现了科技成果的学术价值，忽视了它的商业价值，导致科研不是面向市场需要，而是单纯追求学术价值。与此同时，还要对教师科研成果转化的实际效果进行跟踪评价，强化大学教师从事科技成果转化的动力机制，使大学教师把成果转化由一种自发行为变成一种自觉行动。只有实现这样的转变，大学创新创业的氛围才会形成，大学才能在经济发展方面作出更卓越的贡献。

三、拓展资金来源渠道

克拉克指出，实现创业型大学转型的必备条件之一就是要具备多元化的资金来源，应该致力于开辟“第三渠道经费”。第三渠道经费可以分为三个类别：一是来源于其他类型和层次的政府部门以合同为媒介的资金；二是来源于私人组织的资金；三是来源于大学自身的创收，包括基金和投资的收入、大学校园服务机构所得、学生的学费和消费、校友筹款、大学和教职工共享的知识产权专利税等。第三渠道经费来源的拓展保证了大学能够进行更多创新性的科研活动，提升大学的学术水平，同时也为大学获得更多的创新性成果，促进科技成果转化为现实生产力提供资金条件。

图 8－13 显示了 2001—2005 年我国大学科技经费筹集情况。

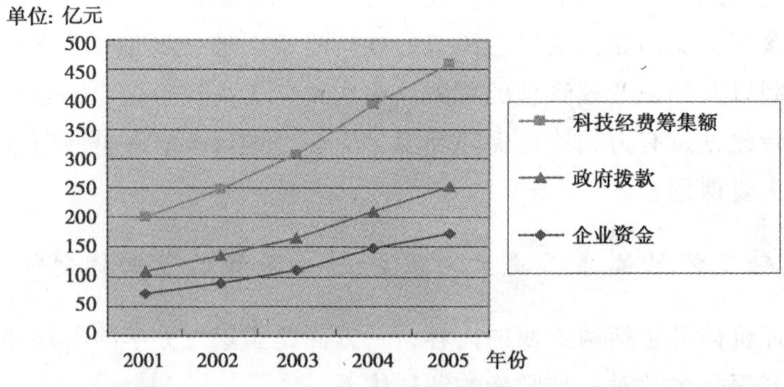

图 8－13　2001－2005 我国大学科技经费筹集情况示意图

资料来源：根据相关数据由作者绘制。

从图 8－13 中的数据可以看出，中国大学科技经费仍然主要依靠政府拨款和企业资金，且政府拨款仍然是最主要的科技经费来源，其他形式的资金渠道，如大学服务费用、专利使用费、大学投资所得等形式的资金来源，所占比例很小。因而，中国大学还缺乏主动争取资金来源的积极性，如何扩展多渠道的资金来源，应该成为今后中国大学努力的方向。在获取资金时应掌握更多的主动性，尤其是依靠自身的科技实力，创办企业或者辅助高科技企业成长，以此得到相应经济回报，是培育中国创业型大学的对策之一。

四、强化大学专利保护意识，建立专利管理机构

大学凭借其自身的科学研究能力，成为国家创新体系中重要的知识源泉，也是企业家创业的重要技术来源。但是由于种种原因，中国大学在科研成果的专利保护以及专利技术转移方面还存在种种差距。图 8－14 是 2005 年浙江工业大学受国家知识产权局的委托所进行的一项专项调查中显示的数据。

- 75% 的大学专利申请项目几乎空白

清华大学、复旦大学、上海交通大学、浙江大学、武汉大学、华南理工大学 2000—2005 年共申请专利 4809 项，占全国大学申请专利总数 26.5%

- 18.1% 专利无专门管理机构

18.1% 的大学没有专门的专利管理机构，也没有专门管理专利的人员

10% 的大学没有制定知识产权管理制度

- 30% 存在成果流失现象

外单位窃取流失占 40%

化公为私占 10%

随人员调配流失占 20%

- 77.2% 专利没有转化为现实生产力

2000—2005 年全国大学

专利申请 18137 项

专利授权 8389 项

专利实施 1910 项

图 8－14　我国大学知识产权保护及利用现状

资料来源：赵敏祥、袁木棋、曹耀艳、钱晓峰：《高等学校知识产权保护的现状及对策》，2005 年调研报告，http：//www. cqvip. com/QK/81062X/2005006/20858815. html

把上面的数据与西方大学技术专利的申请及转移的数据进行对比可以看出，中国大学对于专利申请和保护的力度远远落后于西方大学。为了缩小差距，使大学在促进经济发展中的作用得以发挥，必须从重成果、重奖励、重论文、轻专利申请的局面向鼓励大学技术专利的认证及转移方向发展，在大学内成立专门的技术申请及转让办公室，应当由这些机构代替政府行使部分职能，负责从大学研究中找出可以商业化的技术，并把它们出售给企业。当大学文化中创业意识很弱或根本不存在时，技术转让办公室要指导广大师生如何从他们研究的应用中获得利益。除此之外，这些技术转移的专门机构还应该承担起对科技成果转化的活动及其经济影响的系统信息的收集工作，定期以物化的形式向有关组织发布，为大学技术成果的转移提供支持。

第九章

企业创业过程中政府的相机性行为

与传统经济强调标准化大规模生产不同，20 世纪 90 年代以来的新经济强调的是知识的创造及其商业化，而创业活动的兴起是实现新知识创造和商业化的基本驱动力。在创新经济条件下，围绕着创业活动的涌现和发展，政府的行为同样表现出与传统经济条件下不同的特征。本章试图从对企业创业活动及其不同发展阶段的风险和收益特征出发，考察政府行为如何通过相机变化有效地促进创业活动的展开。本章的研究表明，围绕着创业活动，创新经济条件下的政府既要为中小创新企业提供充分竞争的市场环境，又要为新企业的创业和成长提供直接和间接的支持。根据新企业创业不同阶段的成本收益特征，政府对创业活动的支持或干预是相机性的。本章试图通过对企业创业过程中政府的相机性行为分析，考察政府如何通过创业环境的构建，来促进国家从制造经济向创新经济的转型。

20 世纪 70 年代以来，以美国为代表的发达资本主义国家，大力发展以 IT 为代表的战略性新兴产业。在这些产业的发展中，中小企业的创新和创业起到了举足轻重的作用，其中科技型新企业的快速成长和发展成为推动战略性新兴产业发展的基本驱动力。因而，围绕科技型创业活动的涌现，构建创业环境成为创新经济条件下国家创新体系的重要环节。而在国家创新体系的建设中，创业政策的制定是政府的重要职能，其目的是帮助和鼓励更多的科技人才创业，加快新知识的创造及其产业化进程。①

目前，如何构建创业环境和制定创业政策，已经成为理论界关注的焦点之一。从20世纪90年代开始，包括经济合作与发展组织、欧洲委员会、联合国国家发展组织和亚太经合组织在内的诸多国际组织，就创业活动对经济发展的贡献等方面展开了持续的研究，探索如何通过构建创业环境提高区域创业和创新活动的水平。他们的相关研究一致认为，创业政策的本质就是激励创业活动②，创业政策的制定，是为了减少初创企业在创业和成长中面临的不确定性。从发达国家实施创新国家战略的实际情况看，政府创业政策涉及的范围相当广泛，例如，创业主体的确定、支持的产业技术领域、支持的方式和手段，这些政策涵盖了政府产业管制政策、财政和税收政策、就业和社会发展目标的制定等等。

20世纪70年代以来，对政府在创业活动中作用的研究成为创业理论研究的焦点之一。在对近期的相关理论讨论进行梳理的基础上，作者发现，由于研究视角的不同，对创业活动中政府行为的理论研究存在着多种观点，缺乏一个逻辑一致的分析框架。本章将运用信息经济学的分析方法，从创业活动或创业行为的阶段性成本收益特征出发，考察政府行为如何对创业活动进行有效干预，促进创业活动的涌现和创业企业的快速成长。本

① 刘刚著：《后福特制：当代资本主义经济新的发展阶段》，中国财政经济出版社2010年版，第219页。

② Stevenson, Lois and Anders Lundstrom, Patterns and Trends in Entrepreneurship/SME Policy and Practice in Ten Countries. Stockholm: *Swedish Foundation for Small Business Research*, 2001.

章的研究表明，根据创业活动不同阶段的风险和收益特征，政府对新企业创业活动中的干预行为具有相机性。政府只有采取相机性的行为，才能在企业的不同发展阶段有的放矢，进而有效地促进创业企业的快速成长和发展。

第一节

对创业活动中政府行为的理论探讨

一、经济发展中的政府行为

在经济学发展的历史过程中，政府和市场之间的关系一直是理论界讨论的焦点。这是因为，自 1688 年市场经济制度确立以来，政府干预和市场调节之间的关系一直处于不断变动的状态，没有形成一个稳定性的政府干预与市场调节相结合的经济模式。因而，在理论上同样不存在一个被普遍认可的关于政府干预和市场经济相结合的理论体系，时至今日，这个问题仍然在探讨之中。①

政府干预和市场结合的理论争鸣大致经历了三个阶段：第一个阶段是亚当·斯密所处的自由主义经济时期，政府仅仅充当“守夜人”角色。在《国富论》中，斯密认为，市场像一只“看不见的手”，对经济活动进行有效地调节。第二个阶段是从 1920—1933 年经济大危机到 20 世纪 70 年代，政府行为表现为垄断资本主义时期的国家干预主义，强调了政府在现实经济中的作用，打破了“市场万能”的神话。第三个阶段是 20 世纪 70 年代至现在的新自由主义时期。伴随着以 IT 为代表的战略性新兴产业的启动和发展，以美国为代表的发达资本主义国家在倡导自由市场经济的同时，强调政府的主要职能不再是对现实经济的直接干预，而是为

① 卫志民著：《政府干预的理论与政策选择》，北京大学出版社 2006 年版，第 1 页。

战略性新兴产业的发展构建创业环境。通过分析政府行为与市场关系的历史演变，可以清晰地看出，政府行为及其对政府行为的认识随着经济环境的变化而变化，没有一个永恒不变的理论。

亚当·斯密时代政府的“守夜人”角色，是与当时的经济发展水平分不开的，主要原因包括以下几个方面：在早期的市场经济中，生产的社会化程度不高，经济主体之间尚未形成广泛的经济联系，客观上不需要政府的调节作用；在自由竞争阶段，市场规模较小，供需双方比较稳定，市场主体是原子式的手工业工厂；当时重商主义盛行，对外贸易发展迅猛，商人崇尚自由贸易，认为国家干预只会阻碍国际贸易的顺利开展。随着经济水平的不断提高，尤其是垄断大企业的出现，政府仅仅充当“守夜人”角色不再适应新的经济环境的变化，局限性逐渐暴露出来，导致了20世纪20—30年代经济济大危机的爆发。

美国在20世纪20—30年代的经济大危机后，逐渐认识到政府干预的重要性，垄断资本主义的国家干预主义开始盛行。以凯恩斯为代表的经济学家，总结出一整套适合垄断资本主义发展的政府行为与市场调节相结合的国家干预主义模式，强调政府在经济发展中的主导地位。这种模式对战后经济恢复发挥了巨大作用，使美国一跃成为最为发达的资本主义国家。但进入20世纪70年代，由于政府对经济的过多干预，限制了市场调节的作用，从而出现了经济滞胀。因此在这种背景下，经济学家开始重新审视垄断资本主义的国家干预方式。

在新自由主义时期，政府与市场的关系发生了巨大变化，形成了在市场调节的基础上，政府仅仅关注市场失灵部分的模式。尤其是随着创新经济的兴起和发展，为了启动和发展以IT为代表的战略性新兴产业，发挥中小创新型企业的作用，政府对现实经济调节的重心转向对创业环境的构建。

因而，无论是在自由资本主义时期还是在垄断资本主义和新自由资本主义时期，政府始终是经济发展的重要参与者和推动者，但是政府在不同经济发展时期干预经济活动的侧重点是不一样的。例如，在亚当·斯密的自由主义时期，政府的行为主要是保护私有产权，促进国际贸易的发展；在垄断资本主义时期，政府干预作用加强，政府行为在经济发展中处于主导作用；而到了新自由主义时期，政府在经济发展过程中的主要作用表现为构建创业环境。

20 世纪 70 年代以来的经济发展实践表明，当代政府行为主要集中在如何构建创业环境上，与之相对应，现代经济学家研究的重点是讨论创业与经济增长的关系以及政府行为对创业活动的促进。而在政府行为如何促进创业活动的研究上，主要集中讨论政府管制、政府行为对创业融资、税收的影响以及其如何扶持创业活动。

二、政府行为对创业活动影响

对近期有关政府行为理论文献的梳理，可以看出，创新经济条件下政府的行为主要集中在如何促进创业活动上。本章集中阐述政府在政府管制、税收、金融创新及其他扶持政策对新企业创业活动影响方面的理论观点。

（1）政府管制对新企业创立的影响。在对政府管制如何影响新企业创立方面，存在着两种观点，一种观点认为政府管制阻碍了新企业的创立，另一种观点则认为政府管制有效地促进了新企业的创立。关于对政府管制消极作用的研究，主要以世界银行的研究报告为主。世界银行 2004 年的研究报告指出，公共政策管制产生的进入壁垒对新企业创立的负面效应作用明显，衡量进入壁垒的指标主要包括设立新企业的程序数量、完成程序需要的时间、完成程序所需支付的成本以及登记所需最低资本要求等变量，变量越大表明公共政策管制带来的进入壁垒越高，对于创业活动的负面效应越明显。持同样观点的学者还有 Djankov，他认为政府管制对新企业创立起阻碍作用；[①] 另一种观点以 Klapper、Baumol 为代表，Klapper 认为并非所有的管制对创业活动都起抑制作用，不能把政府管制与新企业创立之间的关系简单归结于单向效应，鼓励新企业进入并不意味着要取消所有规则[②]；Baumol 等人则用实证方法验证了政府管制对创业活

① Djankov, Simeon, Rafael La Porta, Florencio Lopez - DeOSilanes, and Andrei Shleifer. The regulation of entry. *Quarterly Journal of Economics*, 2002, 107: 1—37.

② Klapper, Leora, Luc Laeven, and Raghuram Rajan. Business environment and firm entry: evidence from international data. Mimeo, *The World Bank*, 2003.

动的促进作用，消除新企业进入障碍的改革除了放松管制外，还必须以其他制度改革方案作为补充。[①] 政府管制对促进创业活动具有积极作用，尤其是在新企业创立时期，高度的不确定性决定了创业企业不能完全由市场调节，政府的管制是非常必要的。

（2）税收对新企业创业的影响。作为政府干预经济活动的重要工具，税收对新企业的创业影响深远。适当的税率有助于促进创业活动的开展，低税率有助于提高个人创业的积极性，当然并不是说税率越低效果一定越好。Gordon 认为，当个人税率大于公司税率时，人们会转向创立新企业，而不是受雇于他人；[②] Gentry 等人的观点与 Gordon 相似，他们从整个税收系统的研究着手，认为整体税收系统对个人的创业选择影响巨大，累进税制阻碍了创业者的进入。[③] Collen 的研究结果表明，当个人税率高于公司税率时，人们将会选择受雇于他人。[④] 但是，也有的学者认为，并非公司税率越低越好，过低的公司税率会扭曲创业活动的开展，因为当企业发展到一定阶段后，由于低税率的存在，企业更加关注于扩大企业的规模，而不是努力寻找创业机会。因而，政府应该根据企业的特点和社会经济发展需要，适当地制定税收优惠政策，尽力做到对企业征收的税收既能提高创业者的积极性，又能提高创业活动的整体水平。

（3）政府在创业融资方面的行为。创业启动和创业早期阶段的融资问题对创业活动的成功具有十分重要的意义。创业资金短缺问题能否解决，直接关系到新创企业的存亡，而政府可以为创业企业的融资提供帮助。Li 指出，政府提供创业融资帮助的方式有三种：信贷担保、直接贷款和直接资助。[⑤] 其中，三种融资方式的政策效果与适用对象的关系非常

---

① William J · Baumol, *The Microtheory of Innovative Entrepreneurship.* Princeton university press.

② Cullen, Julie B and Roger H Gordon. Taxes and entrepreneurialactivity: theory and evidence for the US *NBER W. P.* No. 9015, 2002.

③ William M. Gentry, Taxes, financial decisions and organizational form: Evidence from publicly traded partnerships *Journal of Public Economics*, Volume 53, Issue 2, Febuary 1994: 223—244.

④ Cullen, Julie B and Roger H Gordon. Taxes and entrepreneurialactivity: theory and evidence for the US *NBER W. P.* No. 9015, 2002.

⑤ Yong Li, Duration analysis of venture capital staging: A real options perspective. *Journal of Buniness Venturing*, Volume 23, Issue 5, September 2008: 497—512.

密切，信贷担保对缺少资产的创业者更为有效，直接贷款更有利于帮助那些拥有好的商业计划而缺乏现金流的创业者，而直接资助更加适用于穷人和有能力创业的人。在某些国家，为了缓解创业活动的资本约束，通常采用直接出资设立某个推进项目，扶持创业企业的创业和发展。例如，美国的小企业创新研究（SBIR）计划，通过有效地甄别创业企业的质量，有效地发挥对创业企业的资助和推动作用。

（4）政府的其他扶持方式。一般情况下，政府的扶持能够有效地促进创业企业的创立，因而，许多学者从政府扶持方式的角度考察政府行为如何有效地促进创业活动的展开。例如，公共政策对创业管理运营的支持、保护投资者和知识产权以及扩大进入机会的规章制度方面的研究。现有的研究表明，风险资本家集中的地方更容易产生创业者和创业活动。此外，对企业家活动、企业家精神和创业教育等方面的研究，促进了政府关于创业活动支持政策的出台。

从现有的理论文献看，目前理论研究的重心仍然停留在微观层面上，对创业活动中的政府行为缺乏一个更加宏观的分析框架。例如，对创业与经济增长关系的研究，仅仅考虑创业是否促进经济增长。对创业活动中政府行为的研究缺乏一个整体的研究视角，没有从宏观的角度动态地考察政府在新企业的整个创业过程中采取的行为和发挥的作用。因此本章的一个重要任务就是试图寻找一个逻辑线索，考察政府如何构建创业环境，根据创业企业在创业和发展的阶段性特征而采取相机性行为，有效地促进创业活动的涌现和驱动创业经济的形成与发展。

第二节

创业活动中的政府行为：一个简单的理论分析框架

新企业创业和发展过程中的每一个阶段将呈现出不同的风险收益特征，因而，要求政府根据企业不同发展阶段的具体需要来制定相应的政策。本节从企业创业过程中的阶段性特征出发，考察政府在新企业的创业过程中政策制定和实施的有效性。

一、新企业创业和发展过程的阶段性及其特征

创业准备期的风险最大，企业具有高度不确定性，同时收益基本为零。在创业准备期，创业者主要是识别和评估创业机会，企业面临着复杂的外部环境，由于对风险和收益的预期常常是高度不一致的，因此企业随时面临倒闭的风险。《全球创业观察》2004 年的研究结果表明，在创业准备阶段，美国只有 10% 的新企业能存活下来。由此来看，创业准备期的创业活动不可能完全由市场配置，需要政府的大力扶持。

创业初创期的风险会随着企业的发展开始下降，企业的收益开始增加。因为在这个阶段，新企业不仅发展战略开始形成，而且逐渐完成了发展所需资源的获取和积累，新企业收益能力开始提高。但是，这时期的企业所面临的创业环境并不规范，创业风险依然存在。因而尽管企业参与市场的能力开始增强，但政府的干预力量仍然是不可或缺的。

在企业成长期，创业企业面临的风险进一步下降，收益能力进一步增强。因为创业企业在准备期和创建期积累了一定的发展资本，外部环境逐渐规范，所以新企业的获利能力不断提高。此时，创业企业已经可以参与到正常的市场竞争之中，不再依赖政府的扶持。这时期政府的主要作用是通过市场机制间接促进企业的发展。

处于成熟期的企业风险最小而收益最大。这一时期的企业由于拥有较雄厚的资本，产品具有广阔的市场前景，在强大的技术力量与营销体系、高效率的专业化队伍、声誉卓越的品牌支持下，企业进入到一个高速发展期。① 但是，处于成熟期的企业同样会面临许多新问题，例如，日益激烈的市场竞争、市场饱和等。

但成熟期过后，企业的风险将会提高，收益开始大幅下降，导致了企

① 陈佳贵："关于企业生命周期与企业蜕变的探讨"，《中国工业经济》，1995 年第 11 期。

业的盈利能力出现了大幅降低。企业在这一阶段不可避免地走向衰退，衰退的原因可能是多方面的，其中有创业者自身的原因，也有创业环境的影响。

根据创业企业发展阶段的风险收益特征，新企业创业过程中的阶段性特征是，新企业的发展过程是一个风险逐渐降低和收益逐渐提高的过程。其中，创业企业在初始阶段的高风险特征决定了难以通过市场进行资源配置，政府必须通过加强干预，促进创业企业的发展。伴随着创业企业的发展，政府行为同样处于不断的变化当中。

二、新企业发展与政府的博弈——模型的建立与解释

新企业的发展过程，伴随着风险的逐步减小和收益的逐渐增加，政府干预力量也经历着从强变弱的过程。企业在市场经济活动中的目标是实现利益最大化，政府也是理性的，政府的目标是实现社会福利最大化。在市场失灵的情况下，新企业的创业活动需要政府营造有利的社会经济环境。因而，政府的行为方式是由企业的发展状况决定的，随着企业风险的降低，政府的干预力量将逐渐下降，因而，政府行为在创业企业的发展过程中是相机性的。

1. 基本假设和模型

为了建构模型和分析的简化，作者对分析对象进行如下假设：

博弈方：假设该博弈方都是有限理性，且划分为企业和政府两类。

行为策略：对于政府来说，其策略可以是对新企业进行干预，也可以不干预，因此其策略选择空间为（干预，不干预）；而对于企业来说，同样有两种选择，接受政府支持和不接受政府支持，其策略选择空间为（接受，不接受）。

行为策略的采用比例：假定在博弈的初期，政府选择干预新企业创立的概率为 x，选择不干预的概率为 $1-x$；新企业群体在发展过程中选择接受政府支持的企业比例为 y，选择不接受的企业比例为 $1-y$。

收益矩阵：随机博弈中双方的收益矩阵如表 9-1 所示。

表9-1　　企业与政府收益表

			企业	
			接受	不接受
政府		概率	y	1-y
	干预	x	G-m+e, I+m+f	G-m, I+m
	不干预	1-x	G, I-n	G, I

现对矩阵含义的解释如下：①当政府不干预新企业发展且新企业也不接受政府政策扶持时，新企业将面临巨大的风险，由于这是一个渐进的耗损过程，在一定时期内，政府和企业均能够取得一定收益。假定此时政府获得的收益为G，企业所获得的收益为I。②当政府对新企业进行干预且企业也接受政府的扶持时能够创造更多的收益，假定此时创造的总收益为G+I+（e+f），政府获得的收益为G-m+e，企业获取的收益为I+m+f,其中m表示政府为了扶持新企业发展而制定的资金扶持政策所需的成本，如创新基金、减税退税等，这样政府的一部分收益就转移给企业，企业收益相应增加，当然政府干预新企业体现在鼓励性的创新政策上，如完善的产权制度、市场制度等，保障了新企业发展有利可图，这部分并没有体现在m上，但是可以间接地体现在e+f上。e、f是政府和企业分别从企业盈利中获得的“超额利润”中分配的收益，其中e表示政府取得的税收收入，f为企业的剩余利润。③当政府为了支持新企业发展并给予企业资金扶持，而企业并没有接受政府支持时，其所创造的总收益仍为G+I,在这种情况下，只是政府将一部分收益给了企业，政府的收益变为G-m，企业的收益增加为I+m。④当政府不干预新企业发展而新企业自身进行高风险运营时，由于政府政策的不完备导致模仿盛行，企业不但没能从高风险运营中得到收益，反而由于前期的研发费用而遭受部分损失，企业收益变为I-n，n表示在企业进行了技术创新，但是由于政府不鼓励创新，没有提供优良的市场环境和保护企业创新的政策，导致模仿大行其道，创新企业蒙受的损失。但是对于政府而言并没有什么大的影响，政府的收益依然为G。⑤假定e、f、m、n>0且e、f>m，这是因为，对

企业的长远发展而言，创新比保守好，对整个社会而言，政府对新企业进行干预而企业接受政府的支持会更好。①

2. 政府与新企业博弈模型解释

根据上述假设和收益矩阵可知，政府采取支持新企业创新发展的政策的期望收益为：

$GU_1(G,m,e,y) = y(G-m+e) + (1-y)(G-m)$

采取不鼓励策略的政府期望收益额为：

$GU_2(G,y) = yG + (1-y)G$

同理，采用接受政府支持策略的企业的期望收益额为：

$IE_1(I,m,f,x,n) = x(I+m+f) + (1-x)(I-n)$

采取不接受政府支持策略企业的期望收益额为：

$IE_2(I,m,x) = x(I+m) + (1-x)I$。

$GU_1(G,m,e,y) = y(G-m+e) + (1-y)(G-m) = G-m+ye$

$GU_2(G,y) = yG + (1-y)G = G$

m 表示政府为了扶持新企业发展而制定的资金扶持政策所需成本，e 表示政府从企业盈利中所获得的税收。

$IE_1(I,m,f,x,n) = x(I+m+f) + (1-x)(I-n) = xI + xm + xf + I - n - xI + xn = I + xm + xf + xn - n$

$IE_2(I,m,x) = x(I+m) + (1-x)I = xI + xm + I - xI = I + xm$

f 表示企业的净利润，是接受政府扶持使企业快速发展取得的额外收益。

$GU_1(G,m,e,y) - GU_2(G,y) = (G-m+ye) - G = ye - m > 0$ $IE_1(I,m,f,x,n) - IE_2(I,m,x) = (I+xm+xf+xn-n) - (I+xm) = xf + xn - n > 0$

很显然，$GU_1(G,m,e,y) > GU_2(G,y)$

$IE_1(I,m,f,x,n) > IE_2(I,m,x)$

综上所述，政府干预企业发展与新企业接受政府干预是一组占优策略。因为政府支持新企业创业发展的政策成本要远远小于企业发展起来所

① 陈宏愚、吴开松等："我国高新技术开发区的软环境认识论"，《科学学与科学技术管理》，2002 年第 12 期。

交的税收，否则政府会选择不干预新企业发展的行为。同时，新企业群体在发展过程中选择接受政府支持的企业比例 y 越大，政府的期望收益就越大，政府干预新企业的动力就越大。与之相对应，企业接受政府的支持，自身积极开展创新活动，能够有效增加期望收益，政府干预企业的概率 x 越大，企业的期望收益就越大，企业创新的激励越明显。由此可见，在新企业创业准备阶段，政府应该积极干预企业发展，尽量提供直接性的扶持政策。

三、新企业创业活动中政府行为的分析框架

进一步分析政府与新企业在成长阶段的博弈过程。在新企业成长阶段，企业的自主创新能力较强，加上政府在前面发展阶段的政策比较完善，给企业发展提供了很好的制度环境，表现在模型上就是 m 变小，e、f 变大，从而导致 $GU_1(G,m,e,y)-GU_2(G,y)=(G-m+ye)-G=ye-m$ 变大，此时政府的预期收益将会增加，同时也意味着政府的直接干预力量变小。企业预期收益 $IE_1(I,m,f,x,n)-IE_2(I,m,x)=(I+xm+xf+xn-n)-(I+xm)=xf+xn-n$，其大小跟 n 关系密切，只有 n 变小，总体企业预期收益才会增加，即企业进行了技术创新，政府能提供优良的市场环境和保护企业创新的政策，使模仿活动减少，从而使新企业蒙受的损失大大降低。此时政府相应的干预手段应该是间接的，如加强知识产权保护，制定保护企业技术和创新成果的法律和政策等。通过减少 m、n，提高 e、f 的值，使政府预期收益和企业的预期收益均有增加，这使社会的总体福利得到大幅提升，表现出了一种新的占优策略。

由上面的分析可知，新企业在不同发展阶段所表现出来的风险特征是不一样的，因而，政府应该根据企业的不同风险收益特征采用不同的行为方式，政府干预创业企业发展的手段应该是动态变化的。例如，在新企业准备阶段，由于企业发展面临的风险较大，企业的投入产出比过低，导致市场的失灵，政府应该采取直接干预手段，替代市场的力量弥补市场的不足；随着创业企业的发展，风险进一步变小，市场的力量应该加强，政府应该通过影响市场来促进创业企业的发展。

根据政府与新企业之间的动态博弈结果，可以用一个统一的分析框架来表示（见图9-1）。

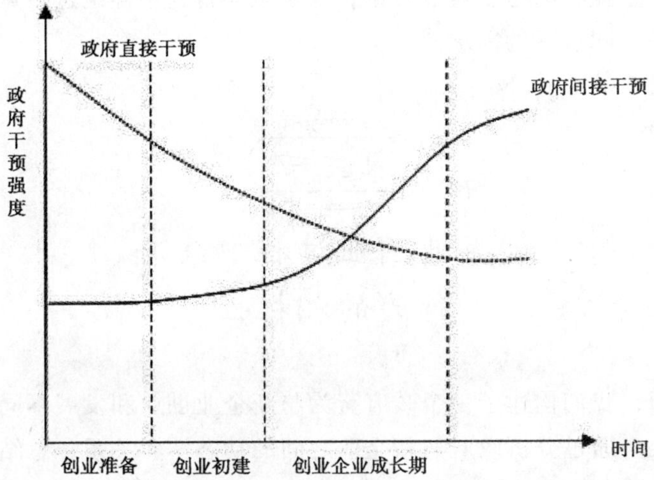

图9-1　创业企业发展与政府行为模型示意图

图9-1中横轴代表创业企业创业和发展的过程，分别为创业准备期、企业初创期、新创企业成长期、创业企业成熟期、衰退及再生期。纵轴代表政府干预的强度。根据政府力量的大小，将政府行为划分直接干预和政府间接干预两种类型。模型表达的意思是，随着新企业的发展，政府的干预手段一直在变化的，在创业准备期，政府直接干预的力度最大，间接干预力度最小，随着企业的发展，政府直接干预力度逐渐降低，直至企业发展到成熟期，因而，政府的直接干预在企业成长期达到最小，在企业衰退期，政府的直接干预手段开始增强，间接干预手段开始下降。

新企业在创业准备阶段的风险较大，投入产出比很低，导致了市场配置的失灵，政府应该直接扶持企业发展；随着企业的发展壮大，企业的风险进一步降低，收益逐渐提高，这时需要政府降低直接干预的力度，让位于市场配置，政府既要为企业发展提供充分竞争的市场环境，又要为企业发展提供支持，努力构建创业环境。而在企业成长期则需要政府的减小直接干预的力度，到企业成长期即将结束时，政府的直接干预力量达到最小。同时，政府的间接干预力度却一直在增加，直至企业成熟期结束。也就是说，新企业在动态发展过程中，要求政府行为不停地进行调整，不断适应其发展不同阶段的需求。

第三节

新企业创业过程中政府行为的相机性

在前面，我们构建了一个政府行为与新企业创业和发展不同阶段关系的分析框架，通过分析政府与新企业之间的动态博弈关系，总结出二者之间的博弈模型及收益表达式，考察了政府干预新企业发展的必要性和新创企业接受政府扶持的合理性。在此基础上，本节将重点考察新企业创业和发展过程中政府干预行为的相机性。

一、政府干预行为的分类

按政府对企业管制的方式和效果，可以将政府行为划分为直接干预和间接干预两种类型。其中，政府的直接干预是指政府政策直接作用于企业，在短时间内给企业带来显著影响，即政策效果直接、有效和作用明显；间接干预手段则是指政府通过一些政策引导，通过干预市场从而影响企业的干预方式，间接干预方式不会在短时间内见效，而是随着时间的推移慢慢显现出来。在总结以美国为代表的发展国家创业政策的基础上，[①] 政府支持创业企业的行为方式分类如表 9－2 所示。

① Joshua C. Hall & Russell S. Sobel, Public policy and entrepreneurship, *KU School of Business*, July 2006.

表 9－2　　政府干预创业企业的行为方式

政府干预方式	政府直接干预	政府间接干预
具体干预措施	资金支持	引导私人和其他社会群体投资，加强证券风险监管
	提供技术支持	引导创业企业自主创新技术
	放松创业企业登记标准、简化审批程序	减少创业企业进入壁垒
	提供创业计划，评价创业市场	改革政府管制，减少行政干预
	税收减免	改善国家税收环境
	建立产业集群，提供基础设施	承认创业成果，加强知识产权保护，完善创业文化
	教育和吸引创业者	给创业企业提供有关政策，法律，风险等信息
	州立大学建立智力集团	进行创业教育
	政府采购	建立更有效的市场

二、政府在创业过程中的具体政策

从政府行为与企业之间的博弈分析结果看，政府根据新企业不同阶段的风险收益特征，制定出不同的扶持政策。创业企业的风险越大，政府直接干预的力度就越大，随着风险的降低，政府直接干预的力度同样下降，而间接干预的力度则逐渐增强。下面，我们将具体分析新企业创业过程中的政府行为方式。

（一）创业准备期。

这一时期新企业面临的风险最大，收益最小。创业者的创新想法能否转化为新产品，新创业企业能否建立起来取决于企业在创业准备期的发展情况。政府在这一阶段的影响方式是直接的，制定的政策应该见效快、作用明显。因而，政府的行为方式应以直接干预手段为主，间接干预方式为辅。具体干预措施为：

1. 教育和吸引创业者

创业准备期的特点决定了创业者的创新想法非常重要，因而，政府应该教育和吸引创业者，将创意集中在某个市场需求范围内。同时，政府可以跟创业者直接进行沟通，通过各种方式提供相关的资源信息，尽量鼓励那些有创业想法的人创业。例如，美国政府的做法是建立州立大学智力集团，学校及科研机构与企业合作，尽快把科研成果转化为产品。①

2. 税收减免

新企业在发展初期面临的资金缺口很大，创业者虽然有很好的创意想法，但很难付诸行动，即使企业创建起来，也面临着产品质量不稳定，销路有限等问题。因而，政府为了鼓励创业企业的发展，减轻企业负担，可以采用税收减免的措施。

3. 放松创业企业登记标准，简化审批程序

成功创业的企业应该走在大多数人的前列，在其他人尚未意识到市场机会之前抢占先机，因而，创新想法很重要，创业者应该及时将创新知识转化为产品，此时，政府的主要任务是在尽可能短的时间内促成新企业的创建。因而，政府应该减少对创业企业的限制，放宽创业企业登记标准，简化审批程序，以缩短创业企业进入周期，以免错失良机。

4. 建立产业集群，提供基础设施

政府可以将关联产业和企业在地理上进行集聚，发挥集群效应，增加产业之间的联系。同时，政府提供基础设施服务以更好地吸引创业者。企业孵化器就具有这方面的特点和优势，为创业者的成功创业提供平台。

（二）企业初建期

新企业面临的风险有所下降，收益开始增加。在这一阶段，新企业的产业环境不规范，创新成本较高。其中，企业最大的困难是资金短缺，因为创业者自有资本有限，银行信誉度不高，加上新创企业尚未形成品牌，

---

① Jay Kayne, State Entrepreneurship Policies and Programs (Kansas City, Mo.: *Kauffman Center for Entrepreneurial Leadership*, November 1999).

很难从市场上筹集到企业发展必需的资本。[①] 同时，这个阶段新创企业的创业者往往缺乏管理经验。因而，政府管制的手段同样应该以直接干预为主，间接干预手段为辅。主要措施有：

1. 资金支持

政府在创业企业创建时期，应当直接给予资金等方面的支持，同时改善创业企业的融资环境，帮助企业度过资金短缺的困难时期。例如，为支持新企业的创建，美国政府成立了小企业投资公司（SBIR）计划，欧洲成立了投资基金（EIF）项目等。[②] 美国政府为了改善创业企业初创期间的资金短缺状况，采取的主要做法包括：①政府直接投资，包括直接投资和直接债务投资，用于在企业初建时期购买企业的优先股或公共股；②长期贷款，政府可以在创业企业初建时期无偿贷款给企业，5—7 年企业开始盈利后再逐渐返还；③政府利用财团基金对有潜力的公司进行投资，同时对该企业进行税收抵免。

2. 技术支持

新企业在创业初期，面临着产品创新问题，还有一些创业者面临有项目但是没有资源的困难。政府可以帮助企业联系高校和科研院所，建立包括中小企业发展中心、政府经济发展机构及技术发展中心等支持新企业的创业和发展。

3. 提供创业计划及其评价服务

例如，美国马萨诸塞技术发展公司（MTDC），是国家建立的投资机构，为处于创业初建期的创业者免费提供创业计划，帮助分析和评价市场前景，增加创业企业成功的机会。

4. 政府采购

在激烈的市场竞争中，企业在创立之初的特点决定了在融资、技术标准制定、风险承受和信息获取等方面处于劣势地位。政府采购可以通过对中小企业的价格优惠和合同预留等措施，确保中小企业在政府采购市场上

---

① 秦德智、姚超：“政府行为对科技型中小企业成长的影响分析”，《企业经济》，2008 第 4 期。

② Jay Kayne，State Entrepreneurship Policies and Programs（Kansas City，Mo.：*Kauffman Center for Entrepreneurial Leadership*，November 1999）.

分享适当的份额，从需求方面促进中小企业的发展。例如，美国为确保小企业公平分享联邦政府的巨额采购市场，规定23%的主合同要给予小企业并给予小企业6%的价格优惠，这些措施有力地促进了美国小企业的发展壮大。①

（三）新企业成长期

随着新企业的进一步发展，面临的风险进一步下降，收益大幅提升。因为在本阶段企业面临的制度环境比较规范，交易成本也随之降低。因而，政府的直接干预渐渐减少，开始适当加大间接干预的力度。政府的间接干预措施包括：

1. 引导私人和其他社会群体投资，加强证券风险监管

政府直接投资随着企业发展逐渐退出，同时，可以引导企业及民间组织进入，新企业也可以通过上市在金融市场融资。通过新的融资方式的引进，政府一方面可以收回初期投资，减少对企业的限制。另一方面，多种类型投资的引进，可以增强企业自身的灵活性。证券是一个高风险的金融工具，政府应该加强风险监管，保障创业企业和投资者双方的权益。

2. 放松政府管制，减少行政干预

在创业企业发展的初期，为了营造良好的创业环境，政府会依赖行政手段干预企业的发展，而进入成长期后，政府应该放松管制。

3. 加强知识产权保护

从创业企业发展的特点来看，知识产权保护至关重要。创业企业在初期投入非常大，回报却可能很低。而到了成长期，新企业的投资回报率逐渐提高，而高回报会使行业竞争者快速跟进，通过采取模仿、合作、利用等手段，以低投入获取与创业企业一样的高回报。如果市场上没有有效的管制，类似的进入者会大大削弱创业企业的竞争力。因而，政府应该加强保护创业企业的科技成果，保障创业企业获得与其创业风险相匹配的“创新租金”。

---

① 杨小强：“美国政府采购对小企业优先政策的演变”，《中国政府采购》，2003年第9期。

第四节

政府在构建创业环境中的探索与实践
——以天津滨海高新区的发展为例

一、天津滨海高新区的快速发展

天津滨海高新技术产业开发区经过22年的发展，已经建设成拥有"一区六园"的高科技开发区，经济增长速度每年都保持在30%以上，成为天津和中国北方高科技产业发展的重要支撑力量。在滨海高新区快速发展中涌现出一大批拥有自主知识产权的高新技术企业，形成了以力神电池为代表的绿色能源，以曙光计算机为代表的软件及高端信息制造和以协和干细胞为代表的生物技术与现代医药产业。天津滨海高新区高新产业的快速发展是创新型创业活动涌现的结果，而创新型创业活动的涌现与天津滨海高新区制定和实施的一系列倡导自主创新政策密切相关。在创新经济的发展中，政府大力扶持和鼓励创业企业发展和积极构建创业环境，是天津滨海高新技术产业成功发展的关键。

二、天津滨海高新区发展中的政府行为

天津滨海高新区的快速发展是政府积极构建创新和创业环境的结果。为了吸引和聚集国内外科技资源，加快滨海高新区的开发与开放，天津市政府和高新区管委会制定了一系列鼓励创新型企业发展的政策，这些政策包括产业政策、创新政策和人才政策。而政策的制定和实施的根据是创业企业不同发展阶段的风险收益特征。

在新企业创业的准备期，滨海新区政府的干预手段以直接干预为主，间接影响为辅。政府着眼于简化企业创业程序、解决新企业创业之初面临的资金问题、人才问题及厂房问题，出台了一系列的促进性政策：放宽准入门槛，简化审批程序；设立创业专项资金，鼓励创建中小企业信用担保

公司；积极吸引海外留学生和鼓励科技领军人才到园区创业、加大高新区孵化器的管理等政策措施。其中，政府关于放宽准入门槛、简化审批程序的规定，发挥了突出作用。为了吸引更多的创新型创业企业入住滨海高新区，高新区管委会降低非公有资本的准入门槛，放松对企业形式上的管制，放宽股东出资方式，允许企业分期缴付注册资本（金）等规定。同时，管委会还尽量简化审批程序，缩小企业成立公司的准备时间，为了提高办事效率，滨海高新区实现了企业登记流程化，提高了营运执照的当场发照率。这些政府干预行为很好地吸引了新创企业在滨海高新区的安家落户，有效地促进了滨海高新区创新经济的发展。

创业准备阶段结束后，新企业进入企业正式建立阶段，滨海高新区政府以直接干预手段为主，支持创业企业的创立和发展。针对创业建立期的企业普遍面临资金和技术缺乏的难题，滨海高新区政府制定了一系列解决企业资金不足和降低企业运营成本的措施，具体包括：降低企业营业税，对新企业厂房实行零租金，降低创业者个人所得税，提高高科技创业人员的福利待遇，前三年企业实现营业税返还政策。与此同时，政府还出台了增强新企业自主创新能力的间接管理手段，这些手段和措施包括：给新企业融资提供优良的法律和政策环境，引导民间资本投资新企业等等。

新企业进一步壮大后，政府直接干预力度逐渐降低。而政府的间接影响却逐步加大。随着企业的稳步发展，企业的产品规模，市场占有率都有很大的改善，为了提高这些新创企业的创新能力，解决产品标准的制定和扩大企业规模等问题，高新区政府制定了“天津高新区鼓励企业争创驰名、著名商标及‘守合同、重信用’单位的奖励办法”、“天津新技术产业园区加快绿色能源产业发展的鼓励办法”、“天津滨海高新区2009年重点企业发展计划”、“天津高新区‘小巨人企业成长计划’实施方案”、“天津高新区‘产业技术创新计划’实施方案”等政策。这些政策的出台，既保护了创业企业的知识产权，又有效地巩固了企业现有的发展成果，促进了创新型创业企业的自主发展能力的提高。

为了实施扶优扶强战略，进一步加大力度培育优秀的科技型中小企业，营造良好的创新发展环境，高新区管委会结合高新区发展的特点和企业不同成长阶段的需求，在已实施的“科技型中小企业成长计划”基础上，2008年制定“小巨人企业成长计划”。具体做法是：每年安排两亿元的“小巨人企业成长计划专项资金”，围绕高新区产业发展整体规划，通过综合评估，每年确定100家左右有发展潜力的科技型中小企业作为成长计划企业，通过专项扶持和重点服务，持续培育一批具有技术创新能力强、品牌优势明显、发展迅速、销售收入超过亿元的“小巨人”，以带动新能源、电子信息、软件与信息服务、生物技术与现代医药等高新区骨干产业的快速发展。同时，广开渠道积极引进优秀科技型中小企业，加入到“小巨人”队伍中。列入小巨人计划的企业，政府帮助企业争取国家和天津市的科技及产业化等方面的立项支持、市级以上研发机构的审批，对企业在高新区内投资新建项目，优先安排建设发展用地，优先办理相关手续，安排专项培训资金，对重点企业参加各项培训给予补助，开展对重点企业的宣传工作。在实施成长计划的过程中，政府牵头整合区内资源，实现高新区内各个企业优势互补，形成良好的联动效果。

滨海高新区政府通过相机性采用直接干预和间接干预的手段，针对新企业创业发展过程的不同阶段和不同特点，有针对性地制定发展政策，有效地促进了高新区创新型创业企业的快速发展。到目前为止，天津滨海高新技术产业开发区已经成为我国自主创新和高新技术产业化的高地、天津战略性新兴产业发展的重要支撑。

参考文献

[1] Abernathy WJ, J M Utterback: "Pattern of industrial innovation". *Technology Review*. 1978, 6—7.

[2] Acs and Audretsch: "Innovation and Size at the Firm Level". *Scuthem Economic Journal*. 1991, 37 (3): 39—44.

[3] Acs, Z. and Audretsch, D.: "Innovation and Small Firms". *Cambridge MA*: *MIT Press*. 1990.

[4] Ajoy Vohora, Mike Wright, Andy Lockett: "Critical junctures in the development of university high - tech spinout companies." *Research Policy*. 2004, 33: 147—175.

[5] Alchian, A.: "Uncertainty, Evolution and Economic Theory". *Journal of Political Economy*. 1950, 58: 211—222.

[6] Ann Markusen: "Sticky Places in Slippery Space: A Typology of Industrial Districts". *Economic Geography*. 1996, Vol. 72, No. 3.: 293—313.

[7] Arthur, W. B: "Competing Technologies, Increasing Returns, and Lock - in By Historical Events". *Economic Journal*. 1989, 99: 116—131.

[8] Arthur, W. B: "Complex and Economy". *Science*. 1999, 2 April, 284: 107—109.

[9] Arthur, W. B: "Increasing Returns and the New World of Business" *Harvard Business Review*. 1996.

[10] Audretsch David: "Innovation, Growth & Survival". *International Journal of Industrial Organization*. 1995. 13: 441—457.

[11] Audretsch David, Ronnie J. Phillips. "Entrepreneurship, State Economic Development Policy, and the Entrepreneurial University". Discussion Papers on Entrepreneurship, Growth and Public Policy. 2007 (2): 124—231.

[12] Audretsch David, Roy Thurik. "A Model of the Entrepreneurial Economy". Discussion Papers on entrepreneurship, Growth and Public Policy. 2004 (12): 231—252.

[13] Barclay: "The new product development process: past evidence and future practical application". *R&D Management.* 1992, 22 (3): 255—263.

[14] Barney, J. B: "Firm Resources and Sustained Competitive Advantage". *Journal of Managemen.* 1991, 17 (1): 99—120.

[15] Bart Nooteboom: "The Dynamic Efficiency of Networks". In Anna Grandori (ed.). *Interfirm Network.* Routledge: 1999.

[16] Becattini, G. Dal Settore: Industriale al Distretto Industriale. Alcune Considerazioni Sull' unita di Indagine Dell' economia Industriale. *Rivista di Economia e Politica Industriale.* 1979, (1).

[17] Becattini, G. "The Marshallian Industrial District: An Socio—economic Notion". In F. Pyke et al: *Industrial Districts and Inter—firm Co—operation In Italy, International Institute for Labor Studies.* Geneva., 1990.

[18] Bothwell R. "Intracorporate Entrepreneurs". *Management Division.* 1975, 13 (3).

[19] Bower JL, CM Christensen. "Disruptive Technologies: Catching the Wave". *Harvard Business Review.* 1995, 73, (1): 43—53.

[20] Buckler B. "Practical steps towards a learning organization: applying academic knowledge to improvement and innovation in business processes". *The Learning Organization.* 1998, 5 (1): 15—23.

[21] Buckley Peter J. and Casson, Mark. "Models of the Multinational Enterprise". *Journal of International Business Studies.* 1998, 29.

[22] Buckley, P. And Casson, M. *The Firm and the Market.* M. I. T. Press. 1987.

[23] Carliss Y. Baldwin & Kim B. Clark. "Managing Modularity". *Har-*

vard Business Review, 1997.

[24] Carlsson B, Staffan Jacobsson, Magnus Holmenb Annika Rickne. "Innovation systems: analytical and methodological issues". *Research Policy*. 2002, 31: 233—451.

[25] Christensen C M, R S Rosen Bloom. "Explaining the Attacker's Advantage: Technological Paradigms. Organizational Dynamics, and the Value Network". *Research Policy*. 1995, 24 (2).

[26] Christensen Clayton M, Scott D Anthony, Erik A Roth. *Seeing What's Next: Using the Theories of Innovation to Predict Industry Change*. Boston: Harvard Business School Publishing, 2004.

[27] Christensen Clayton M, Michael E. Raynor. *The Innovator's Solution: Creating and Sustaining Successful Growth*. Boston: Harvard Business School Press, 2003.

[28] Christensen Clayton M, Michael Overdorf. "Meeting the Challenge of Disruptive Change". *Harvard Business Review*. 2000, 78 (2): 66—76.

[29] Christensen Clayton M. *Innovation and the General Manager*. McGraw—Hill/Irwin, 1999.

[30] Christensen Clayton M. *The Innovators' Dilemma: When New Technologies Cause Great Firms to Fail*. Boston, Mass: Harvard Business School Press, 1997.

[31] Christensen Clayton M. , F. Suarez & James M. "Utterback, Strategies for survival in fast - Changing Industries". Sloan Working Paper 3917, MIT, 1996.

[32] Christensen Clayton M. *The Innovator's Dilemma: When New Technology Cause Great Firms to Fail*. Harvard Business School press. 1998: 21—73.

[33] Christer, Karlsson. "The decelopment of industrial networks". *International Journal of Operations & Production Management*. 2003, Vol. 23. No. 1: 41—61.

[34] Christopher A. Bartlet & Sumantra Ghoshal. "Going Global - Lessons from Later Movers". *Harvard Business Review*. 2000 (3).

[35] Colvin Geoffrev. " Value Driven ", *Fortune.* June 12, 2000, Vol114, Iss112: 72.

[36] Cooper R G. "Project NewProd: Factors in new product success". *European Journal of Marketing.* 1980, 14 (5/6): 177—191.

[37] Dieter. Ernst, Linsu. Kim. " Global Production Networks, Knowledge Diffusion, and Local Capability Formation". *Research Policy* .2002 (21): 1417—1429.

[38] Doci G. " The Nature of the Innovative Process". In G. Dosi, C. Freeman, R. Nelson, G. Slverberg and L. Soets (Eds). *Technical Change and Economic Theory.* London/New York: Pinter, 1988.

[39] Ebers, Jarillo. "The Construction, Forms, and Consequences of Industry Network". Copyright of International Studies of Management & Organization is the property of M · E · Sharpe Inc · . 1998: 183—215.

[40] Ellis and Henry Carlton. *The Transfer of Learning.* New York: MacMillan, 1966.

[41] Esposti, R and Sotte, F. "Institutional Structure, Industrialization and Rural Development: An Evolutionary Interpretation of the Italian Experience". *Growth and Change.* 2002, Vol. 33, No. 1: 3—41.

[42] Estes and William Kaye. *Learning Theory and Mental Development.* New York: Academic Press. 1970.

[43] Etzkowitz, H. "Research groups as 'quasi—firms': the invention of the entrepreneurial university". *Research Policy.* 2003, Vol. 32: 109—121.

[44] Etzkowitz, H.,Webster, A., Gebhardt, C., Terra, B. R. C.. "The future of the university and the university of the future: evolution of the ivory tower to entrepreneurial paradigm". *Research Policy.* 2000, Vol. 29: 313—330.

[45] F M Schere. "Changing Perspectives on the Firm Size". *Journal of Economic Literature.* 1991: 24—38.

[46] Filson, Darren. "Product and process innovations in the life cycle of an industry". *Journal of Economic Behavior & Organization.* 2000, 49: 97—112.

[47] Freeman C. " Networks of innovators: A synthesis of research is-

sues". *Research Policy*. 1991, Volume 20, Issue 5: 499—514.

[48] Freeman C. *The Economics of Industrial Innovation*. M IT Press. 1982.

[49] Galbraith. *The Affluent Society*. London: Hamish Hamilton Ltd, 1958.

[50] Galbralth J K. *American Capitalism*. Boston: Houghton. Co. 1952.

[51] Gell - Mann M. *The quark and the jaguar: Adventures in the simple and the Complex*. WH New York: Freeman and Company, 1994.

[52] Gereffi G. "A Commodity Chains Framework for Analyzing Global Industries". *Working Paper for IDS*. 1999.

[53] Gereffi G. "International Trade and Industrial Upgrading in the Apparel Commodity Chains". *Journal of International Economics*. 1999 (48).

[54] Hakansson Hakan. "Evolution processes in Industrial Networks". In Axelsson, B., Easton, G., (eds.) *Industrial Networks. The New Reality*. London: Routledge 1992.

[55] Hakansson Hakan, Ford. David. "How should companies interact in business networks?". *Journal of Business Research*. 2002, Vol. 55, Issue 2: 133—139.

[56] Hardark, G, Ahmed, P K, Graham, G, "An Integrated Response Towards the Pursuit of Fast Time to Market of NPD in European Manufacturing Organizations". *European Business Review*. 1998, (3).

[57] Henderson RM, Clark K B, "Architectural innovation: the reconfiguration of exiting product technologies and the failure of established firms". *Administrative Science Quarterly*. 1990, 35: 9—30.

[58] Hi Munro. "The coming conflict with America". *Foreign Affairs*. Vol176, No12, March /April, 1997: 118—321.

[59] Hobday M, Rush H, Tidd J. "Innovation in complex products and system". *Research Policy*, 2000, 29 (7 - 8): 793—804.

[60] Humphrey J, Schmitz H. "How Does Insertion in Global Value Chains Affect Upgrading in Industrial Cluster". *Regional Studies*36 (9).

2002.

[61] J H. Dunning. *International Production and Multinational Enterprise*, London: Allen and Unwin, 1981.

[62] J. Carlos Jarillo. "On Strategic Networks". *Strategic Management Journal*, 1988, Vol. 9: 31—34.

[63] James M Utterback. *Mastering the Dynamics of Innovation.* Harvard Business School Press, 1994.

[64] Jensen R, Thursby M. "Proofs and prototypes for sale: the tale of university licensing". *American Economic Review*, 2001, 91 (3): 240—259.

[65] Jochen Röpke. "The Entrepreneurial University Innovation, academic knowledge creation and regional development in a globalized economy", retrieved on 25th February 2007 from http://www.wiwi.unimarburg.de/Lehrstuehle/VWL/Witheo3/documents/entreuni.pdf.

[66] Joe Peppard. "From Value Chain to Value Network: Insights for Mobile Operators". *European Management Journal*, 2006, Vol. 24, Issue 2.

[67] Jovanovic B, Macdonald GM. "The life cycle of a competitive industry". *Journal of Political Economy*, 1994, 2: 322—347.

[68] Kamien and Schwartz, *Dynamic Optimization*, *the Calculus of Variations and Optimal Control in Economics and Management.* New York: North Holland, 1991.

[69] Kang Hyungu. "Adoption and Diffusion of Technological Innovation in the United States and Japanese Steel Industries". 2002.

[70] Keun Lee and Chaisung Lim. "Technological regimes, catching-up and leapfrogging: findings from the Korean industries". *Research Policy*, Vol. 30.

[71] Keun Lee and Chaisung Lim. "Technological regimes, catching-up and leapfrogging: findings from the Korean industries". *Research Policy*, Vol. 30.

[72] Kevin Bryant. "Promoting innovation: an overview of the application of evolutionary economics and systems approaches to policy issues". in

John Foster, J. Stanley Metcalfe, *Frontiers of evolutionary economics: competition, self-organization and innovation policy*. Edward Elgar Publishing Limited, 2001.

[73] Klepper S, Kenneth L Simons. "The making of an oligopoly: Firm survival and technological change in the evolution of the US tire industry". *Journal of Political Economy*, 2000, 4: 728—760.

[74] Klepper S. "Entry, exit, growth, and innovation over the product life cycle". *The American Economic Review*, 1996, 3: 562—583.

[75] Klepper S. "Firm survival and the evolution of oligopoly". *RAND Journal of Economics*, 2002, 1: 37—61.

[76] Krugman, P. "Comples Landscapes in Economic Geography", *The American Economic Review*, 1998, Vol. 84, No. 2: 412—416.

[77] Krugman, P. "Increasing Returns and Economic Geography". *Journal of Political Economy*, 1991, Vol. 99, No. 3: 483—499.

[78] Kyoo-Ho Park and Keun Lee. "Linking the Technological regime to the Technological Catch-up: Analyzing Korea and China's Taiwan region using the US patent Data". Working paper, 2004.

[79] Lita Nelsen. "The Entrepreneurial University". *Science and Technology Policy*, 2000: 125—234.

[80] Loomis Mary E "Managing collaborations laboratories" *Technical Report* 97—117, 1997, (9): 51.

[81] Luc Soete. "International diffusion of technology, industrial development and technological leadfrogging". *World Development*, 1985, 13 (3).

[82] M. Brett, Alistair, David V. Gibson, Raymond W. Smilor. *University spin-offs companies: Economic development, faculty entrepreneurs, and technology transfer*. Maryland: Rowman & Littlefield Publishers, 1991. 20—35.

[83] Manisfield E. "Industrial R&D in Japan and the United States: A Comparative Study". *American Economic Review*, 1988, 78, 2 (2): 223—281.

[84] Markusen, A. "Sticky Places in Slippery Space: A Typology of Industrial Districts". *Economic Geography*, 1996, (72).

[85] Marshall, A, *Principles of Economics*, 8th edn, London: Macmillan, 1920.

[86] Marvin B. Lieberman & David B. Montgomery. "First - mover (dis) advantage: Retrospective and link with the Resource - based View". *Strategic Management Journal*, 1998.

[87] Melissa A. Schilling. "Toward a General Modular Systems Theory and Its Application to Interfirm Product Modularity". *The Academy of Management Review*, 2000, Vol. 25, No. 2. : 312—334.

[88] Mohar Yusof, Prof. Dr. Kamal Kishore Jain. "The Emergence of Entrepreneurial Universities". *The Business Wallpaper*, 2007, Volumn 2 Issue 3: 312—325.

[89] Mowery D, Oxley J. Silverman B, "Strategic alliance and inter firm knowledge transfer" *SMJ*, 1996.

[90] Nathan Rosenberg. *Inside the Black Box: technology and economics*. Cambridge University Press. 1982.

[91] Nelson and Winter, *An Evolutionary Theory of Economic Change*, Cambridge Mass: *Harvard University Press*, 1982.

[92] Nonaka, I. "Creating organizational order out of chaos: self - renewal in Japanese firms". *California Management Review*, 1988, 15 (3).

[93] Oliver Williamson, *The Economic Institutions of Capitalism*, New York: Free Press, 1985.

[94] Partha Dasgupta, Paul A. David. "Toward a New Economics of Science". *Research Policy*, 1994, 23 (3): 487—521.

[95] Patel, P and K Pavitt. "Technological competencies in the world argest firms: characteristics, constraint and scope for managerial hoicel STEEP" discussion paper: SPRU, University of Sussex, Brighton, 1994, 1.

[96] Paul Windrum. "Simulation Models of Technological Innovation". *American Behavioral Scientist*, 1999, 1531—1550.

[97] Penrose, E, T, *The Theory of the Growth of the Firm*, Oxford: Oxford University Press, 1959.

[98] Piore, M. and Sabel, C. *The Second Industrial Divide: Possibilities for Prosperity*. New York: Basic Books., 1984.

[99] Pirnay, F., Surlemont, B., Nlemvo, F. "Towards a typology of university spin-offs". *Small Business Economics*, 2003: 64—75.

[100] Porter, Michael. *Clusters and Competition: New Agendas for Companies, Governments, and Institutions. In On Competition*, Cambridge MA: Harvard Business Review Books, 1998.

[101] Porter, Michael. *The competitive Advantage of Nations*, The Free Press, 1990.

[102] Porter, Michael. *Competing Across Location*, Harvard Business School Press, 1998.

[103] Porter, Michael. "Technology and Competitive Advantage". *Journal of Business Strategy*, 1985, 5 (3).

[104] Prahalad, C. K. and Hamel. G, 1990 "The Core Competence of the Corporation", *Harvard Business Review* 66 (May/June): 79—91.

[105] R. H. Coase. "The Nature of the Firm Economica". *New Series*, Nov., 1937, Vol. 4, No. 16.: 386—405.

[106] R. Mueser. "Identifying Technological Innovation", *IEEE TEM*, 1985, (Vol Em-32, No. 4).

[107] R. N Foser. *Innovation - the attacker's advantage*. Mckinsey & Co. Inc. 1986.

[108] Rappert B, Webster A, Charles D. "Making sense of diversity and reluctance: academic-industrial relations and intellectual property". *Research Policy*, 1999, 28 (8): 873—890.

[109] Richard C. Levin, Alvin K. Klevorick and Richard R. Nelson. "Appropriating the Returns From Industrial Research and Development". Brookings Papers on Economic Activity, 1987, 3: 783—831.

[110] Richardson, G, B, "The Organization of Industry", *Economic Journal*, 1972: 883—896.

[111] Ron Sanchez. "Modular Architectures in the Marketing Process".

Journal of Marketing, 1999.

[112] Rosenberg Nathan, W Edward Steinmueller. "Why are Americans such poor imitators?". *The American Economic Review*, 1988, 2: 229—234.

[113] Rothwell R. "Successful industrial innovation: Critical factors for the 1990s" . *R&D Management*, 1992, 22 (3): 221—239.

[114] Rumelt, R. P, "Diversification Strategy and Profitability", *Strategic Management Journal* 1982: 359—691.

[115] Saxenian, A. *Regional Advantages: Culture and Competitive in Sillicon Valley and Route 128.* Cambridge: Harvard University Press, 1994.

[116] Scherer F M. "Firm Size, Market Structure, Opportunity, and output of Patent Inventions". *American Economic Review.* 1965. 55: 1097—1123.

[117] Schumpeter, J. *Capitalism, Socialism and Democracy*, New York: Harper & Row, 1942.

[118] Slaughter, S. , Leslie, L. . *Academic Capitalism: Politics, Policies and the Entrepreneurial University.* Baltimore: The John HoPkins University Press, 1997. 154—256.

[119] Sumantra Ghoshal, Christopher A Bartlett. "The Multinational Corporation as an International Network". *Academy of Management Review*, 1990, Vol. 15, No. 4. : 603—625.

[120] Tappi, D. "Evolutionary Path of Italian Industrial Districts: The Importance of Formal and Informal Institutions in the Background of Technological Innovation". Working Paper, Presented at the Schumpeter conference, Manchester28th June – July 2000.

[121] Teece, D. J. , Pisano, G. And Shuen, A, "Firm Capabilities, Resources and The Concept of Strategy, Mimeo, University of California, at Berkeley". 1990.

[122] Timothy Lenoir, Nathan Rosenberg, Henry Rowen, et al. "Inventing the Entrepreneurial University: Stanford and the Co – Evolution of Silicon Valley", *History and Philosophy of Science*, Stanford University, 2003 (9): 1—48.

[123] Tushman M L and O Reilly C A. *Winning through Innovation.* HBS

Press, Boston, MA, 1997.

[124] Utterback, J M. *Mastering the Dynamics of Innovation*, Harvard Business School Press Boston, MA 1994.

[125] Utterback, J. M., Abernathy, W. J. "A Dynamic Model of Process and Product Innovation". From MIT INDIA READING GROUP, 1975.

[126] Verna Allee. "A Value Network Approach for Modeling and Measuring Intangibles". www. vernaallee. com, 2002.

[127] Verna Allee. "Reconfiguring the Value Network". *Journal of Business Strategy*, 2000, Vol. 21.

[128] Verna Allee. "Value Networks: How organizations really work", An interview with Verna Allee. interviewed by SCHIEFFER Alexander. World Business Academy, 2004, Volume 18, Issue 10: 194—199.

[129] Vito Albino A. Claudio Garavelli, Giovanni Schiuma. "Knowledge Transfer and Inter - firm Relationships in Industrial Districts: the Role of the Leader Firm". *Technovation*, 1999 (19): 53—63.

[130] Wernerfelt, B, "A Resource - based View of the Firm", *Strategic Management Journal* 1984 (5): 171—180.

[131] Wesley M. Cohen and Daniel A. Levinthal. "Absorptive Capacity: A New Perspective on Learning and Innovation". *Administrative Science Quarterly*, Vol. 35, No. 1, Special Issue: Technology, Organizations, and Innovation. (Mar., 1990), pp. 128—152.

[132] Wheelwright S, Clark K. "Creating project plans to focus Product development". *Harvard Business Review*, 1992, 70 (2): 70—82.

[133] Williams T. "Cooperation by design: Structure and cooperation in inter - organizational net - works", *Journal of business Research*, 2005, 58 (2): 223—231.

[134] Worley James. "Industrial Research&the New Competition. *Journal of Political Economy*", 1961, 69: 183—186.

[135] Wrley, James S. "Industrial Research and the New Competition".

Journal of Political Economy, 1961.

[136] Wu Xiaobo. "Patterns of Secondary Innovation in China", Proceedings of ICTIID, 1995.

[137] Xielin Liu. "China's development model: An alternative strategy for technological catch - up". Working Paper, 2005.

[138] Zack M H. "Developing a knowledge strategy". *California Management Review*, 1999, 41 (3): 125—145.

[139] LuisM B. Caral 著，赵振翔等译：《产业组织导论》，人民邮电出版社 2002 年版。

[140] 阿尔弗雷德·韦伯著，李刚剑等译：《工业区位论》，商务印书馆 1997 年版。

[141] 爱瑞·德·葛斯："有生命力的公司"，载于小乔治·斯托尔克等：《企业成长战略》，中国人民大学出版社 1999 年版。

[142] 巴特·诺特鲍姆："网络的动态效率"，载于安娜·格兰多里主编：《企业网络：组织和产业竞争力》，中国人民大学出版社 2005 年版。

[143] 大卫·波维特 (David Bovet)、约瑟夫·玛撒 (Joseph Matha)、克雷默·柯克 (R. Kramer kirk) 著，仲伟俊、钟德强、胡汉辉译：《价值网：打破供应链、挖掘潜利润》，人民邮电出版社 2001 年版。

[144] 伯顿·克拉克著，王承绪译：《建立创业型大学：组织上转型的途径》，人民教育出版社 2003 年版。

[145] 蔡莉、崔启国、史琳："创业环境研究框架"，《吉林大学社会科学学报》，2007 年第 1 期。

[146] 陈宏愚、吴开松等："我国高新技术开发区的软环境认识论"，《科学学与科学技术管理》，2002 年第 12 期。

[147] 陈佳贵："关于企业生命周期与企业蜕变的探讨"，《中国工业经济》，1995 年第 11 期。

[148] 陈佳贵："培育和发展具有核心竞争力的大公司和大企业集团"，《中国工业经济》，2002 年第 2 期。

[149] 陈建：《21 世纪日本经济发展战略研究》，中国城市出版社 2001 年版。

[150] 陈劲、戴凌燕、李良德："突破性创新及其识别"，《科技管理研究》，2002 年第 5 期。

[151] 陈劲等：《复杂产品系统创新管理》，科学出版社 2007 年版。

[152] 陈京民："大型企业技术突破性创新管理研究"，《科技进步与对策》，2000 年第 11 期。

[153] 陈涛、李文彬："模块化技术在国外汽车工业中的应用"，《汽车工业研究》，2003 年第 11 期。

[154] 陈伟：《创新管理》，科学出版社 1996 年版。

[155] 陈智得等：《技术跨越》，上海交通大学出版社 2006 年版。

[156] 程惠芳等：《创新与企业国际竞争力》，科学出版社 2010 年版。

[157] 程源："技术创新与市场结构的研究"，清华大学博士学位论文 1999 年。

[158] 程源等：《技术创新：战略与管理》，高等教育出版社 2005 年版。

[159] 池仁勇、吴添祖、欧阳仲健："企业规模对技术创新的效应与技术创新制度选择"，《科技进步与对策》，2001 年第 6 期。

[160] 大卫 · M. 安德森、B. 约瑟夫 · 派恩二世：《21 世纪企业竞争前沿：大规模定制模式下的敏捷产品开发》，机械工业出版社 1999 年版。

[161] 丹尼尔 · 若雷、赫伯特 · 谢尔曼，周艳、赵炬明译：《从战略到变革——高校战略规划实施》，广西师范大学出版社 2006 年版。

[162] 党兴华、张首魁："模块化技术创新网络节点间耦合关系研究"，《中国工业经济》，2005 年第 12 期。

[163] 多萝茜 · 雷纳德 · 巴顿：《知识与创新》，新华出版社 2000 年版。

[164] 厄特巴克著，高建等译：《把握创新》，清华大学出版社 1999 年版。

[165]（日）儿玉文雄：《高新技术的范式：微观技术学的体系》，东京公论社 1991 年版。

[166] 樊永恒：《比亚迪传奇》，海天出版社 2008 年版。

[167] 弗兰克 · H.T. 罗德斯，王晓阳、蓝劲松译：《创造未来——美国大学的作用》，清华大学出版社 2007 年版。

[168] 付玉秀、张洪石："突破性创新：概念界定与比较"，《数量经济技术经济研究》，2004 年第 3 期。

[169] 傅家骥：《技术创新学》，清华大学出版社 1998 年版。

[170] 傅宗琛：《基于网络组织理论的企业技术创新网络研究》，[硕士学位论文]，北京交通大学 2006 年。

[171] 盖文启：《创新网络——区域经济发展新思路》，北京大学出版社 2002 年版。

[172] 盖翊中、王海燕："我国 FDI 集聚区内产业网络的特征分析"，《工业技术经济》，2007 年第 10 期。

[173] 高建：《中国企业技术创新分析》，清华大学出版社 1997 年版。

[174] 高洁："政府公共管理职能及其边界研究综述"，《管理学研究》，2004 年第 5 期。

[175] 高静乐："基于突破性技术创新的跨越式发展研究"，《科技导报》，2004 年第 12 期。

[176] 宫江洪："系统化、模块化对汽车零部件工业影响的探讨"，《武汉理工大学学报（信息与管理工程版）》，2002 年第 5 期。

[177] 哈罗德·德姆塞茨：《所有权、控制与企业——论经济活动的组织（第一卷）》，经济科学出版社 1999 年版。

[178] 韩晶："基于模块化的中国汽车产业升级战略研究"，《现代经济探讨》，2008 年第 5 期。

[179] 何建坤、周立、张继红等：《研究型大学技术转移——模式研究与实证分析》，清华大学出版社 2007 年版。

[180] 何静："我国企业竞争力现状及提升对策"，《中共郑州市委党校学报》，2005 年第 4 期。

[181] 何燕子："跨国公司（MNE）技术外溢性与高新技术产业集群技术进步"，《经济师》，2006 年第 11 期。

[182] 亨利·埃茨科威兹著，周春彦译：《三螺旋——大学·产业·政府三元一体的创新战略》，东方出版社 2005 年版。

[183] 亨利·艾兹科维茨著、劳埃特·雷德斯多夫编，夏道源等译：《大学与全球知识经济》，江西教育出版社 1999 年版。

［184］亨利·艾兹科维茨著，王孙禺、袁本涛等译：《麻省理工学院与创业科学的兴起》，清华大学出版社 2007 年版。

［185］洪成文："企业家精神与沃里克大学的崛起"，《比较教育研究》，2001 年第 2 期。

［186］侯国清："谈谈跨越式技术创新"，《中国软科学》，2000 年第 3 期。

［187］胡光："可持续发展中的跨越式发展"，《吉林地质》，2001 年第 12 期。

［188］胡晓鹏："产品模块化：动因、机理与系统创新"，《中国工业经济》，2007 年第 12 期。

［189］黄守坤、李文彬："产业网络机器演变模式分析"，《中国工业经济》，2005 年第 4 期。

［190］黄守坤："产业网络的组织结构分析"，山东大学博士学位论文 2006 年。

［191］季风：《技术创新成功案例》，西苑出版社 2000 年版。

［192］季健霞："我国中小企业技术创新的现状、问题及路径选择"，《技术经济与管理研究》，2002 年第 2 期。

［193］贾根良："网络组织：超越市场与企业两分法"，《经济社会体制比较》，1998 年第 4 期。

［194］姜彦福、张帏：《创业管理学》，清华大学出版社 2005 年版。

［195］蒋琰："基于关系的资源配置：企业价值网络"，《预测》，2005 年第 2 期。

［196］杰弗里·蒂蒙斯著，周伟民、田颖枝译：《战略与商业机会》，华夏出版社 2002 年版。

［197］晋盛武、糜仲春："合作研发的组织空间与组织模式研究"，《科学学与科学技术管理》，2003 年第 12 期。

［198］景秀艳："我国地方性生产企业融入跨国公司网络对策分析"，《经济师》，2006 年第 11 期。

［199］柯颖、王述英："模块化生产网络：一种新产业组织形态研究"，《中国工业经济》，2007 年第 8 期。

[200] 科学技术专题研究组：《我国产业自主创新能力调研报高》，科学出版社2006年版。

[201] 克雷顿·M.克理斯藤森、迈克尔·E.雷纳著，容冰译：《困境与出路》，中信出版社2004年版。

[202] 克雷顿·克理斯藤森著，吴潜龙译：《创新者的窘境》，江苏人民出版社2001年版。

[203] 李国富、叶飞帆："基于工艺流程的虚拟企业模块化组建方法"，《中国管理科学》，2000年第8卷专辑。

[204] 李佳怡：《王传福与比亚迪》，中国浙江人民出版社2008年版。

[205] 李克杰："产业集群区域创新网络研究"，暨南大学硕士学位论文2006年。

[206] 李梅："基于战略网络的企业竞争优势分析"，《东北财经大学学报》，2006年第1期。

[207] 李培培："我国中小企业技术创新面临的问题和对策"，《中小企业管理与科技》，2006年第2期。

[208] 李荣融："培育和发展具有国际竞争力的中国大型企业集团"，《中国投资》，2001年第7期。

[209] 李世超、苏竣："大学变革的趋势——从研究型大学到创业型大学"，《科学学研究》，2006年第8期。

[210] 李守伟、钱省三、沈运红："基于产业网络的创新扩散机制研究"，《科研管理》，2007年第4期。

[211] 李守伟、钱省三："产业网络的复杂性研究与实证"，《科学学研究》，2006年第4期。

[212] 李昱："大学衍生企业成长中的核心要素浅析——基于创业研究的视角"，《科技管理研究》，2005年第10期。

[213] 李政、李玉玲："创业型经济的构成元素与发展途径"，《外国经济与管理》，2005年第10期。

[214] 李钟文、威廉·米勒、玛格丽特·韩柯克、亨利·罗文：《硅谷优势：创新与创业精神的栖息地》，人民出版社2002年版。

[215] 梁能：《跨国经营概论》，上海人民出版社2001年版。

[216] 林强、姜彦福、张健："创业理论及其架构分析"，《经济研究》，2001 年第 9 期。

[217] 林毅夫："后发优势与后发劣势——与杨小凯教授商榷"，北京大学中国经济研究中心讨论稿，No. C2002010，2002a。

[218] 刘德胜："价值网络视角的跨国公司竞争优势"，《黑龙江对外经贸》，2007 年第 2 期。

[219] 刘德学、付丹、卜国勤："全球生产网络、知识扩散与加工贸易升级"，《经济问题探索》，2005 年第 12 期。

[220] 刘东："企业边界的多种变化及其原因"，《中国工业经济》，2005 年第 3 期。

[221] 刘刚：《后福特制：当代资本主义经济新的发展阶段》，中国财政经济出版社 2010 年版。

[222] 刘刚：《后福特制研究——企业和产业竞争优势的新来源》，人民出版社 2004 年版。

[223] 刘易斯·布兰斯科姆等（主编），尹宏毅、苏竣译：《知识产业化——美日两国大学与产业界之间的纽带》，新华出版社 2003 年版。

[224] 刘逸初、徐渝："模块化——动态联盟有效实施的关键因素"，《工业工程》，2000 年第 2 期。

[225] 刘友金、黄鲁成："技术创新与产业的跨越式发展——A－U 模型的改进及其应用"，《中国软科学》，2001 年第 2 期。

[226] 刘昱："论创业型经济及其在中国的发展"，《科技管理研究》，2007 年第 2 期。

[227] 柳卸林：《技术创新经济学》，中国经济出版社 1993 年版。

[228] 娄成武、陈俊："解读美日研究型大学衍生企业及对我国的启示"，《科学学研究》，2005 年第 12 期。

[229] 吕宏芬、余向平："集群式供应链下的技术创新网络构建"，《改革与战略》，2007 年第 3 期。

[230] 罗红松："合作创新——中小企业的创新战略"，《科技创业》，2007 年第 3 期。

[231] 罗来军："跨国公司母公司对国际合资子公司的控制研究——

基于博弈的视角”，复旦大学博士学位论文 2007 年。

[232] 罗若愚：“外商投资与天津电子信息产业群的形成演化研究”，《经济地理》，2006 年第 2 期。

[233] 罗炜、唐元虎：“企业合作创新的组织模式及其选择”，《科学学研究》，2001 年第 4 期。

[234] 骆品亮、卢庆杰：“合作 R&D 的经济学分析”，《研究与发展管理》，2001 年第 4 期。

[235] 马克·J. 多林格（Dollinger, Marc J.）著，王任飞译：《创业学：战略与资源》，中国人民大学出版社 2006 年版。

[236] 马克思：《资本论》（第一卷），人民出版社 1975 年版。

[237] 马志强：“创业型大学崛起的归因分析”，《江西教育科研》，2006 年第 7 期。

[238] 迈克尔·波特：《竞争优势》，华夏出版社 1997 年版。

[239] 梅永红、封凯栋：“吉利造车现象——关于吉利自主创新的调研报告”，《中国软科学》，2005 年第 11 期。

[240] 纳尔逊、温特：《经济变迁的演化理论》，商务印书馆 1997 年版。

[241] 纳谢德·福布斯、戴维·韦尔德著，沈瑶等译：《从追随者到领先者：管理新兴工业化经济的技术与创新》，高等教育出版社 2005 年版。

[242] 帕拉哈拉德、伊夫·多茨：《跨国公司的使命》，华夏出版社 2001 年版。

[243]（澳大利亚）约翰·福斯特、（英国）J·斯坦利·梅特卡夫：《演化经济学前沿：竞争、自组织与创新政策》，高等教育出版社 2006 年版。

[244] 彭宜新、邹珊刚：“从研究到创业——大学职能的演变”，《自然辩证法研究》，2003 年第 4 期。

[245] 齐善鸿、吴思：“中国创新战略演进及其趋势分析——基于三螺旋创新模型的架构”，《中国科技论坛》，2007 年第 7 期。

[246] 钱德勒：《企业规模与范围经济》，社会科学文献出版社 1999 年版。

[247] 钱平凡：“产业集群促进了汽车工业的发展”，《汽车工业研究》，2004 年第 5 期。

[248] 秦德智、姚超："政府行为对科技型中小企业成长的影响分析"，《企业经济》，2008 年第 4 期。

[249] 秦远建、杨焱："中国汽车工业整车企业与零部件企业发展模式分析"，《汽车工业研究》，2001 年第 1 期。

[250] 秦政强：《FDI 作用下的产业集群与网络治理模式》，浙江大学硕士学位论文 2006 年。

[251] 青木昌彦、安藤晴彦：《模块时代：新产业结构的本质》，上海远东出版社 2003 年版。

[252] 清华大学中国工商管理案例库编写组编著：《中国技术创新企业案例集第一辑》，清华大学出版社 2004 年。

[253] 邱国栋、李作奎："中国汽车产业的国际竞争分析与策略"，《东北财经大学学报》，2004 年第 1 期。

[254] 任道纹："我国集群创新网络理论和时间研究进展"，《广东技术师范学院学报》，2007 年第 8 期。

[255] 塞巴斯蒂安诺·布鲁斯科："产业区的规则"，载安娜·格兰多里主编：《企业网络：组织和产业竞争力》，中国人民大学出版社 2005 年版。

[256] 桑辉、卢家业："如何构建分裂性技术企业"，《科学学与科学技术管理》，2004 年第 3 期。

[257] 沈小贤："产业创新网络的比较研究——以传统和高新产业为例"，《特区经济》，2007 年第 1 期。

[258] 盛冰："知识的新生产及其对大学的影响"，《清华大学教育研究》，2003 年第 2 期。

[259] 施蒂格勒：《施蒂格勒论文精粹》，商务印书馆 1999 年版。

[260] 施培公：《后发优势——模仿创新的理论与实证研究》，中国清华大学出版社 1999 年版。

[261] 束义明："我国基础研究原始性创新的现状及提高对策"，《科学管理研究》，2002 年第 10 期。

[262] 宋乱、柴瑜、张泰："市场开放、企业学习及适应能力和产业成长模式转型——中国汽车产业案例研究"，《管理世界》，2004 年第 8 期。

[263] 宋耘、曾进泽："后发企业从模仿创新到自主创新的演化路径研究"，《现代管理科学》，2007 年第 5 期。

[264] 苏竣、姚志峰："孵化器的孵化——三螺旋理论的解释"，《科技进步与对策》，2007 年第 3 期。

[265] 孙国强："关系、互动与协同：网络组织的治理逻辑"，《中国工业经济》，2003 年第 11 期。

[266] 孙圣兰、夏恩君："突破性技术创新对传统创新管理的挑战"，《科学学与科学技术管理》，2005 年第 6 期。

[267] 孙延刚：《技术跨越论》，中国社会科学出版社 2005 年版。

[268] 孙兆刚："论科技创新中的分裂性技术"，《中国科技论坛》，2003 年第 4 期。

[269] 谈世中、王耀媛、江时学：《经济全球化与发展中国家》，社会科学文献出版社 2003 年版。

[270] 唐春晖："技术模式与中国产业技术追赶"，《中国软科学》，2006 年第 4 期。

[271] 唐靖、姜福彦："创业过程三阶段模型的探索性研究"，《经济师》，2008 年第 6 期。

[272]《天津市信息产业"十一五"规划》。

[273]《天津统计年鉴（1992—2007 年）》。

[274]（日）土井敬之："研究开发与企业规模：日本的制造业"，《关西学院大学经济论究》，1993 年第 4 期。

[275] 王光杰、刘国新："中小企业集群发展的区域创新网络研究"，《武汉理工大学学报》，2004 年第 6 期。

[276] 王缉慈：《创新的空间——企业集群与区域发展》，北京大学出版社 2001 年版。

[277] 王江龙："基于创新网络的产业集群内技术创新过程模式研究"，浙江大学硕士学位论文 2004 年。

[278] 王威："跨国公司创新网络的共生范式分析"，《财贸研究》，2007 年第 2 期。

[279] 王威："跨国公司创新形式与创新网络模式探讨"，《中国科技

论坛》，2007 年第 6 期。

[280] 王学鸿："论企业规模与技术创新"，《社会科学学报》，1999 年第 5 期。

[281] 王雁、孔寒冰、王沛民："创业型大学：研究型大学的挑战与机遇"，《高等教育研究》，2003 年第 5 期。

[282] 王雁："创业型大学：美国研究型大学模式变革的研究"，浙江大学博士学位论文 2005 年。

[283] 王益民、宋琰纹："全球生产网络效应、集群封闭性及其'升级悖论'——基于大陆台商笔记本电脑产业集群的分析"，《中国工业经济》，2007 年第 4 期。

[284] 威廉、鲍莫尔：《资本主义的增长奇迹——由市场创新机器》，中信出版社 2004 年版。

[285] 卫志民：《政府干预的理论与政策选择》，北京大学出版社 2006 年版。

[286] 文嫮、曾刚："全球价值链治理与地方产业网络升级研究——以上海浦东集成电路产业网络为例"，《中国工业经济》，2005 年第 7 期。

[287] 文嫮："嵌入全球价值链的中国地方产业网升级机制的理论与实践研究"，华东师范大学博士学位论文 2005 年。

[288] 文晓灵："'三螺旋模式'中的高校定位"，《创新科技》，2006 年第 11 期。

[289] 沃麦克、琼斯、鲁斯：《改变世界的机器》，商务印书馆 1999 年版。

[290] 吴贵生、谢伟："'破坏性创新'与组织响应"，《科学学研究》，1997 年第 12 期。

[291] 吴敏："基于三螺旋模型理论的区域创新系统研究"，《中国科技论坛》，2006 年第 1 期。

[292] 吴晓波："二次创新的进化过程"，《科研管理》，1995 年第 2 期。

[293] 吴晓波：《赢得后发优势》，机械工业出版社 2006 年版。

[294] 小艾尔弗雷德 · D. 钱德勒：《企业规模与范围经济：工业资本主义的原动力》，中国社会科学文献出版社 1999 年版。

[295] 肖广岭："加拿大政府促进大学与工业界合作及对我国的借鉴作用"，《科技导报》，1999 年第 12 期。

[296] 肖敏、谢富纪："基于供应链的企业技术创新网络研究"，《科技进步与对策》，2007 年第 2 期。

[297] 肖武岭、肖坚："跨国公司的技术溢出效应、影响因素及我国的对策"，《中国矿业大学学报（社会科学版）》，2006 年第 3 期。

[298] 谢飞："基于三螺旋理论的创业型大学建设理论与实践之探讨"，《研究与探讨》，2007 年第 7 期。

[299] 谢国忠、杨松华："企业集群和虚拟组织"，《外企业文化》，2000 年第 20 期。

[300] 谢科范、晏文胜："创业企业生命周期与多阶段融资方式分析"，《科学技术与工程》，2004 年第 4 期。

[301] 谢庆华："分裂性技术"，《企业管理》，2003 年第 1 期。

[302] 熊彼特：《经济发展理论》，商务印书馆 1997 年版。

[303] 许庆瑞、陈劲："中国技术创新与技术管理展望"，《管理工程学报》，1997 年第 11 期。

[304] 许庆瑞、郭斌、王毅："中国企业技术创新——基于核心能力的组合创新"，《管理工程学报》，2000 年第 14 期。

[305] 许治、师萍："我国汽车产业技术能力发展战略"，《中国软科学》，2005 年第 5 期。

[306] 亚当·斯密：《国民财富的性质和原因的研究（下卷）》，华夏出版社 2005 年版。

[307] 严鸿和、杨皖苏、徐祺："分裂性技术的识别和商业化"，《科学管理研究》，1997 年第 6 期。

[308] 扬晓非："突破性革新的布道者"，《企业管理》，2004 年第 6 期。

[309] 杨德林、汪青云、孟祥清："中国研究型大学衍生企业活动影响因素分析"，《科学学研究》，2007 年第 6 期。

[310] 杨德林、邹毅："中国研究性大学科技企业衍生模式分析"，《科学管理研究》，2003 年第 4 期。

[311] 杨小强："美国政府采购对小企业优先政策的演变"，《中国政

府采购》，2003 年第 9 期。

［312］杨艳玲：“‘贝—多法案’与美国大学技术转让”，《国家教育行政学院学报》，2004 年第 1 期。

［313］野中郁次郎：“知识创新型企业”，载彼得·F·德鲁克等：《知识管理》，中国人民大学出版社 1999 年版。

［314］叶阿忠：《非参数计量经济学》，南开大学出版社 2003 年版。

［315］殷朝晖：《国家科研体制建设与研究型大学发展》，中国海洋大学出版社 2007 年版。

［316］余东华、芮明杰：“模块化、企业价值网络与企业边界变动”，《中国工业经济》，2005 年第 10 期。

［317］余学林：“天津：依托滨海新区建设，高端产业寻求突破”，《中国电子报》，2007 年 12 月 25 日。

［318］约翰·H. 霍兰：《隐秩序：适应性造就复杂性》，上海科技教育出版社 2000 年版。

［319］约翰·H. 霍兰：《涌现：从混沌到有序》，世纪出版集团上海科学技术出版社 2006 年版。

［320］约瑟夫·熊彼特著，何畏等译：《经济发展理论—对于利润、资本、信贷、利息和经济周期的考察》，商务印书馆 1997 年版。

［321］曾铮、张亚斌：“价值链的经济学分析及其政策借鉴”，《中国工业经济》，2005 年第 5 期。

［322］翟运开：“企业间合作创新的知识转移及其实现研究”，《工业技术经济》，2007 年第 3 期。

［323］张丹宁、唐晓华：“产业网络组织及其分类研究”，《中国工业经济》，2008 年第 2 期。

［324］张发余：“虚拟组织与区域创新”，《探求》，2001 年第 2 期。

［325］张洪石、陈劲、付玉秀：“突破性创新：跨越式发展之基”，《自然辩证法通讯》，2005 年第 1 期。

［326］张洪石、陈劲：“突破性创新的组织模式研究”，《科学学研究》，2005 年第 8 期。

［327］张洪石、卢显文：“突破性创新与渐进性创新辨析”，《科技进

步与对策》，2005 年第 2 期。

[328] 张辉："全球价值链动力机制与产业发展策略"，《中国工业经济》，2006 年第 1 期。

[329] 张景安："实现技术引进为主向自主创新为主转变的战略思考"，《中国软科学》，2003 年第 11 期。

[330] 张明玉："技术跨越战略与企业跨越式发展"，《中国软科学》，1999 年第 12 期。

[331] 张明玉："中国企业技术跨越战略分析"，《科学学与科学技术管理》，1999 年第 9 期。

[332] 张泰金："英国的高等教育：历史·现状"，外语教育出版社 1995 年版。

[333] 张旭明、李辉："中国汽车工业的产业集群研究"，《汽车工业研究》，2004 年第 6 期。

[334] 张学文、张平、杨省贵、崔国瑞："企业技术创新能力系统研究"，《经济体制改革》，2001 年第 6 期。

[335] 张妍："模块化供应体系及其对汽车零部件供应商战略的影响分析"，《西南民族学院学报（自然科学版）》，2003 年第 2 期。

[336] 张照、瞿祥华："对现代企业价值网络的思考"，《科技和产业》，2005 年第 5 期。

[337] 张仲梁："日本企业的技术积累模式研究"，南开大学博士学位论文 1994 年。

[338] 赵明、司春林："突破性技术创新战略决策与实物期权"，《科技导报》，2002 年第 12 期。

[339] 赵明剑、司春林、佟石等："企业内部价值网络与技术创新"，《科技导报》，2003 年第 10 期。

[340] 赵明剑、司春林："通过突破性技术实现我国企业技术跨越"，《科学管理研究》，2003 年第 6 期。

[341] 赵明剑、司春林："突破性技术创新对实现技术跨越的作用研究"，《科技导报》，2004 年第 4 期。

[342] 郑祥琥等：《比亚迪之父王传福》，中央编译出版社 2009 年

版。

[343] 智瑞芝："区域创新视角下的日本大学衍生企业研究"，华东师范大学博士学位论文 2007 年。

[344] 中国社会科学院世界经济研究中心：《全球化与 21 世纪》，社会科学文献出版社 2002 年版。

[345] 国家科学技术部：《科技型中小企业开始挑大梁》，www. most. gov. cn，2004 年 10 月 23 日。

[346] 周春彦："大学—产业—政府三螺旋创新模式——亨利·埃兹科韦茨'三螺旋'评价"，《自然辩证法研究》，2006 年第 4 期。

[347] 周煊："企业价值网络竞争优势的内生性解释：知识管理"，《商业经济与管理》，2006 年第 2 期。

[348] 周煊："企业价值网络竞争优势研究"，《中国工业经济》，2005 年第 5 期。

[349] 朱平芳、朱先智："企业技术创新规模效应分位点回归研究"，上海财经大学经济学院，2006 年。

[350] 朱勤："跨国公司外包网络的治理与供应商的升级"，《国际贸易问题》，2005 年第 12 期。

[351] 朱仁宏、叶敏、邓靖松："2006 年创业型经济与企业发展研究报告"，《现代管理科学》，2007 年第 7 期。

[352] 朱志刚："跨国公司在华研发投资的技术创新效应分析"，《无锡商业职业技术学报》，2007 年第 6 期。

后记

本书是南开大学经济研究所刘刚教授主持的教育部新世纪人才计划资助项目（NCET－05－0234）和教育部人文社会科学重点研究基地项目（项目批准号：08JJD790131）的研究成果。在本书的研究和写作过程中，刘刚教授提出了本书的整个逻辑框架和核心观点，为每一章拟定了题目和要研究的内容，并对各章做了最后的修改和校订。各章的执笔者分别是：刘刚（绪论，第一章，第二章，第三章，第六章第一节和第二节）；刘海峰（第四章）；田艳君（第五章）；甘霖（第六章第三节）；郑楠（第七章）；孙淑琴（第八章）；祁雪（第九章）。尽管本书是按照统一的研究框架和思路完成的，但是各章的撰写是各自独立的，因而文责自负。

在项目的研究过程中，作者得到了诸多学者、政府官员和企业家的支持。为了研究全球金融危机冲击下现实中国经济出现的新变化，在天津市政府研究室办公室盖军主任的支持和帮助下，作者先后考察了京津冀、黄河三角洲和辽宁沿海经济带等地区的重点产业和企业。对实际工作部门和企业的深入调研和讨论，使作者掌握了大量的第一手资料，拥有了强烈而真实的现场感。

在本书的写作和修改过程中，尤其要感谢中国财政经济出版社的周桂元编审所作出的特殊贡献，他的认真和执著使本书的写作和修改更加严谨和完善。

刘刚

2010 年 5 月 8 日